现代礼仪实务

主　编　华　琰　张　倩
副主编　郑　璇　王　肖

华中科技大学出版社
中国·武汉

图书在版编目(CIP)数据

现代礼仪实务/华琰，张倩主编．—武汉：华中科技大学出版社，2018.7
ISBN 978-7-5680-4390-8

Ⅰ．①现…　Ⅱ．①华…　②张…　Ⅲ．①礼仪-教材　Ⅳ．①K891.26

中国版本图书馆 CIP 数据核字(2018)第 164554 号

现代礼仪实务　　　　华　琰　张　倩　主编

Xiandai Liyi Shiwu

策划编辑：钱　坤　杨　玲
责任编辑：刘　莹　冉仕莉
封面设计：刘　婷
责任校对：曾　婷
责任监印：周治超
出版发行：华中科技大学出版社(中国·武汉)　　电话：(027)81321913
　　　　　武汉市东湖新技术开发区华工科技园　　邮编：430223
录　　排：华中科技大学惠友文印中心
印　　刷：武汉科源印刷设计有限公司
开　　本：710mm×1000mm　1/16
印　　张：18
字　　数：345 千字
版　　次：2018 年 7 月第 1 版第 1 次印刷
定　　价：36.00 元

华中出版

目录

项目一　个人礼仪

项目目标

★ 熟悉面部、头发、手部的养护及修饰
★ 掌握站姿、坐姿、走姿、蹲姿、手势及表情礼仪
★ 掌握着装礼仪的基本原则，学会合理搭配服饰
★ 能熟练将仪容、仪表及仪态基本技能运用于实际生活中，提升个人形象

案例导入

能否成功搭车

心理学家曾做过实验，他分别让一位挎着菜篮子、脸色疲惫的中年妇女，一位打扮入时、妆容精致的漂亮女郎，一位面部干净、文质彬彬的青年学者和一位邋里邋遢、举止粗鲁的男青年在公路边搭车，结果发现，这四个人中，搭车成功率从高到低分别为：漂亮女郎、青年学者、中年妇女、邋遢男青年。其中，“邋遢男”尝试了十几次，只成功了一次。

问题：请你说出导致测试结果出现的原因。

任务一　个人礼仪概述

课前的案例提示我们，不同的仪容仪表反映了不同的人，随之会有不同的际遇。这并不是“以貌取人”的偏见，而是第一印象的管理问题。为了保证人际交往的顺利进行，人们往往特别注意自己的言行举止对交往对象的影响。干净整洁的

仪表、大方得体的举止、礼貌恰当的谈吐，直接影响了人际交往是否顺利。因此，在社会交往中，人们应注意个人礼仪，展现良好的个人风貌，以表达对交往对象的尊重，赢得交往的成功。

一、个人礼仪的概念

个人礼仪是社会个体的生活行为规范与待人处世的准则，是个人仪表、仪容、言谈、举止、待人、接物等方面的个体规定，是个人道德品质、文化素养、教养良知等精神内涵的外在表现。其核心是尊重他人，与人友善，表里如一，内外一致。

从表面看，个人礼仪仅仅涉及个人穿着打扮、举手投足之类的小节小事，但以小见大，细节决定成败。个人礼仪，作为一种社会文化，不仅关乎个人，而且事关全局。若置个人礼仪规范而不顾，自以为是，我行我素，个体而言影响个人的自身形象，总体来说还会影响社会组织乃至国家和民族的整体形象。

二、个人礼仪的运用原则

（一）以个人为支点

个人礼仪是社会交往过程中对所有成员行为规范的约束，并非是对个别成员或特定的社会群体行为的限定。每个群体都由一定数量的个体组成，每个社会组织也由一定的组织成员所构成，因此，个人行为的好坏直接影响着任何一个群体、社会组织乃至整个社会的生存与发展。从这层意义上来讲，我们强调个人礼仪，规范个人行为，并不仅是提高个人修养，更重要的是促进社会发展的有序和文明。

（二）以修养为基础

个人礼仪不是简单的个人行为表现，而是个人的公共道德修养在社会活动中的体现，它反映的是一个人内在的品格与文化修养。若缺乏内在的修养，个人礼仪对个人行为的具体规定，也就不可能自觉遵守、自愿执行。只有“诚于中”方能“行于外”，因此个人礼仪必须以个人修养为基础。

（三）以尊敬为原则

获得尊重是人的一种心理需求。一个正常个体在社会中都希望融入社会，得到别人的尊重和认同。“敬人者，人恒敬之”，想要得到别人的尊重，就要先表达出对他人的尊重。在现实生活中，我们遵守这种自尊敬人、以诚相待的礼仪原则，不仅可以促进人际间的友好交往，还能避免一些不必要的冲突。

(四)以适度为要求

个人礼仪是对自我形象的关注和塑造。在运用个人礼仪进行自我美化的同时,同样需要注意自然适度的原则。好的个人礼仪的标准,除了考虑个人的年龄、社会角色等,还要考虑交往的对象和场合。不可盲目地塑造个人形象,以女性为例,不要一味地追求"减龄"和时尚。职业女性还要注意自己的专业性和权威感。在美化的过程中,要认清个人条件,有选择地运用一些要素美化自己,切不可跟风。

任务二　仪容礼仪

仪容是指人的外观、容貌,它是一个人内在修养的外在体现。在人际交往中,整洁端庄,健康自然的容貌能给交往对象留下良好的第一印象,从而为双方的进一步交谈创造良好的开端。不可否认的是,在当代社会,好的个人形象也是竞争力之一。虽然容貌很大程度上是天生的,但我们依然可以通过后天的修饰来塑造仪容,这主要包括头发的修饰、皮肤的保养、面部的妆容和手部的护理。

一、头发的修饰

一头健康、整洁的秀发可以让你更加迷人。一个人的风貌呈现在别人眼前时,头部首先被人注意到,直接影响到你留给别人的印象。头发的修饰主要包括了头发的护养、修剪及发型的选择。

(一)头发的护养

头发要保持整洁、健康、无异味,这就需要经常的洗护、梳理和修剪。

1. 头发的清洗

通常情况下,头发每两到三天就应当清洗一次。清洗时,宜选用 40 ℃左右的温水,用过冷过热的水冲洗头发,都会导致洗不干净油脂或损害发丝。

在洗头发之前,先用梳子将头发梳开,一边用梳子按摩头皮,然后用清水先将头发冲洗一遍,这样可使头发上的灰尘、脏污及头皮屑略微减少,在洗头发时,便可减少洗发精的用量,以降低对头皮的刺激。

先将洗发精倒 1 元硬币大小在手上,加水轻轻搓揉至起泡,再涂抹于头部,然后冲洗干净。如此重复两次,便可清洁头皮与发丝,切记千万不要直接将洗发精倒在头上搓洗,否则容易造成头皮局部的洗发精浓度过高,长此以往,可能会形成异常脱发的后遗症。洗头发时应以画圆圈的方式，用指腹按摩头皮，可促进血液循环，切记千万不要用指甲搔抓头皮，这样的动作容易使头皮受伤。而油性头皮者应着重清洗发根，干性头皮者则不宜清洗太久，以免让洗发精与头皮接触的时间过长。

湿发最好自然晾干。若使用电吹风吹干头发，在吹干的过程中电吹风应与头皮保持一定距离，使头发温度不要过高，并尽量缩短使用时间，以免损伤头发。

2. 头发的护理

每次洗发前后，可按摩头皮数分钟，以促进头皮的血液流通，促进生发，减少脱发的产生。按摩时，将十指分开，从前向后以打圈的方式揉动头皮，反复多次，直至头皮发热、有紧缩感为止。

在洗头发后最好用护发素为头发补充营养，使头发保持水分，更易梳开。需要注意的是，使用护发素时最好用毛巾将头发上的水分吸干，否则护发素难以达到效果，护发素的使用频率是每周一至两次为宜。

除了使用护发产品，平时也可通过食疗的方法养护头发。多吃含蛋白质和维生素丰富的食物，尤其要多吃核桃、黑芝麻、黑豆等食品。

3. 头发的梳理

经常梳头相当于按摩头皮，可以有效地促进头部血液循环。梳子以牛角梳、玉梳、木梳为宜，牛角梳有清热凉血的作用，玉梳有平肝、安神等作用。最好不要使用塑料梳子，用塑料梳子梳头发容易起静电，破坏头发组织。每次梳头 25～50 下，避免用力过猛，拉伤头发。梳头应在私密场合进行，不宜在公共场合梳头，否则有失礼节，影响个人形象。

（二）头发的修剪

1. 修剪频率

除了洗护之外，头发应当经常修剪，尤其是短发，应每月修剪 1～2 次。如需要参加重要的典礼或宴会，则可临时修剪一次。长发的女士应将枯黄、开叉的发梢剪掉，保持头发的美观。

2. 修剪长度

一般情况下，修剪头发时，男士应当做到前不遮眉、侧不掩耳、后不及领；女士应该做到刘海勿遮脸、短发不过肩，若留长发，则应在正式场合将头发束起来或盘起来。

（三）发型的选择

1. 发质

从发质上来讲，直而硬的头发容易修剪整齐，应以修剪为主，避免花样复杂；

细而软的发型宜选择波浪形的发型；头发干涩蓬松的发质应选择短发造型；自来卷的发质应从头发原有的特性塑造与脸型相称的发型。

2. 脸型

从脸型来看，圆形脸额前头发高梳，两侧遮住脸颊；长形脸刘海遮额，两边蓬松外翻为宜；方形脸刘海可遮额，两边遮两颊；三角形脸可刘海遮额，双耳之上头发厚，双耳之下头发薄；鹅蛋脸适合的发型比较多样，可根据身高、年龄等因素考虑。

3. 身形

从身形上来看，高瘦的人宜选择长发、直发或大波浪卷；高大的人宜选择短直发、大波浪卷或盘发；矮小的人宜选择超短发、盘发；肥胖的人宜选择整体向上、两侧紧束的发型。

二、皮肤的保养

(一)皮肤的分类

1. 干性皮肤

表现为皮肤看上去细腻，只是换季时皮肤变得干燥，有脱皮现象，容易生成皱纹及斑点，很少长粉刺和暗疮，触摸时会觉得粗糙。保养重点：注意补充水分与营养成分、调节水油平衡。日常多喝水，不要过于频繁地沐浴及过度使用洁面乳。

2. 油性皮肤

表现为面部经常油亮亮的，毛孔粗大，肤质粗糙，皮质厚且易生暗疮粉刺，不易产生皱纹。保养重点：注意补水及皮肤的深层清洁，控制油脂过度。应选择油分较少、清爽型、抑制皮脂分泌、收敛作用较强的护肤品。

3. 中性皮肤

表现为皮肤摸上去细腻而有弹性，不干也不油腻，只是天气转冷时偏干，夏天则有时油光光的，比较耐晒，对外界刺激不敏感。保养重点：清洁、爽肤、润肤以及按摩的周期护理。夏季选补水型产品，冬季选滋润型产品。

4. 混合性皮肤

表现为额头、鼻梁、下颌有油光，易长粉刺，其余部分则干燥。保养重点：以控制 T 型区分泌过多的油脂为主，收缩毛孔，并滋润干燥部位。

5. 敏感性皮肤

表现为皮肤较薄，天生脆弱缺乏弹性，换季或遇冷热时皮肤发红易起小丘疹，毛细血管浅，容易破裂形成小红丝。保养重点：洗脸水不可过热或过冷，使用温和的洗面奶。护肤品要先进行适应性测试，在无反应的情况下方可使用。

(二)护肤程序

1. 清洁

每天早晚各进行一次清洁工作，可以温和并彻底地卸除脸上的化妆品残留、表面油脂及污垢。

2. 爽肤

爽肤是洗完脸之后的重要步骤，爽肤也是使用保养品、化妆品之前必要的一步。爽肤的过程可再次清洁肌肤，软化角质、平衡 pH 酸碱度，帮助收缩毛孔，增加肌肤的柔软感。

3. 润肤

爽肤后还应为肌肤补充营养，白天用日霜，夜间用晚霜。一般来说，润肤油和润肤霜比较适合冬天使用，润肤露比较适合全年使用。

4. 防护

通常使用隔离霜、防晒霜等来阻挡紫外线的侵害，并可调整肤色，为彩妆做基础。若是在室内工作，外出活动不多，使用 SPF15～SPF20 的防晒商品即可；若是需要在外奔走或节假日外出旅行，可用 SPF20 以上的商品；假设到海滨浴场或热带地区旅行，挑选 SPF30 以上的防晒品就可以了。

小贴士

护肤小窍门

◎对付黑头——敷蛋清

在洗面后，敲破一个鸡蛋，将蛋清涂在鼻子上，然后用片装洁面纸浮在上面，待 10～15 分钟洗面纸没有水分之后由下自上拉起洁面纸，有去黑头的功效，之后一定要使用无酒精的收缩毛孔的爽肤水收敛毛孔。

◎对付唇部脱皮——热水敷唇

速效的办法是先用湿热的毛巾捂住嘴唇，然后涂上厚厚的润唇膏或者凡士林，再用保鲜膜做一个唇膜，可以立刻见效，平时注意不要舔嘴唇。

◎对付皱纹——面霜加维生素 E

如果面霜不够滋润，可以在面霜中加入少许维生素 E，睡前涂抹在脸上。睡眠期间是皮肤休息的好时机，特别容易吸收面霜营养，维生素 E 有减少皱纹的功效。

◎对付眼袋——冻茶包敷眼

先将两包茶叶包用热水泡发，晾凉后放入冰箱里冷藏，最好是前一晚就把这个步骤做好。早上起床后，清洁脸部皮肤，然后把备好的两个茶叶包分别敷于眼部，十分钟后取下就可以了。此方法不但去眼袋功效一流，并且还能消除眼部疲劳。

◎对付突然出现的暗疮——胡萝卜汁

只要将新鲜萝卜连皮磨成汁，敷在患处，15 分钟后再用水清洗，早晚各 1 次后，对暗疮有解毒及分解脂肪的作用。

◎对付黑眼圈——热毛巾敷眼

这个方法是常用的方法之一，如果早上起来看到自己的黑眼圈特别重，就可以用一条热毛巾敷眼，大概十分钟就可以，黑眼圈会得到明显的缓解。

三、面部的妆容

得体的妆容是一个人气质、修养的体现，也是对交际对象和场合的尊重。我们应当根据自己的五官特点、身份地位、职业特点、出席场合来选择不同的妆容。

(一)化妆的原则

化妆的总原则是少而精，具体应把握个性、自然、协调三个原则。

1. 个性

化妆应因人而异，根据每个人不同的脸型、五官和气质来确定修饰的方法，扬长避短，充分发挥自己的风格。例如当下比较流行的欧美风、日韩风和复古风等，可根据自己的五官特点及风格选择适合自己的妆容。也可通过化妆展现自己不同的一面，是知性成熟的、文静温婉的还是活泼可爱的。

2. 自然

除特殊场合需要化浓妆之外，日常妆容应力求自然、真实，让人看不出明显的修饰痕迹，淡淡几笔，恰到好处。否则，容易给人留下矫揉造作、浓妆艳抹的印象。

3. 协调

在选择面部妆容的色彩时，应根据服装的颜色和类别配以相应的妆容，唇膏的颜色应与服装的主色调相配，并与自身的年龄、身份、场合相匹配。如舞台妆、约会状、宴会妆、职场妆等。

(二)彩妆产品的选择

彩妆产品主要有粉底、散粉、眉笔、眼影、腮红、眼线笔、睫毛膏、唇膏等几大类(如图1-1)。

选择粉底时，应根据自己的肤色和肤质进行选择，粉底与肤色接近为宜，注意脸和脖子的界限。眉毛的颜色应与自己的发色相近。眼影的选择应注重妆容的

图 1-1　彩妆产品

特点，日常妆通常选用大地色系的眼影，晚会妆则可选择色彩更鲜艳的颜色进行修饰。

除了彩妆产品的选择，化妆时还需要购置一些化妆工具，如修眉刀、粉扑、睫毛夹、化妆刷等来进行辅助。

（三）化妆的步骤

1. 护肤

先将脸洗干净，涂上润肤露，面部得到滋润在接下来的化妆中就不会出现起皮、浮粉等问题，妆容也会更服帖。

2. 上粉底

粉底的作用并不是为了美白皮肤，而是均匀肤色，使皮肤平滑细腻。一款合适的粉底在上脸之后，不会明显变白，它会与自身的肤色融合在一起。上粉底时，粉底应该轻薄，不可涂抹过多过厚，以免脸部有“面具”感；粉底涂抹中，应注意过度到位，不要在发际边缘、鼻翼两侧、脖颈处留下明显的分界。

3. 定妆

用粉刷蘸取少量散粉，轻刷于面部和颈部，降低面部的油光感并固定妆容。对于油脂分泌旺盛的部位，例如眼角、鼻翼、额头、嘴角等可采用粉扑按压的方式上些散粉，增强粉底的附着力，使妆容更持久。

4. 修眉

第一次修眉时，最好去美容院或找身边有经验的朋友帮忙修出一个眉形（四种经典眉形如图 1-2），之后可沿着轮廓自己修剪。画眉的时候可用眉笔或眉粉沿着眉毛生长的方向轻轻描画，注意眉头浅、眉峰深、眉梢清晰，使眉毛具有立体感。眉头要与前眼角在同一条垂直延长线上，眉尾是在鼻翼与眼尾连线的延长线和眉头的水平线的交会处（如图1-3）。描眉之后，用眉刷将眉毛轻刷一遍，使眉毛整齐、服帖。

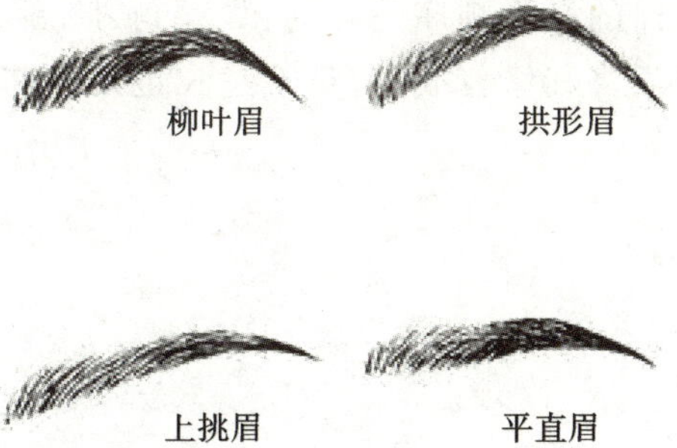

图 1-2　四种经典眉形

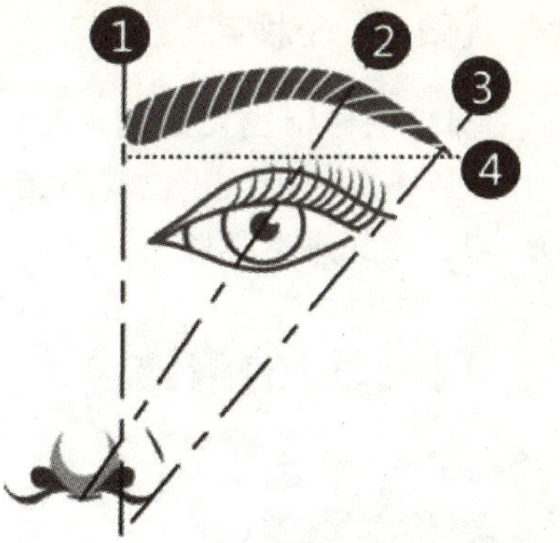

图 1-3　画眉图解

5. 画眼影

眼影的主要功能是增加眼睛的立体感，为了体现出层次感，通常会使用三种同色系的颜色进行晕染。首先蘸取少量浅色眼影刷在眼皮上；然后用深色眼影涂抹在眼位处，并用眼影刷自外眼角向眼窝方向均匀晕染，使颜色自然过渡。最后用带珠光的眼影涂抹在黑眼珠正上方的位置提亮，注意只有眼皮中间一小部分，否则眼皮会看起来浮肿。

6. 画眼线

眼线能很好地改善眼睛轮廓，使眼睛生动有神。画眼线时眼睛可以微闭，先从中间向眼尾贴着睫毛根部描画，再从眼头画到中间，最后将几段眼线连贯起来，这样的眼线才显得自然、干净。

7. 修饰睫毛

首先用睫毛夹将睫毛夹翘，睫毛较长可从睫毛根部、中部、尖部分段夹翘，然后用画"Z"字的方式从根部刷到睫毛尖端，使睫毛根根分明、自然卷翘。

8. 涂腮红

腮红不但可以改善气色，还能增强面部立体感。用腮红刷蘸取少量腮红，从颧骨开始向发际线的方向向上晕开。腮红涂在颧骨和眼睛下方，这样能使脸部显得年轻、可爱，以颧骨为中心，涂在颧骨两侧，就显得大气。

9. 抹口红

修饰唇形之前，可先涂抹润唇膏滋润双唇，用唇刷上口红会更加均匀。

10. 及时补妆

面部妆容会因为我们说话、进食以及皮肤分泌的油脂、汗水等脱落，补妆的时候应在化妆间或洗手间进行，不宜在公共场合进行，即使在场均为女性。

(四)男性妆容

男性的修饰主要是剃须修面。剃须修面的操作顺序一般为:先鬓角、脸颊,再到脖子、嘴唇周围及下巴。若留有胡须,则应将其修剪成型;鼻毛过长也要定期修剪,切忌让其露出鼻腔。

四、口腔的清洁

案例分析

小李的口头表达能力不错,为人也勤奋朴实,在业务员中学历也算是较高的,但是当销售代表半年多以来,业绩一直没有得到提升,到底问题出在哪里呢?原来小李喜欢吃大葱、大蒜等刺激性较强的食物,在外跑业务也不方便刷牙,吃过饭就会去找客户谈生意,尽管他跑得很勤,但是每次推销的效果却并不好。

请从礼仪的角度分析小李业绩不好的原因,并给出改善的建议。

有个成语叫"吐气如兰",形容人说话的时候口气很清新,相反地,如果口腔有异味就会让人感到不适,从而难以亲近,因此,保持口腔的清洁也是仪容礼仪的重点。在与人说话时,如果牙齿上粘有食物残渣,会给人留下不讲卫生的印象。此外,我们还应当特别注意口腔不能有异味,也就是我们常说的口臭,口臭会使一个人的好印象大打折扣。

有时早晨起床后口腔会有异味,但这种异味如果在刷牙后消失,那么就属于正常现象。但如果口臭难以通过刷牙漱口改善,那么就属于顽固口臭,我们要检查一下自己是否患有口腔疾病,如牙龈炎、龋齿、口腔溃疡等;消化道疾病,如胃炎、胃溃疡等;又或者是体内疾病,如肺病、肝病、糖尿病、气管炎等,必要时请及时就医。若这些疾病得到治疗,口臭自然会得到缓解。

常见的缓解口臭的方法有:

(1)饭后清洁口腔,如漱口、嚼口香糖、喷口气清新剂。

(2)找到病源,对症下药,让专业的医生给出治疗建议。

(3)柠檬或者薄荷叶泡水可祛除异味。

(4)吃富含纤维的蔬菜和水果,这些蔬果能帮助口腔分泌唾液,清除牙齿上及牙缝中的食物残渣。

(5)坚持喝酸奶能降低口腔中硫化氢的含量,还能阻止有害细菌的产生,从而改善口腔环境。但需要注意,只有天然酸奶有这样的作用,含糖的酸奶起不到这样的效果。

五、手部的修饰

日常生活中我们可能会看到有些女性画着精致的妆容，显得年轻靓丽，但是她们的手却看起来苍老许多，这就是只注重面部的保养而忽略了手的养护。其实不论男女，我们都应该注意双手的清洁卫生，保持双手的皮肤滋润，不出现干裂是最基本的要求。

（一）手的清洁与护理

饭前饭后或者接触脏物后要立即洗手，保持双手的清洁、卫生。洗手时用洗手液，尽量不要使用洗衣粉、肥皂等碱性大的洗护产品，以免伤害手部皮肤。洗净双手后，用毛巾擦干，并涂上护手霜，使手部肌肤保持润泽。做家务需要接触强碱性的清洁剂时应戴上手套，秋冬季节天气干燥，应勤抹护手霜，防止手部皲裂。

（二）指甲的修剪与修饰

定期修剪指甲，保持指甲清洁，不单单是个人卫生的体现，也是对社交对象的尊重。指甲的长度不应超过指尖，可根据自己的手型修剪出适合的形状，如方形、方圆型、椭圆形指甲等。要注意的是，修剪指甲应避免在公共场合，否则有失礼仪。

对女士而言，可根据场合、服装适当地染指甲。在工作场合尽量涂抹粉色、裸色或透明的指甲，指甲上也不应有复杂的装饰，简单大方较为合适，过于艳丽或个性的颜色不符合职业女性的形象。

任务三　仪态礼仪

坐有坐相，站有站相。一个人的仪态、举止、动作在无声中展现了我们的气质、风度和修养。如果说漂亮是先天的优势，那么优雅就是一生的持久战。在社交场合中，优雅的坐、立、行、蹲不仅能帮助我们得到他们的好感，还能赢得他人的尊重。

一、站姿

站姿是人生活交往的最基本的仪态，也是其他各种工作姿势的基础和起点，良好的站姿能够展示一个人的气质和风度，给人挺拔、舒展、端庄、积极向上的感觉。不同的岗位、场合对站姿的要求不尽相同，但基本的要求是一致的：一般来说，男士要展现出刚毅洒脱、挺拔舒展；女士要展示出秀雅端庄、亭亭玉立。

(一)站姿的基本要求

(1)头正。双目平视，下颌微收，表情自然放松。

(2)肩展。双肩放松、舒展，稍向后下方下沉。

(3)身正。以鼻子为中心，整个身体大体呈直线，重心在中间，不可歪斜。

(4)挺胸。后背挺直，胸部舒展，自然上挺，感受头顶有一根线向上提。

(5)收腹。腰部挺直，腹部微微收紧，保持自然呼吸，臀部肌肉向内、向上收紧。

(6)腿直。双腿直立、并拢，腿部肌肉向内收紧，身体重心置于双腿之间。

(二)女士的站姿

女士的站姿要柔美端庄，体现女性娴静、优雅的气韵。

1. 丁字步站姿

上体前倾，收腹提臀，腰背挺直，双腿并拢，膝盖紧贴，左脚在前，将左脚跟靠在右脚脚弓，脚尖分开约 60°，并保持两脚的脚跟在同一直线上。双手在腹前交叉，右手握住左手的手指部分，使左右手指不外露，左右手大拇指内收在手心处。这种姿势礼仪性较强，适合正式的迎送场合(如图 1-4)。

2. 扇形站姿

双腿立直、并拢，脚跟相靠，脚尖张开约 60°，腿绷直，身体重心在两脚之间，双手交叉置于背后或握于身前。此站姿较为自由，可适用于不太正式的社交场合(如图 1-5)。

(三)男士的站姿

男士的站姿要挺拔稳健，体现男士刚强、潇洒的风采。

男士的站姿主要采用分腿站姿，即双脚稍微分开站立的姿势，根据双手的摆放位置不同分为腹前式和后背式。

1. 腹前式分腿站姿

右手握住左手手腕，交叉握于腹前，双腿自然打开，与肩同宽，身体重心在两腿之间，站立时间长时，可一脚向后撤半步上体仍保持直立，重心在两脚上轮换缓解疲惫。这种站姿适用于一般社交场合(如图 1-6)。

2. 后背式分腿站姿

右手自然贴住背部并握住左手腕，双腿自然分开与肩同宽，脚尖成 60°，这种站姿稍显威严，适合较为正式、严肃的迎送场合(如图 1-7)。

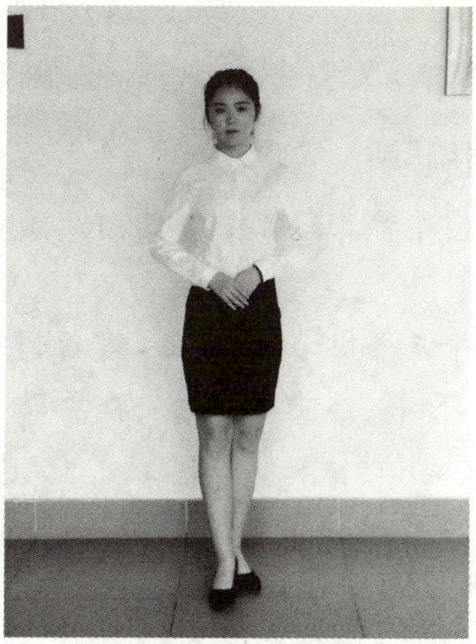

图 1-4　丁字步站姿

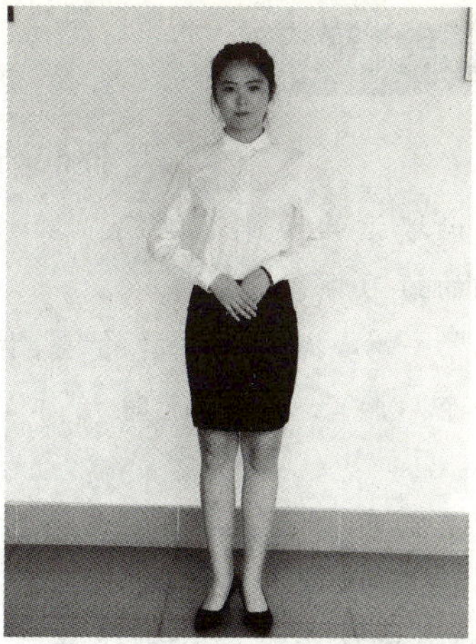

图 1-5　扇形站姿

图 1-6　腹前式分腿站姿

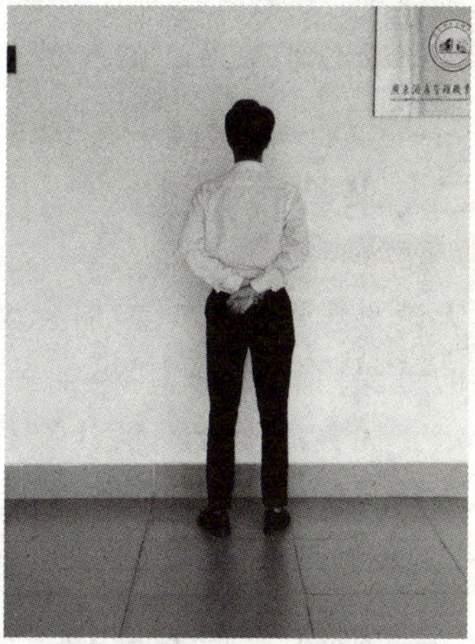

图 1-7　后背式分腿站姿

(四)站姿的注意事项

(1)女士站立时,双腿不要分开;男士双腿分开的距离不要超过肩宽。

(2)站立时,双手不可以插口袋,也不可以交叉抱于胸前,更不可以双手叉腰。

(3)不可身体歪斜,双肩一高一低,无精打采。

(4)身体不可以倚靠在树干、柱子、墙壁、栏杆上。

(5)不可摇摆身体、双臂乱晃或者抖脚。

(6)不可与他人勾肩搭背地站着。

(7)不可交叉双腿、弯腰顶胯或双腿呈内八字站立。

小贴士

标准站姿练习法——"贴墙"站

贴墙站的动作不仅能帮助我们矫正盆骨，拉直脊椎，还能帮助我们养成抬头挺胸的好习惯。

第一步，找一面平滑的墙，背对墙壁，将你的脚板平贴在地面上，然后慢慢地把两个后脚跟并拢，这时候你的整个腿部，包括下半身，也就跟着紧紧贴在墙壁上。

第二步，先弯腰 60°，让自己腰部以上的上半身，可以稍稍离开墙面。

第三步，用力吸气收小腹或者是用手按着小腹，接着再按照顺序把整个上半身，慢慢地从脊椎、臀部、腰部到肩膀，最后是后脑勺，一一全部平贴在墙面。这时候要特别注意的一点就是：肩膀和双手要放松，但是臀部必须夹紧。

第四步，完成这些动作之后，维持不变，经过 15 分钟后才能休息和放松，每天练习这个动作能帮助我们改善弯腰驼背的毛病，还能瘦身哦。

二、坐姿

无论是学习、工作、参加会议还是休闲娱乐我们都离不开坐姿，坐姿也是仪态礼仪的重要内容之一。"坐如钟，站如松"，这里的坐姿要求我们像一座钟一样端正稳定。优美的坐姿不仅让交往的对象看得赏心悦目，而且也让我们坐得舒适，更关系到我们的身体健康。除了姿态的体态美，我们还要讲究入座离座的礼仪美，接下来将具体介绍男女的几种标准坐姿，以及关于坐姿的礼仪要求。

（一）坐姿的基本要求

(1)入座时要轻、缓、稳。走到座位前方，转身后右脚向后撤半步轻稳入座，然后将双腿收拢。女士在穿着裙装时，应先用手将裙子捋顺，以免将衣服坐出褶皱，避免入座后再晃动身体拉扯裙摆，有失优雅。入座时讲究顺序，切忌争抢座椅，重重坐下。一般来说，从椅子的左侧落座，左侧离开。

(2)入座时，坐椅子的 1/2 至 2/3 处，不宜将整张椅子坐满。腰背与椅背保持一定距离，上体自然挺直，不可倚靠在椅子上。若长时间保持挺拔姿态略感疲惫，可轻靠椅背，但稍作休息后应当及时调整回来。

(3)入座后双肩放平下沉，腰背挺直，双目平视，保持端正。双臂自然弯曲放在腿上，亦可放在椅子或沙发的扶手上，掌心向下。男士双膝可自然微开，双腿自然弯曲；女士入座后应双腿并拢，两脚并放或交叠，双手叠放，置于大腿上，保持端庄。

(4)离座时要自然稳当,右脚后收半步,平稳起立,离开座位时不应发出太大的声响,以免干扰到他人。

(二)女士的坐姿

社交场合中,女士的坐姿主要分为标准式、侧点式、交叉式和重叠式。

1. 标准式坐姿

要求上身与大腿、大腿与小腿、小腿与地面均成直角,双膝双脚完全并拢。双手虎口相交置于左腿上。这种坐姿适用于最正规的场合,例如例会、谈判、会谈(如图 1-8)。

2. 侧点式坐姿

要求上身端正,双膝先并拢,然后双脚向左或向右斜放,与地面约成 45°,双脚平放于地面,双手交叠置于左脚上。这种坐姿适用于着裙装的女士在较低矮的座位就座时使用(如图 1-9)。

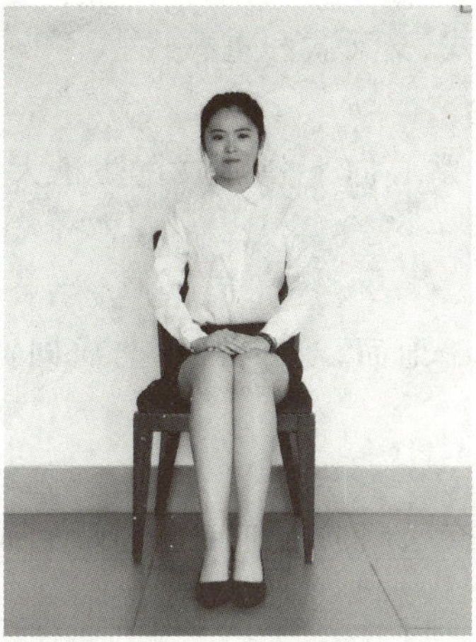

图 1-8 标准式

图 1-9 侧点式

3. 交叉式坐姿

要求上身端正,双膝紧贴,然后双脚在脚踝处交叉。交叉后的双脚可以斜放,但不宜向前伸直。这种坐姿适用于各种场合(如图 1-10)。

4. 重叠式坐姿

要求两条小腿移至身体左侧,双腿并拢斜放,与地面成 45°,右腿重叠于左腿之上,脚尖垂向地面。这种坐姿适合穿短裙的女士采用(如图 1-11)。

图 1-10　交叉式

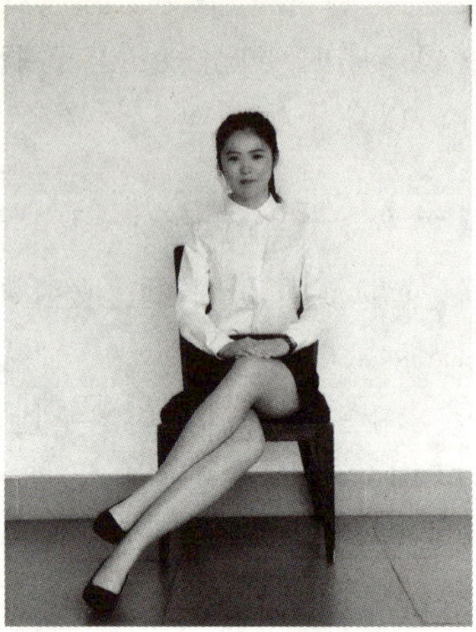

图 1-11　重叠式

(三)男士的坐姿

男士的坐姿主要介绍以下几种:标准式、开膝式、交叉式和重叠式。

1. 标准式坐姿

上身端正,与大腿垂直,双膝、双腿并拢,双手掌心向下分别放在两条大腿上(如图1-12)。

2. 开膝式坐姿

上身与大腿、大腿与小腿都呈直角,小腿垂直于地面,双膝分开,与肩同宽,脚尖朝前,双手分别放置在两条腿上(如图 1-13)。

3. 交叉式坐姿

要求上身端正,双膝紧贴,然后双脚在脚踝处交叉略向前伸或略向后回屈,双手掌心向下分别放在两条大腿上(如图 1-14)。

4. 重叠式坐姿

要求上身端正,左小腿垂直于地面,右腿叠于左腿上,右小腿向里收,脚尖向下,双手互握置于右腿上。这种坐姿适用于非正式场合(如图 1-15)。

(四)坐姿的注意事项

(1)身体不可以完全放松,呈半躺式坐姿,更不可歪斜地坐在沙发上,这种坐姿并不是有修养的表现。

(2)女士入座前应收拢裙摆,保持裙边平整、不起皱。

(3)男士不可将双腿分得过开,或将腿过分前伸,又或一腿伸直、一腿弯曲呈现“4”字形。

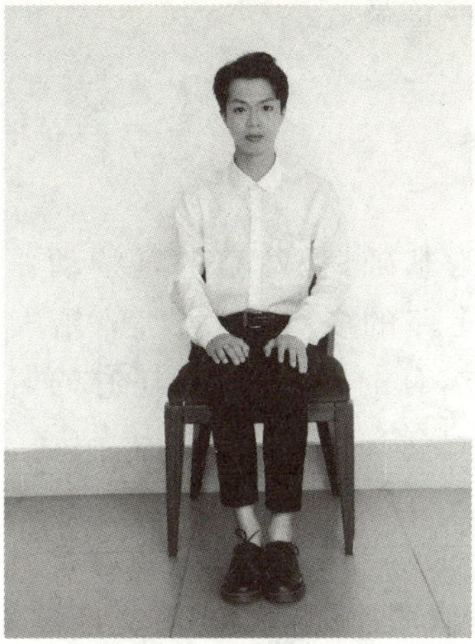

图 1-12 标准式

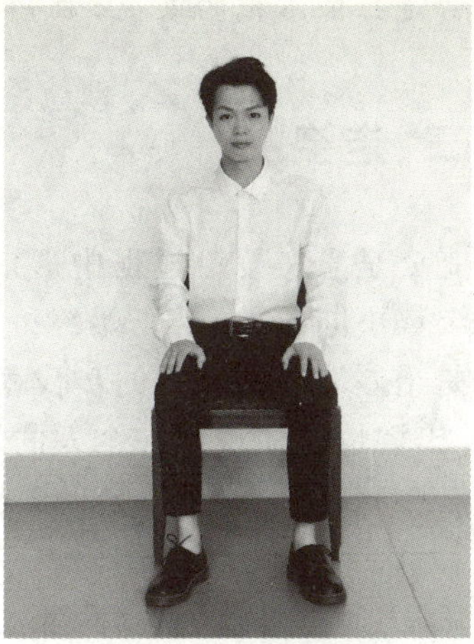

图 1-13 开膝式

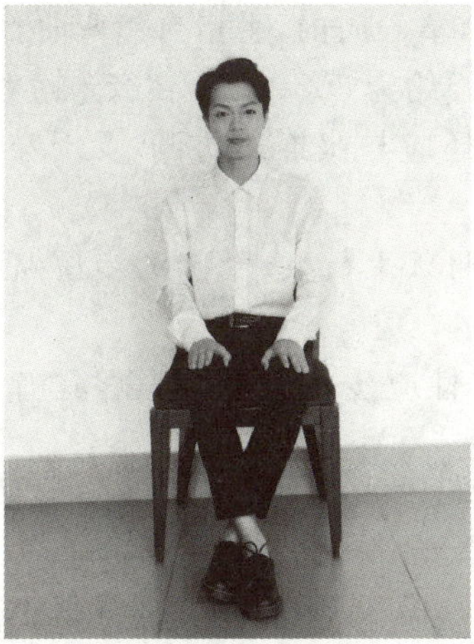

图 1-14 交叉式

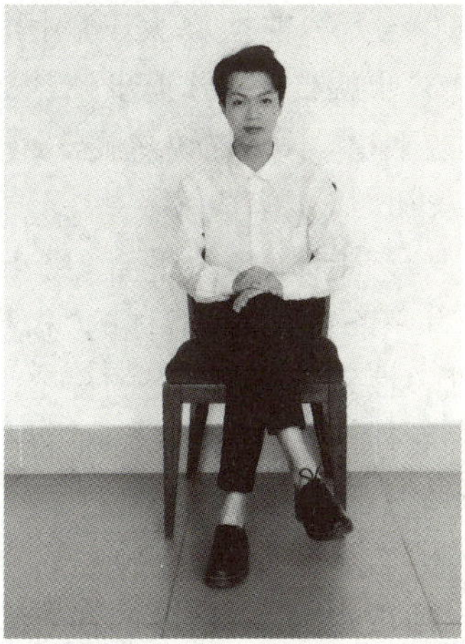

图 1-15 重叠式

(4)切忌跷“二郎腿”和抖脚，这两种做法都显得粗俗不雅。

(5)采用重叠式坐姿时，注意不要将脚尖朝上或指向他人。

(6)在座位上不能将脚叉开伸出去，也不能将脚藏在座椅下或勾在座椅的椅腿上。

(7)离座时，要将座椅轻轻抬起放回原处，不可拖拽或推椅子。

思考

重叠式坐姿和我们俗称的跷“二郎腿”到底有什么区别呢？

跷“二郎腿”是将悬空的脚尖朝上，脚底朝向他人，并伴随着抖脚的动作。这种姿势是粗俗不雅的表现，带有不满、轻视和傲慢的情感。

三、走姿

走姿是人在行走过程中形成的姿态，以站姿为基础，是站姿的延续动作。与其他姿势不同的是，走姿始终处于动态之中。人走路的姿势千姿百态，给人的感觉也是千差万别的。有的步伐稳健，有的端庄大方，有的轻巧灵活，还有的斯文婉约，从走姿也能体现出一个人的性格特点。

（一）走姿的基本要求

（1）上半身挺拔向上，头正、肩平、挺胸、收腹，双眼平视前方，表情自然平和，不左顾右盼、眼神飘忽、回头张望。

（2）步态端正，双肩平稳，重心稍向前倾，双臂自然前后摆动，手臂与身体的夹角为$10°\sim15°$，前摆幅大于后摆幅。双臂自然下垂，掌心向内，手指自然弯曲。

（3）步幅恰当，男士步幅约为 40 厘米，女士步幅约为 30 厘米。在行走过程中，应保持平稳，不要忽快忽慢，步幅忽大忽小。步幅还应与服饰相协调，女士穿包臀裙或长裙时，步幅应小一些。

（4）行走时，步位平直，男士的步位路线应为两条平行线；女士的步位路线尽可能为一条直线，即俗称的“猫步”。

（5）性别不同，行走的姿态应当有所区别。男性应步伐矫健、稳重，具有阳刚之美；女性应步伐轻盈、娴雅，展现阴柔之美。

（二）走姿的注意事项

（1）行走时不可呈内八或者外八。

（2）行走时应脚跟先着地，然后重心前移，前脚掌着地，然后迈另一只脚，双脚交替迈出，不可拖沓前行，使脚和地面摩擦碰撞发出噪音。

（3）双手不可置于背后，否则给人傲慢之感。

（4）行走时，不可低头、仰头、东张西望。如果是自己感兴趣的事物，应停下来观看，不可边走边看，以免撞到。

（5）与人并排行走时，不要超过 3 人，并随时注意主动为他人让道，切忌抢道和横冲直撞。

（三）不同情形的走姿

（1）上下楼梯时：上下楼梯均匀呼吸会更轻松；下楼梯时，脚尖向下更美观；女士穿长裙时，应将裙摆轻轻提起，身体稍向前倾，以免踩到裙摆。

(2)室内行走时，步伐要稳健，不要慌张奔跑，不要将鞋跟叩响地面，发出“叩叩”的响声。

(3)室外行走时，视线朝正前方，双臂前后摆动，脚跟不要抬太高。

(4)参加喜庆活动时，步态应轻盈、欢快，有跳跃感。

(5)参加展会、探望病人时，脚步应轻而柔。

四、蹲姿

蹲姿一般用于捡拾物品、集体拍照、提供服务或系鞋带等情况，欧美许多国家都认为“蹲”这个动作不雅，如无必要，应尽可能减少下蹲的动作。如果正前方、正后方有人，不可正对或背对他人，应该侧身蹲下，这样的蹲姿较为优美得体。

(一)蹲姿的种类

1. 高低式蹲姿

双腿弯曲，左脚在前，右脚在后，前脚全部着地，小腿垂直于地面，后脚脚跟抬起，脚掌撑地，臀部向下，左小腿基本垂直于地面或与地面成 60°，采用这种蹲姿时左右脚可以互换。男士采用这种蹲姿时，可两腿自然分开，女士则一定要将双腿收拢，并可略微侧转，以免走光(如图 1-16 和图 1-17)。

2. 交叉式蹲姿

下蹲时，左脚在前，脚掌完全着地，右脚在左脚左后方，脚掌撑地，脚跟提起，屈腿下蹲，两腿交叉重叠，腰背挺直，略微前倾。这种蹲姿适合女性使用，且同样可以左右脚互换(如图 1-18)。

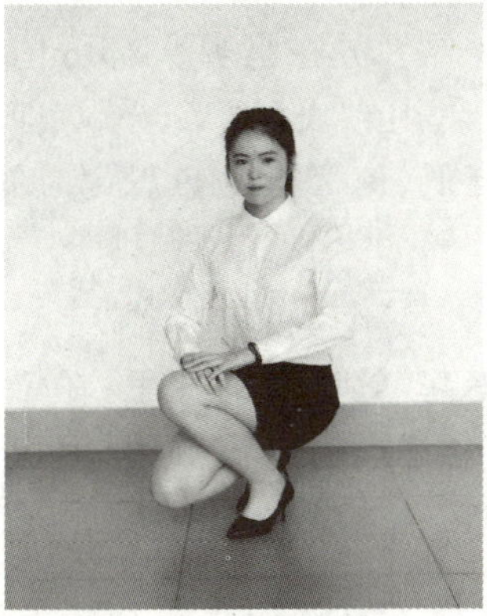

图 1-16　女士高低式

图 1-17　男士高低式

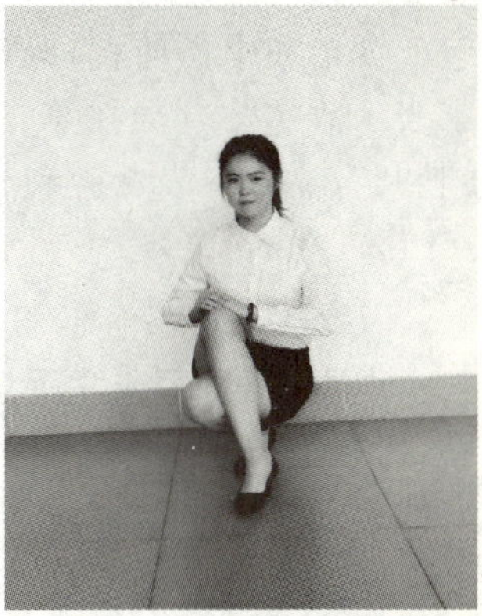

图 1-18　女士交叉式

(二)蹲姿的注意事项

(1)下蹲时，尽量侧身相对他人，切勿正面面对他人或背对他人。

(2)下蹲时，切忌弯腰撅臀，或者两脚平行、两腿分开、弯腰半蹲(即蹲厕式)，否则极为不雅。

(3)女士着裙装下蹲时，应先用双手收拢裙摆，下蹲时双腿收拢，防止走光，领口较大的衣服应该用手捂住胸口。

(4)不可在公共场合蹲着休息。

五、手势

仪态中动作最多、变化最多的就是手势。心有所思，手有所指。手势的含义非常丰富，表达的感情也非常微妙复杂，有时同一个手势在不同国家或不同情境下会有截然不同的含义，如果能恰当地使用手势表达，会为我们的交际形象添彩。但是不恰当地使用手势也会造成不必要的误会。

(一)常见的手势含义

1."OK"形手势

将拇指和食指合成一个圈，其余三根手指分开伸直，在我国，该手势表示"零"或"三"的意思，在其他国家却有不同含义。例如，在美国，这个手势表示"可以""赞同"；法国则表示"零"或"没有"；在日本、韩国表示"金钱"；而在巴西则是侮辱男性、引诱女人的手势，是非常粗俗的(如图 1-19③)。

2."V"形手势

食指和中指伸直，拇指弯曲压在无名指和小指上，这个手势在世界大部分国家表示数字"二"。在第二次世界大战中，英国首相丘吉尔用它表示"Victory"即"胜利"，注意在表示胜利时，手心一定要向外，向内则是贬低、侮辱人的意思(如图 1-19②)。

3.举拇指手势

在中国，右手或左手握拳，伸出大拇指表示"好""了不起"等称赞的意思；在希腊，拇指上伸表示"够了"，拇指下伸表示"讨厌""坏蛋"的意思；在英、美等国，拇指上伸表示"好""不错"，在路边伸出手臂，拇指往上则表示搭车(如图 1-19①)。

(二)手势的运用

(1)递接物品时，在方便的情况下，一律双手递送、接取物品。不方便使用双手时，也可以用右手，但不要用左手，以免显得不尊重；双方距离较远时递接物品

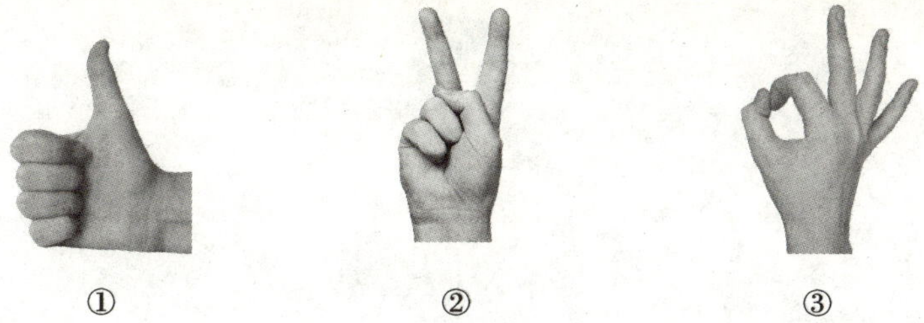

图 1-19　常见手势

双方都应起身，主动走近对方，递接物品时不要越过他人头顶；递送尖锐物品时，应将尖锐的部分朝向自己，“递人以柄”（如图 1-20）。

图 1-20　双手递接物品

（2）招呼他人时，手臂伸直，向前上方抬起，四指并拢。掌心向下，在中国，以及欧洲及拉丁美洲的大部分国家都表示召唤人；掌心向上，则表示召唤动物。但是在美国和日本却恰恰相反。

（3）通常五指并拢，掌心向外表示指引方向，同时也有“请”的意思。

（4）展示物品时，双手应将物品正面朝向对方，举至一定高度，将物品放置在身侧，不宜挡住本人的头部，若四周都是观众，则需要变换不同的角度以便观众能清晰地观察（如图 1-21）。

（三）手势的注意事项

（1）在人际交往中，手势不宜过多，动作不宜过大，否则会给人留下夸张和手舞足蹈的轻浮感，手的位置应当遵循“高不过耳，低不过腰”的原则，太高会给人张狂、轻浮之感；太低会让人觉得猥琐、小气。

（2）在任何情况下都不要用大拇指指自己的鼻尖，更不能用手指指点他人。

图 1-21 展示物品的手势

指自己时可以用手掌轻按自己的左胸，介绍他人时，应该采用四指并拢、掌心向上的手势。

(3)不要双手环抱在胸前，这样会显得不易接近。

(4)不能在公共场合用手挖耳朵、剔牙、修指甲等，这样会显得不卫生、没有教养。

(5)手上不要有太多小动作，例如绕头发、转笔、揉衣角等，这些动作会让人觉得你心不在焉和幼稚。

六、表情

美国心理学家艾伯特·梅拉比在一系列的实验基础上得到一个公式：信息的总效果＝7％语言＋38％音调＋55％面部表情，由此可见，表情传达的感情信息比语言巧妙得多。我们可以通过控制自己的表情传达积极的信息，也可以通过观察交往者的眼神、笑容等推测对方的心理活动。

构成表情的因素主要有两个：一个是目光，另一个就是微笑。

(一)眼神礼仪

小时候家长总是会教育我们，跟对方交谈的时候要看着对方的眼睛，这是对他人的尊重和礼貌要求。但是不是所有的国家注视着对方的眼睛就是礼貌呢？其实并不是，每个国家都有自己的眼神礼仪。

1. 不同国家的眼神礼仪

(1)注视礼：阿拉伯人在倾听尊长或宾客谈话时，眼睛总是要直直地注视着对方，以示尊重。日本人交谈时，通常会恭敬地注视着对方的颈部，以示礼貌。

(2)远视礼:南美洲的一些印第安人,和亲朋好友或贵宾谈话时,目光要看向远方,似东张西望。若有三位以上的亲朋讲话,则要背向听众,看向远方才算尊重。

(3)眯眼礼:在波兰的亚斯沃等地区,已婚的女士与丈夫的兄长交谈时,要将双眼眯起来以示尊重。

(4)挤眼礼:澳大利亚人路遇熟人时,除了口头上的问好以外,有时还要挤一下左眼,以示礼节性的招呼。

(5)眨眼礼:安哥拉的姆本杜人,当贵宾光临时,总要不断地眨着左眼,以示欢迎;来宾则要眨右眼,以表答谢。

2.注视的部位

既然有的国家礼貌的眼神是看脖子,有的是看眼睛,有的甚至不看,那么我们在日常交谈中眼睛应该看哪里呢?除了"入乡随俗",跟随当地人的习惯以外,我们可以根据不同的场合与对象,将视线分成以下几大类。

(1)公务视线:在正式的公务场合,例如在办公室内、磋商、谈判时,双眼应该注视着交谈对象的"上三角区",即看着对方额头至双眼之前的区域,这样的视线显得严肃、认真且有诚意。

(2)社交视线:在与朋友聚会、茶话会等一般社交场合,视线应停留在对方的"三角区",即注视对方双眼到嘴唇之间的区域,这样的视线会让对方感到受尊重和舒适。

(3)亲密视线:只有在与关系非常密切的人(亲人、恋人等)交往时,才能用亲密视线注视对方,即目光落在对方的双眼至胸口之间的区域,这样的凝视会让对方感到亲近、友好。但需要注意的是,这样的视线对陌生人来说是冒犯的、失礼的行为。

3.注视的时间

在交谈中,倾听的一方应多注视说话的一方,目光与对方接触的时间,一般占全部相处时间的1/3。若对方是同性,应该不时地与对方双目对视,以示尊重。若对方是异性,目光对视不宜持续超过10秒,长时间地直视会让对方感到不自在、有压迫感。无论哪种对象,注意我们的目光一定要柔和,不要凶神恶煞,否则是失礼的表现。

4.眼神的注意事项

在运用眼神时,要注意几种不恰当的眼神,避免被误解或者抵触。

(1)盯视。死死地盯着一个人的眼睛看,不管有意无意,都显示着一种无理,让对方感到不舒服,像是对他另有所图。盯视,在某种特定的场合,是一种心理战术,但在日常的社交场合中使用,就很容易造成误会,让对方有受到侮辱或挑衅的感觉。在生活中,就算看到令我们眼前一亮、感到好奇又或是怪异的人,也不要肆无忌惮地盯视对方。

(2)斜视。这种眼神除了让人感到不太友好外,还传递出轻蔑、鄙视的信息。成熟、有教养的人善于控制自己的眼神,即使与不喜欢的对象交往,也不会轻易露出鄙视或不屑一顾的眼神。

(3)扫视。目光将交往对象从头到脚地打量,带目的地审视,这种眼神是极其失礼的。

(二)微笑礼仪

微笑是一个简单的动作,它却可以帮助我们在人与人的交往过程中缩短彼此的距离,营造和谐的氛围。在国际交往中,微笑是最基本的礼仪。

在社交活动中,怎样才能拥有迷人的微笑呢?

1.微笑的要求

第一,微笑要发自内心。虚假的笑容在展露的一瞬间就会被识破。微笑的时候要注意对方的表情,如果对方露出不快的神情,可以让自己的微笑更加真诚一些。

第二,微笑应该眼中含笑。公式化的笑容虽然看起来也表达了友好,但是却感受不到亲切,眼中带笑会让我们的笑容更有感染力,整个面部表情才会更和谐、统一。

2.微笑的注意事项

(1)微笑的"四要"。

一要口眼鼻眉肌结合,做到真笑。发自内心的微笑,会自然调动人的五官;眼睛略眯起有神,眉毛上扬并稍弯,鼻翼张开,脸肌收拢,嘴角上翘,唇不露齿。做到眼到、眉到、鼻到、肌到、嘴到,才会亲切可人,打动人心。

二要神情结合,显出气质。笑的时候要精神饱满、神采奕奕,要笑得亲切、甜美。这样的笑容伴以稳重、伴以文化修养,就能显出气质。微笑在于它是含笑于面部,会给人以回味、深刻、包容感。

三要声情并茂,相辅相成。微笑和语言美往往是孪生姐妹,甜美的微笑伴以礼貌的语言,两者相映生辉。如果脸上微笑,却出言不逊、语言粗野,其微笑就失去了意义;如果语言文明礼貌,却面无表情,会让人怀疑你的诚意。只有声情并茂,热情、诚意才能被人理解,并起到锦上添花的效果。

四要和仪表举止的美和谐一致,从外表及内在达到完美统一的效果。

(2)微笑的"四不要"。

一不要缺乏诚意,强装笑脸;二不要刚露出笑容便随即收起;三不要仅为情绪左右而笑;四不要把微笑只留给上级、朋友等少数人。

小贴士

微笑训练法

一、对镜训练法

站在镜子面前，以轻松愉快的心情，调整呼吸至自然顺畅，开始微笑，轻闭双唇，嘴角上扬，舒展面部肌肉，同时注意眼神的配合，如此反复多次，练习时可外放欢快的音乐。通过观察镜子，找到自己最亲切自然的笑容。

二、含箸法

选择一根干净、光滑的圆柱形筷子，横放在嘴中，用上下两颗门牙轻轻咬住筷子，用手指将嘴角使劲拉到不能再往上的位置，保持 30 秒，然后拿下筷子，检查能够看到几颗牙齿，合格线是 8 颗牙齿。接下来再次咬住筷子，在 30 秒内反复说"一、一、一……"以不断提升嘴角的高度，每天练习 5 分钟，让肌肉记住这个动作。

三、情绪记忆法

多去回忆美好的往事，或者想象自己喜欢的事物，让意念控制驱动双唇，浮现出笑容，培养微笑意识和微笑习惯。

七、公共场所不雅的小动作

在日常生活中，我们常常会遗憾地看到，一些穿着得体讲究的人在众目睽睽之下做出一些不雅的举动，令他们的形象大打折扣。细节映射着一个人的素质，千万不要因为一些小动作损害自己的形象。

1. 当众瘙痒

瘙痒动作不雅，而且当众瘙痒会让人产生联想，如瘙痒者是否患有皮肤病等各种疾病，使他人感到不舒服。

2. 随地吐痰

随地吐痰是一种恶习，不但举止粗鲁不卫生，还会传播细菌病毒。每一个现代的文明人都应该为自己和他人的健康而克制自己的行为，随地吐痰这种行为往往反映了一个人还处于愚昧、落后、肮脏的环境中。如果咽喉不适想要吐痰，要用纸巾遮挡、包裹，并扔进垃圾桶。

3. 挖鼻孔、掏耳朵

当众挖鼻孔或掏耳朵都是不雅的行为，尤其在餐厅或茶楼，别人正在进餐或喝茶时，这种行为往往会令旁边的人感到恶心。

4. 挠头皮

头屑的多少我们难以控制，但是否当众挠头皮却在我们的掌控之中。在公共场合因为头皮痒忍不住就挠起来，会让头屑飞扬四散，令旁人大感不快。

5.抖腿

有些人坐下来就会习惯性地双腿颤动或者来回摆动，自己感觉无伤大雅，其实在旁人看来却是不文明的表现，也反映了其内心的浮躁不安。

6.毫不遮掩地打喷嚏

打喷嚏是自然的生理反应，我们无法克制。但是毫不掩饰地打喷嚏会让人感觉到不舒服、不卫生。打喷嚏时，我们应该用手帕或纸巾掩住口鼻，将头转向没有人的方向，打完喷嚏后要向别人道歉以示礼貌。

案例分析

某外企公司招聘总经理秘书，待遇优厚，因此面试者众多。小陈毕业于名牌大学，英语听说读写水平流利，在校期间还发表过多篇文章，是校公关部成员，有多次校企合作的经验，身材高挑，五官端正，在众多的面试者中，她的履历可能是最优秀的。面试时，她穿着迷你裙，露着大腿，涂着鲜红的唇膏和指甲，走到主考官面前后，不请自坐，然后跷起了二郎腿，面试过程中不时地用手指绕头发，然后笑眯眯地看着主考官。几位主考官相互交换了一下眼色，简单地问了几个问题之后就对小陈说："陈小姐，请你回去等通知吧。"她喜形于色，说了句："好的！"然后就扭身出门了，最后小陈并没有被该公司录用。

请大家从仪容仪态的角度分析小陈没有被录用的原因。

任务四　服饰礼仪

人类从远古时期就将树叶、兽皮等进行初步加工遮挡身体；至少在1.8万年前，人类已经学会了缝纫技术；至少7000年前，人类已经熟练地掌握了纺织技术。服装最初的功能是遮挡身体和保暖，发展到今天，服饰除了这项基本的作用外，已经成为人们展示个性与美的载体。服饰是一种文化，见证了一个民族的文化水平和物质文明发展的程度。在社交活动中，人们也常常会通过一个人的着装来判断一个人的品位、地位和涵养；通过服饰可以展示个体内心对美的追求、体现自我的审美感受。因此，服饰是个人内在美和外在美的统一。想要赢得交际对象的信任和好感，获得更高的社会地位，我们首先应该掌握服饰装扮的礼仪规范。

一、着装的原则

(一)TOP原则

TOP原则即着装要考虑到时间(Time)、场合(Occasion)和地点(Place),即着装应与当时的时间、场合和地点相协调。

1.时间原则

时段上分早、午、晚,季节上分春、夏、秋、冬,不同的时段,着装的类别、式样、造型都应有所变化。例如白天的衣服需要面对他人和出入公共场合,应当合身、严谨得体;晚上居家的衣服不为外人所见,可以宽松、随意。从时令上来说,夏衣冬穿或者冬衣夏穿除了让人视觉上觉得不相配以外,还可能对自己的身体造成损害,毫无美感可言。夏天应该穿着清爽透气的面料,冬天应该注意保暖御寒。

2.场合原则

与顾客会谈、参加正式会议等,衣着应庄重考究;听音乐会或看芭蕾舞,则应按惯例着正装;出席正式宴会时,则应穿中国的传统旗袍或西方的长裙晚礼服;而在朋友聚会、郊游等场合,着装应轻便舒适。试想一下,如果大家都穿便装,你却穿西装就有欠轻松;同样地,如果以便装出席正式宴会,不但是对宴会主人的不尊重,也会令自己尴尬。

3.地点原则

在自己家里接待客人,可以穿着舒适但整洁的休闲服;如果是去公司或单位拜访,穿职业套装会显得专业;如果在健身房跑步锻炼,运动服会更方便舒适;外出时要顾及当地的传统和风俗习惯,例如去教堂或寺庙等场所,不能穿过露或过短的服装。

(二)整洁原则

无论是高档昂贵的服装,还是朴素简单的衣着,整洁永远是着装搭配最根本的原则。首先衣物应该保持完好,无破损,无补丁;其次衣服要保证平整,无褶皱;最后,衣物要勤换洗,保持洁净无异味。

(三)文明原则

男士在公共场合应穿戴整齐,无论是什么季节,光着膀子都是很不文明的表现。女士在公共场合应该避免以下“四过”。

一是过于暴露身体的某些部位,乳沟、腋窝、大腿不宜曝光,与异性交往时,特别要注意此点。

二是过于透明，人总是有一些隐私的，在着装方面，内衣、内裤即为隐私，就不宜若隐若现，乃至一目了然。

三是过于裸露，不仅活动起来有多种不便，而且常常容易“顾此失彼”。

四是过分紧身的着装，过于紧身，会使自己线条突出、原形毕露，未免有有意展示自己性感之嫌，因而也未必适当。

薄、透、露、紧的衣服不但有失端庄，还会给自身的行动带来不便，显得轻浮，难以得到交往对象的尊重。

（四）个性原则

个性原则是指服装应当体现出个人独特的风格。选择服装时不应盲目地追求时髦，应考虑到自身的年龄、性别、形体、职业、身份等因素，不要使自己变成“流水线”上千篇一律的产品。着装应根据自身的特点，扬长避短，展现出独特的魅力。性格活泼的人可以多选择色彩鲜艳、款式别致的衣服；性格内敛的人可以选择色泽淡雅、设计简洁的衣服。台湾作家三毛说：“我从来不赶时髦，所以我永远都是最时髦的。”

（五）量入为出原则

虽然说“佛靠金装，人靠衣装”，服装的质料越好，档次越高，做工越精细，穿起来就比较气派一些，但我们在选择衣服时，不能一味地追求昂贵，应该根据家庭的经济条件来购置。家庭收入宽裕一点的，穿着可以好一点，有条件的，穿穿名牌也未尝不可。家庭经济条件差一些的，在穿着上不可赶时尚、追名牌、搞攀比。我们可根据自己的着装需求，量入为出，用得体的衣服把自己装扮好，同样也可以穿出自己的体面。

（六）和谐原则

服装要与形体条件、年龄、场合等相协调。比如，夹克衫、牛仔裤常能给人以青春的美感，但身体矮胖的人着此装束，效果就不理想。宽大的毛线衫，常可衬托出男性坚实伟岸的身体，但身体瘦高的人在宽大的上衣下露出两条细长的腿，就显得很不匀称。年长的人如果总是穿着粉色系或者少女设计的衣服就会有刻意“装嫩”的嫌疑，年轻人经常穿黑灰色会让人觉得过于老成、缺乏活力。女性在肃穆的场合，切不可穿着艳丽的服饰，否则，会显得十分刺眼。

二、服装的基本知识

(一)服装的面料

常见的服装面料主要有棉、麻、丝绸、毛料、化纤、皮革等。

(1)棉织物是用棉纤维织而造成的,它多用来制作时装、休闲装、内衣和衬衫。它的优点是轻松保暖、柔和贴身,吸湿性、透气性甚佳。它的缺点则是易缩、易皱,外观上不大挺括美观,在穿着时必须时常熨烫。

(2)麻织物是以大麻、亚麻、苎麻、黄麻、剑麻、蕉麻等各种麻类植物纤维制成的一种布料。一般被用来制作休闲装、工作装,多以其制作普通的夏装。它的优点是强度极高,吸湿、导热、透气性甚佳。它的缺点则是穿着不甚舒适,外观较为粗糙、生硬。

(3)丝绸是以桑蚕丝、人造丝、合成纤维长丝等作为原料制成的织品。其质地轻薄、柔滑,能使着装者显得高贵、典雅,它的不足则是易生褶皱,容易吸身、不够结实、褪色较快。

(4)毛料是以羊毛、兔毛、驼毛为主要原料制成的织品。它通常适用于制作礼服、西装、大衣等正规、高档的服装。它的优点是防皱耐磨、手感柔软、高雅挺括、富有弹性、保暖性强。它的缺点主要是洗涤较为困难,不大适合于制作夏装。

(5)化纤是利用高分子化合物为原料制作而成的纤维纺织品。化纤的优点是色彩鲜艳、质地柔软、悬垂挺括。它们的缺点则是耐热性、吸湿性、透气性较差,遇热容易变形,容易产生静电。它虽可用以制作各类服装,但总体档次不高,难登大雅之堂。

(6)皮革是经过脱毛和鞣制加工所得到的动物皮。其手感舒适,柔韧性、透气性、保暖性较强,但它的缺点是价格昂贵、较难护理。

(二)服装的色彩

色彩是由于光的作用而产生的。在社交场合中,人们最先留意到的往往是服装的色彩,服装的颜色既能反映人的审美情趣,也能修饰、衬托个人的肤色、身材。服装色彩和自然界色彩相比较而言,服装色彩的选用局限性很大,要因人、因地、因时制宜,所有的服装都是为人服务的。

1. 冷暖色

冷暖色是使人产生不同温度感觉的各种色彩。红、橙、赭、黄等色给人以热情、兴奋之感,人们便把这一系列的色彩称为暖色。蓝、绿、青等色给人以寒冷、沉静之感,人们便把这一系列的色彩称为冷色。色彩的冷暖感觉称为色性。

2.服饰色彩与体型

在选择服装色彩时，体型胖的人应避免穿着膨胀感强的颜色，如雪白、鲜黄、橘红等；瘦小体型的人则适合穿着扩张感强的明亮色调，使比例相对调整。

3.服饰色彩与肤色

在服饰的搭配中，自身的肤色也是重要的判断基础。

肤色白皙的人不宜穿着冷色调的服饰，否则会越加凸显脸色的苍白，这类人适合淡黄、淡蓝、粉红、粉绿等单色系列的服装。

肤色偏红的人适合采用微饱和的暖色作为衣着，也可采用淡棕黄色、黑色加彩色装饰，或珍珠色用以衬托健美的肤色，不宜采用紫罗兰色、亮黄色、浅色调的绿色、纯白色。

小麦色肤色的人最适合的搭配应首选对比强烈的黑白两色、深蓝、淡灰等沉稳的色调，以及桃红、深红、翠绿这些鲜艳的色彩，从而突出开朗的性格。

偏黄肤色适合穿蓝色或浅蓝色的上装，它能衬托出皮肤的洁白娇嫩，也适合穿粉色、橘色等暖色调衣服，应避免绿色或灰色调的衣服，因为这样会显得皮肤更黄甚至显出“病容”。

4.服饰色彩与性格

每个颜色都有自己的性格特点，让人一见到就能感受到它所传递的语言。

红色：开朗、精力、热情、力量

黄色：乐观、阳光、开朗、自信

蓝色：理性、沉稳、清澈、务实

橘色：温暖、热情、率直、健康

绿色：清新、青春、和平、自然

紫色：灵性、高贵、神秘、优雅

灰色：安全、可靠、成熟、保守

白色：纯净、和平、神圣、朴素

黑色：寂寞、严肃、压力、气势

5.配色方法

日常服装搭配时，不是颜色越多就越好，如果打扮得跟一个“调色盘”一样，只会让人觉得眼花，得体的配色才能够提升服饰整体的美感，给他人留下好的印象。常见的配色方法有以下5种。

(1)同色搭配。如蓝色上衣配蓝色裤子，黑色连衣裙配黑色外套等。此法适用于工作场合或庄严的社交场合着装的配色。

(2)对比色搭配。对比色是指在配色环相对的地方的颜色。对比色能够使画面充满活力变化。如白色配黑色、绿色配红色等。此法适用于各类场合的着装配色。

(3)邻近色搭配。在配色环上相邻的颜色就是邻近色。如浅绿色配黄色、红色配橙色、紫色配蓝色等。

(4)点缀色搭配。在局部较小的范围内,选择用某种不同的色彩加以点缀美化,如小面积红色点缀黑色等。此法若运用得当,能起到画龙点睛的效果。

(5)黑白灰搭配。黑白灰,这是最常用,也是最容易让人忽视的一种搭配方法。通常情况下,以白色为基础色会显得干净简洁,在黑白两色间加入灰色元素会使整体感觉更高级,过渡更加自然。

需要注意的是,无论采用哪种配色方法,整身的服饰不应超过三种颜色,这也就是我们通常说的“三色原则”。

(三)服装的分类

着装的 TOP 原则要求服饰要根据不同的场合来搭配,那么按照适用场合的不同,服装大致分为正装、礼服和休闲服。

1. 正装

正装(business wear)是指适用于严肃场合的正式服装,例如西装、中山装等。男士的正装一般以西装为主,女士的正装以西装套装和套裙为主(如图 1-22、图 1-23)。

图 1-22　男士正装

图 1-23　女士套裙

2. 礼服

礼服是指在某些重大或隆重的场合(如晚会、宴会、颁奖典礼等)穿着的隆重且正式的服装。按照穿着的性别不同可分为男士礼服和女士礼服。

(1)男士礼服。

男士礼服常见的有西式礼服和中式礼服。

a. 中式男礼服。

中式男礼服主要为中山装。中山装(Chinese tunic suit)前门襟上有五粒纽扣,后背整块无缝,领口封闭且有风纪扣,上下、左右各两个贴袋,袋盖外翻并有盖扣,中山装的形成是在西装基本形式上又糅合中国传统意识的,整体廓形呈垫肩收腰、均衡对称的状态,穿着稳重大方(如图 1-24)。

图 1-24　中山装

b. 西式男礼服。

根据西方传统的着装规范,正式的礼服有军礼服、晨礼服、晚礼服(即燕尾服)和无尾礼服。

西式军礼服多用于欧洲皇室婚礼和有军衔的人士,对于普通人来说,最正式的选择依旧是晨礼服和晚礼服两种大礼服,改良过的西装礼服也是不错的选择。

晨礼服(morning suit)顾名思义是在白天(18:00 之前)出席正式场合、婚礼仪式时穿着的大礼服。晨礼服曾经是欧洲上流社会参加英国 Ascot 赛马场金杯赛时的着装,因此又称为英国绅士礼服,是所有男装礼服中最为正式的一种。晨礼服的上衣外套剪裁为优雅的流线型一体设计,没有明显的前短后长分割,颜色以黑色为主,温暖的季节或场合也可以选择灰色。晨礼服的衬衣一般多采用小领型的白色衬衣,通常胸前带有装饰褶皱。马甲也很讲究,一般采用浅灰色或者亮面灰色的质地,双排扣、单排扣皆可,如果要用于婚礼,也可以选择带有提花的款式。在一套晨礼服中,裤装的选择很有意思,虽然上衣是纯色的,但裤子正规的搭配应该是条纹款式并且没有袢带,因此就要用背带固定。正规晨礼服背带以黑色和黑白条纹的为主,佩戴时以不露出背带扣环为宜。传统正式的晨礼服的穿法,外套、衬衣、长裤、马甲缺一不可,但由于晨礼服显得太过隆重,在国内少有穿着的场合(如图 1-25)。

燕尾服(Tail coat)又称大礼服,主要是晚间穿着(主要是18:00点以后)。其特点是前短后长,前长及腰际,后摆拉长、开叉、形状如燕尾,这也是它区别于晨礼服的最主要的特征。燕尾服外套也是戗驳领,镶缎凸显仪式感,外套上的纽扣则需要包缎,与戗驳领上的缎面材质一致,礼服裤的侧边也有条形镶缎。作为正式的晚礼服,燕尾服也要用专门的礼服衬衫和马甲来搭配。衬衫的标准形制是翼领、U形硬衬前胸、礼服单叠袖的款式,并饰以配套的礼服扣和袖扣。马甲则需要选择白色的礼服马甲,搭配白色的领结(如图1-26)。

无尾礼服又称塔士多(Tuxedo)礼服,指男士无尾半正式晚礼服。尽管正式性不及上面两种,但是礼服本身的礼仪精髓是一脉相承的,它主要使用普通缎子或罗缎来制作。无尾礼服轻便,穿着范围更广,正式穿法为外套、衬衣、长裤,搭配马甲、领结或领带(如图1-27)。

图1-25　晨礼服

图1-26　燕尾服

图1-27　无尾礼服

(2)女士礼服。

女士礼服同样分为中式礼服和西式礼服。

a.中式女礼服。

中式女礼服主要是指旗袍。旗袍形成于20世纪20年代,从清代旗女的袍服直接发展而来,具有许多不同的款式和花色。通常用绸缎或棉布制成,配以刺绣或花纹点缀。旗袍的特点为右衽大襟的开襟或半开襟形式,立领盘纽、摆侧开衩,单片衣料、曲线造型流畅等。开衩只是旗袍的很多特征之一,不是唯一的,也不是必要的。在正式的晚宴场合,旗袍的开衩不宜过高,长度应长至脚面(如图1-28)。

b.西式女礼服。

西式女礼服主要包括小礼服和晚礼服。

小礼服是以小裙装为基本款式,具有轻巧、舒适、自在的特点,小礼服的长度一般在膝盖上下5厘米,适合年轻女性穿着。小礼服是适用于在晚间或日间的鸡尾酒会、正式聚会、仪式、典礼上穿着的礼仪用服装(如图1-29)。

晚礼服是晚上20:00以后穿着的正式礼服,又称夜礼服、晚宴服、舞会服。它

图 1-28　中式旗袍礼服

产生于西方社交活动中，裙长长及脚背，面料追求飘逸、垂感好，颜色以黑色最为隆重。穿着晚礼服时通常搭配同色系的帽子、长手套及其他饰物，塑造典雅华贵的造型，凸显女性的特点（如图 1-30）。

图 1-29　小礼服

图 1-30　晚礼服

3. 休闲服

休闲服（Casual wear），是人们在闲暇生活中从事各种活动时所穿的服装，典型的类别有 T 恤、牛仔裤、牛仔裙、套衫、格子绒布衬衫、灯芯绒裤、纯棉白袜、旅游鞋等。休闲服主要的特点是简洁、宽松和舒适，是重视生活质量、强调闲暇生活的重要体现。

三、男士西装着装礼仪

西装是一种“舶来文化”，在中国又称“西服”或“洋服”。在大多数社交场合，男士都应该穿西装，“西装革履”常用来形容文质彬彬的绅士。西装可分为工作西装、礼服西装、休闲西装等，想要充分发挥西装的魅力，就必须在西装的选择和搭配上下一番功夫。

(一)西装的选择

男士在选择西装的时候可以从以下几个方向入手。

1. 数量

刚刚步入社会的新人不需要准备太多套西装，只需要准备两套有质感的西装就可以了，一般来说，可以选择藏青色、深灰色或是黑灰色，非常正式的场合需要选择黑色西装。男士的裤子容易磨损，而且需要经常熨烫，所以可以多买一件与西装外套同色的裤子替换穿着。当经济条件改善或是升职之后，则应该准备四五套西装了。只有两套换洗容易变形、掉色，影响男士的职业形象和身份地位。

2. 面料

不同于休闲装，西装的面料应当高档一些，这样才能凸显出西装的质感。西装的主要面料应选择纯羊毛及高比例羊毛化纤混纺等面料，这样的面料垂坠性较好，光泽柔和自然，显得档次更高。若要出席晚会、宴会等场合，应准备一套黑色西装礼服，衣领可以选择绸缎面料的设计，整体更显隆重。

3. 颜色

正装西装一般为单色的、深色的，例如纯黑色、深蓝色、深灰色等，礼服西装通常会选择黑色的。休闲西装的颜色更丰富多变，可以是纯色的，也可以是多色的，条纹、格子作为点缀也是可以的。颜色上可以尝试鲜艳一些的，例如灰蓝、浅蓝、墨绿色、酒红色等。

4. 款式

西装的款式分类是多样的，不同的款式会呈现出不同的风格。若按照西装纽扣数量的排列划分，西装可分为单排扣西装和双排扣西装。

单排扣西装最常见的有一粒纽扣、两粒纽扣、三粒纽扣三种。一粒纽扣单排扣西装上衣穿起来较时髦，三粒纽扣单排西装则稍显古板，而两粒纽扣的单排扣西装上衣就显得更为正规一些。男装常穿的单排扣西服款式以两粒扣、平驳领、高驳头、圆角下摆款为主。

双排扣西装最常见的有两粒纽扣、四粒纽扣、六粒纽扣三种。两粒纽扣、六粒纽扣的双排扣西装上衣属于流行的款式，而四粒纽扣的双排扣西装上衣则明显具有传统风格。男子常穿的双排扣西装是六粒扣、戗驳领、方角下摆款。

按照西装件数分类，可分为两件套西装和三件套西装，两件套即为西装外套和裤子，其面料、色彩、款式一致，风格相互呼应。三件套则包括外套、马甲和裤子，三件套西装比两件套西装更显得正式一些。

5. 尺寸

西装必须要穿得合身，西装过大或过小，过肥或过瘦，都会有损穿着人的形象。男士在选择西装时，如条件允许，尽量定做，量体裁衣，认真试穿。怎样的西装才是合身、得体的呢？

(1)从正面看从上到下没有松垮感，同时又不能过紧产生拉扯的皱褶。西装过大会显得没有腰身，呈桶状，给人没有精神的感觉。西装过小会让胸前有褶皱，穿起来也会行动不便，有束缚感。

(2)从背面看完美勾勒出背部曲线的同时在站直时不能有皱褶。过大的西服在背部会有明显的多余空隙，而过小的西服则是背部有明显横向褶皱，且上身有紧绷感。

(3)从侧面看袖子要尽量细，而且要符合手臂自然弯曲的弧度，当手臂自然下垂的时候不能有皱褶，双手自然下垂的时候正好露出一厘米左右的衬衣。

总体来看，西装的衣长应刚好盖过臀部，衣服垫肩应与人体肩膀吻合，衣袖长及手腕，抬起手臂时不会有褶皱或紧绷感，西装裤的腰围比腰身略宽(扣上扣子后能平伸进一只手)，裤长刚好在鞋跟与鞋帮的接缝处。

6. 做工

西装的做工必须精良。在挑选西装时应仔细检查做工，要满足外观平整、面料拼接自然、缝线平直、针脚均匀的要求。

(二)西装的搭配

搭配西装时，首先应该遵循的原则是“三色原则”，即包括上衣、西裤、衬衫、领带、鞋子、袜子在内，全身不宜超过三个色系。男士在穿着西装时，还应熟悉西装与其他衣饰的搭配技巧。

1. 衬衫

穿西装时，衬衫是一个重点，选择衬衫时要注意其衣领、袖口、腰身、长度合适。搭配西装的衬衫应选择硬领式的正装衬衫，颜色最好为单色，且与西装颜色协调，推荐的颜色为：白色、浅蓝色、灰色、黑色等，其中白色为首选。

面料：正装衬衫的面料应选择全棉或含棉量较高的混纺面料，棉质面料的透气性和吸汗性都较强，穿起来比较舒适。在买纯棉衬衫时，领子和袖子要比自己的实际尺码大 1.5 厘米左右，以防缩水。

衣领:衬衫的衣领与胸围松紧度应适当,不可过于宽松,也不可过于紧绷,影响舒适度和日常活动。合适的衬衫衣领应高于西装领口 1～2 厘米,增强搭配的层次感。

下摆:衬衫的下摆必须掖进西裤里,左右平整,不可皱皱巴巴。

衣扣:系领带时,衬衫的衣扣必须全部扣好;不系领带时,领扣可以解开。

袖子:衬衫袖口分单层和双层两种,两种类型的袖口都必须扣上扣子,不可将袖子卷起来。衬衫袖子的长度应比西装的衣袖长 1～2 厘米,这样既可以避免西装袖口受到过多的磨损,还可以衬托西装。

2. 内衣

一般衬衫里面不要穿较厚的内衣,若天气冷时,可以在衬衫外加一件西装马甲或羊毛衫,以不显臃肿为佳。若衬衫里一定要加内衣,则应选择贴身的保暖内衣或背心,最好是 V 领的款式,袖口和领口不能露出来。

3. 领带

男士的西装相比女士的正装款式变化较少,为了体现不同的风格,通常会在领带上做些变化。领带是西装的重要饰品,也是男士西装的"画龙点睛之处"。凡是比较正式的场合,穿西装必须打领带。

(1)面料。最好选择真丝,也可以是涤纶长丝或纯羊毛。

(2)颜色。应当与衬衫、西装的颜色相协调,蓝色、灰色、黑色、酒红色都是不错的选择。另外,领带的色彩和花纹以冷暖相间为好,并且要与自身的年龄、肤色、身份相协调。

(3)图案。领带可以选择纯色,也可以有斜条纹、波点、格纹等几何图形作为装饰,但不宜过于花哨。

(4)系法。领带的常见系法有平结、交叉结、双环结和温莎结。

a. 平结。

平结几乎适用于各种质地的领带,在领结下方形成凹凸状(如图 1-31)。

b. 交叉结。

适用于单色素雅且质地较薄的领带,展现较强的时髦感(如图 1-32)。

c. 双环结。

适用于质地细腻的领带,适合年轻的上班族选用(如图 1-33)。

d. 温莎结。

适用于材质较薄的领带,是最正统的领带打法(如图 1-34)。

(5)长度。日常所用的领带一般长 130～150 厘米,领带打好之后,内侧窄的一头应短于宽的一头,领带的尖端刚好触及皮带扣是最适合的长度,领带系得过短显得滑稽可笑,太长则显得拖沓累赘,切不可垂到腰带以下或塞到裤腰里。

(6)位置。领带应位于西装与衬衫之间,若西装与衬衫之间加穿了马甲或羊

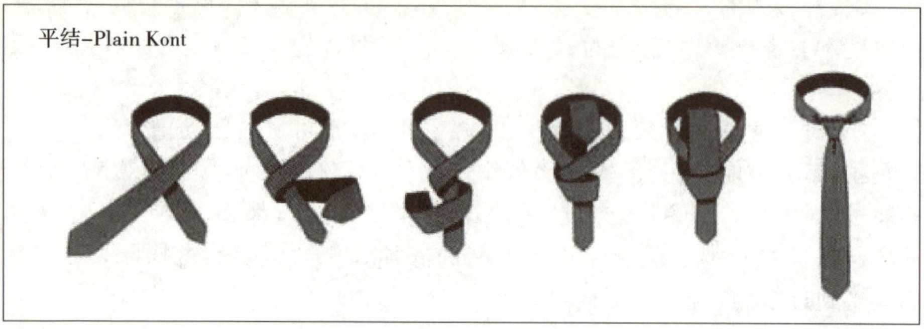

图 1-31　平结打法图解

图 1-32　交叉结打法图解

图 1-33　双环结打法图解

毛衫，则应将领带放在衬衫与马甲或羊毛衫之间。

（7）领带配饰。一般情况下，打领带没有必要佩戴配饰，但是为了减少领带妨碍工作或行动，也可以使用领带夹或领带针。领带夹应该夹在衬衫的第四颗与第五颗纽扣之间，应选择单色的金属质地材质，在系上西装扣子以后，领带夹不应被看见。

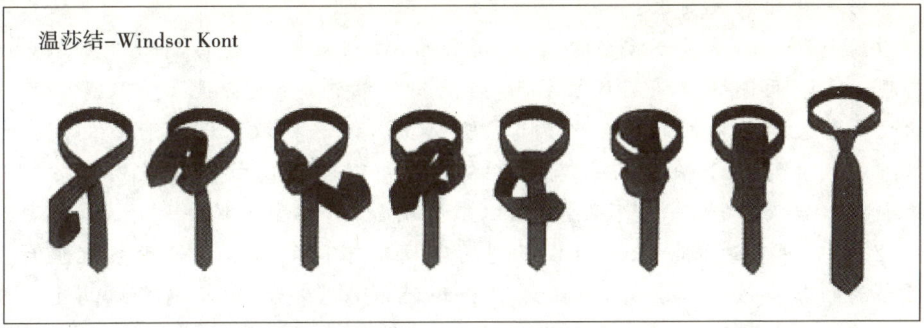

图 1-34　温莎结打法图解

4. 鞋袜

穿西装只能搭配皮鞋，运动鞋、休闲鞋、长筒靴、凉鞋等都不适合搭配正式西装。参加重大活动，特别是涉外活动前，一定要擦皮鞋，这是对宾客的尊重。皮鞋的颜色可选择黑色或棕色，款式分为系带和不系带两种。一般来说，系带的皮鞋要显得更为正式，漆皮的黑色皮鞋可以搭配礼服穿着。搭配皮鞋的袜子应选择深色的棉袜，最好比西装颜色深，忌穿白色的袜子或其他浅色的袜子，袜子的长度应在脚踝以上，避免坐下以后露出小腿的皮肤。

5. 皮带

在皮带的选择上男士应该尽量低调。黑色、棕色或栗色的皮带搭配钢质、金质或银质的皮带扣比较合适，它们既能搭配各种衣服，又适合各种场合，还能很好地表现职业男性的气质。皮带的宽度通常为 3 厘米，长度应该比裤子的腰围长 5 厘米左右。

6. 腕表

腕表是商务男士不可或缺的符号之一。如果可以，男士应该在自己经济条件允许的情况下，选择一块证明自己身份地位的腕表，腕表的选择应注意尊贵、大气的特点，不能过分夸张，金属表带比皮质表带更适合正式的商务谈判场合。

案例分析

小细节见大涵养

小张的朋友介绍他去一家大型的公司做销售代表，为了准备面试，他特地买了一套新西装。面试的当天，他为了方便，将自己的证件、钢笔、名片夹、手机和钥匙分别装进了西装口袋里。面试的时候，为了方便入座，他从西裤后面的口袋掏出了手机，面试官向他要简历时，他又从外套口袋里拿出了身份证和简历。最终，他被告知面试失败，原来是他的着装让他失去了机会。

彬彬有礼的着装要求：

(1)着西装时，尽量不要在口袋里放东西，否则鼓鼓囊囊的，再昂贵的西装也不美观。上衣两侧的口袋不可装东西，只能用来装饰，否则会使上衣变形；很多人喜欢说西装左前胸外侧的口袋作为“笔袋”使用，但这种做法是不可取的，这个口袋只可以装叠好的手帕。随身携带的名片夹和钢笔可以放在西装内侧的口袋。裤袋和上衣口袋一样，一般不装东西，以求臀围合适，裤型美观。

(2)西装外套的纽扣根据西装版型的不同有不同的扣法。着西装就座后，西装外套的纽扣应该全部解开，以防拉扯出现褶皱，起身后，纽扣则应该马上系上，以示郑重。系单排扣两粒扣式西装外套时，上扣下不扣；系单排三粒扣式西装外套时，则应扣上面两粒，最下面的不扣，否则会显得过于呆板。系双排扣西装时，必须将纽扣一粒不漏地全部系好。

(3)为了保持西装的版型，西装在收纳时尽量不要拥挤，以免挤压变形；同一套西装不要连着穿两天，要让西装有时间休息；西装外套不要经常洗，穿过后用肩部厚实的衣架悬挂起来，好的面料会自己恢复。清洗时，应按照洗涤要求操作，需要干洗的西装绝对不要水洗。

(4)遵循“三一定律”，即搭配时，皮带、皮鞋、公文包的颜色一致，这样整体更协调，不至于太过花哨，也能体现个人的好品位。

(三)穿西装的注意事项

男士穿西装时，应注意以下几个方面的问题。

1. 拆除商标

西装的档次不是看牌子，而是面料和版型。买了西装后，一定要让导购将西装袖口上的商标拆除，否则就有故意“显摆”的嫌疑，从而闹笑话。

2. 忌穿夹克打领带

夹克衫一般属于休闲装，和领带这种正装搭配并不协调。在正式的涉外场合，不宜穿夹克。

3. 熨烫平整

穿西装前，一定要将西装熨烫平整，裤缝线条笔直，切忌皱皱巴巴，否则再高档的西装都会显得廉价。

4. 慎穿毛衫

厚重的毛衫虽然能够保暖，但是会让西装显得臃肿，甚至还会将西装撑变形。因此，西装衬衫外最好不要穿毛衫，如果要穿，也应该选择单色 V 领的薄款毛衫。比较推荐的保暖方法是在西装外面套一件风衣或大衣。

5. 不挂物品

西裤皮带扣上不可以挂任何物品，有的男士将钥匙、手机、打火机等挂在皮带扣上会给人累赘、繁杂的感觉，给个人的形象大大减分。

6. 忌穿白袜子

袜子起到衔接裤子与鞋子的作用，一般要与裤子的颜色相协调，不可穿白袜子。

四、女士商务着装礼仪

在社交场合中，女士的着装比男士的要更加丰富。套装和套裙更能帮助职场女性塑造个人职业形象和职业素质。

(一)套装的选择

职业装分为套装和裙装。得体的套装和套裙具有简洁、大方、素雅的特点，会让职业女性显得更专业，令人信服。关于套装和套裙的穿搭，必须掌握以下几点。

1. 面料

职业装的面料应该匀称、光滑、挺括、悬垂、不起球。最佳的面料是纯天然质地的毛料或亚麻面料。值得注意的是，整套服装的面料必须一致。

2. 颜色

套装、套裙的颜色应以冷色调为主，应当雅致而庄重，体现穿着者的端庄和稳重。藏青、黑色、烟灰、茶褐色等颜色都可以。上衣和下装的颜色应该尽量一致，如果不一致，可以选择上深下浅或上浅下深的搭配，强烈的对比可以强化给他人的印象，要注意颜色的协调。

3. 图案

正式场合的着装，可以不带任何图案，讲究朴素简洁。一般场合则可以加一些点缀，如格纹、圆点、条纹几何图案等，但不能用花卉、人物、卡通等作为点缀。过于女性化的花边、荷叶边等不宜出现在套装上，以免过于抢眼而破坏了整体端庄稳重的感觉。

4. 款式

套装、套裙的款式变化相对较多。近年来还借鉴了时尚的元素，上衣出现了圆领、V 领等款式。在正式、庄严的外交场合，裙装比裤装更合适。套裙可分为一步裙、筒式裙和开叉裙等，女士可根据自己的气质、脸型、体型、活动场合选择适合的款式。

5. 尺寸

套装、套裙必须要合身。上衣的袖长以恰恰盖住着装者的手腕为宜；半身裙的长度最长宜到达小腿中部，最短以坐下时裙子向上缩离膝盖不超过 10 厘米为佳。服装过于肥大会使着装者显得萎靡不振，过于紧身则会令着装者不自然。

(二)套装的搭配

女士在穿着套装或套裙时，应注意与衬衫、鞋袜、皮包的搭配。

1. 衬衫

女士衬衫的面料通常以丝绸、麻纱、涤棉、雪纺为主；颜色应该与套装、套裙的颜色相协调，白色、米色、粉色等浅色系颜色都不会出错；款式应当简洁，不要有过多的花边。

2. 鞋子

鞋子应该选择真皮材质；颜色最好为单色，深色套装可搭配黑色皮鞋，浅色套装可搭配白色或裸色皮鞋；鞋跟不宜太细，高度在 3～5 厘米为宜；鞋面保持干净光亮。系带式皮鞋、皮靴、凉鞋等都不适合搭配套装或套裙。

3. 袜子

袜子的颜色不应鲜艳，肉色、黑色、浅棕、浅灰色是搭配正装比较适合的颜色。加了网眼、镂空、花纹的袜子会显得肤浅、随意。搭配裙装的袜子应选择连裤袜或长筒袜，袜口不可露出裙子下摆，若丝袜破损勾丝，则应马上更换，切忌当众整理袜子，正式场合不可光着腿，这样会显得不尊重他人。

4. 皮包

女士的皮包除了可以携带物品外，还能起到装饰点缀的作用。在穿着正装时，女士的皮包面料最好为皮质；颜色应与服装、肤色、季节相适应。咖啡色、黑色、驼色、米色等颜色较为百搭；款式应与身型相协调，但注意设计不要太过花哨。

5. 首饰

职业女性在搭配饰品时，应以少为宜，合乎身份。在日常工作环境中，腕表、耳钉或一粒式耳环、胸针或项链选其一就足够了。过于夸张的耳坠、手镯、脚链等都不适合职场女性佩戴。

(三)着装的注意事项

在穿着套装或套裙时，应依照其常规的穿着方法，将其穿得得体到位。

(1)上衣的领子要翻好，衣袋的盖子要翻出来盖住衣袋。外套的衣扣必须全部系上，不可将其部分或全部解开，更不能当着他人的面将外套脱下。

(2)衬衣的下摆要掖进裤子、裙子里，不可以将上衣外套披在身上或搭在身上。

(3)裙子要穿得端正，中线、拉链对齐，不可歪歪扭扭。出门前或上完洗手间一定要检查所穿的衣裙纽扣是否扣好、拉链是否拉好，若扣子漏扣或是拉链忘拉都是很尴尬的处境。

小贴士

职场装扮提防六大错误

1. 上衣

职场中穿吊带或其他比较暴露的衣服是不合适的，容易给人不可靠的感觉。如果想穿吊带上衣，可以加件外套，围条丝巾，这样就不会显得过分暴露。

2. 下半身

职场女性下半身不宜穿低腰裤，这样在弯腰或者坐下时很容易露出内裤，甚至股沟，显得非常不雅。夏天超短裤和超短裙也不可以穿到办公室，因为职场上不需要这种性感。

3. 妆容

工作时应化淡妆，化着浓妆上班显然是不合适的，应该尽量避免。如果下班后要参加聚会或 party，可以下班后再进行修饰。

4. 指甲

颜色艳丽的长指甲会妨碍到工作，例如打字就会非常不方便。若指甲油有斑驳脱落，还会给人邋遢的感觉。浅粉色、裸色、透明色的甲油比较适合职场女性。

5. 包包

不要用纸袋代替手提包，这样有损职场白领优雅的形象。

6. 鞋子

露出整个脚趾的鞋子太过随意，在办公室不应该穿这样的鞋子，更不应该穿拖鞋。若高跟鞋太累，可以在办公桌下准备一双舒适的平底船鞋，入座后可以更换。

(四)饰品的搭配

在商务活动中可遵循这样一条原则：配件越少越好。全身的配饰不应超过三件。

1. 饰品的颜色

金色是暖色调，银色是冷色调。亚洲人的皮肤偏黄，大多都适合冷色调的饰品，因此银色或铂金效果会更好。需要注意的是，全身的饰品颜色最好是一致的，即全身金或全身银。所有金属的饰物例如表带、鞋扣、皮带扣、项链等，都应统一协调，选择了一种就不用再去考虑另一种颜色的饰品，这样可以省去很多搭配的时间和精力。

2. 耳环

选择耳环主要考虑的是脸型和发型。例如长脸型的人适合较大的扣式耳环；方脸型的人适合面积较小的耳环；圆脸型的人适合佩戴长而下垂的三角形、水滴形的耳环。正式的商务场合最好佩戴简洁的耳钉，夸张造型的耳环或耳坠容易喧宾夺主，分散注意力，显得不严谨、不专业。

3. 项链

项链的长短、色彩可以起到调节视线的作用。例如：脖子较短的人适合选择长项链，不宜选择短而宽的项链，否则更容易显得膀大腰圆；脖子细长的人最好佩戴宽的短项链，不应选择细长的款式，否则显得更为单薄，甚至比例失衡。穿着色彩鲜艳的连衣裙时，应搭配精致、小巧的项链；穿素色衣服时，建议佩戴色泽单一而颜色鲜明的项链，起到提亮的效果。

4. 戒指

戒指戴在中指上表示订婚；戴在无名指上表示结婚；戴在小指上表示单身。一般来说，大拇指不佩戴戒指。一只手上最多只能带两枚戒指，过多会显得累赘，也有“炫富”的嫌疑。

5. 腕饰

腕饰有手镯、手链和手表。商务女性最好选择一款品质上乘的腕表，一般戴手表时不可同时戴手镯，而且在工作场合通常是不戴手镯的。

6. 胸针

胸针又称胸花，是一种镶有珠宝、水晶等材料的用于装饰衣服的别针。胸针多佩戴于胸前，强调自己胸部线条的优美。胸针不能和徽章同时佩戴，也不宜与项链同时佩戴，否则会显得太过复杂，分散他人的注意力。胸针的选择最好与自己的身高、体型相协调。个头娇小的人适合佩戴小巧的胸针，并且佩戴稍微高一些；身材高大的女性可以选择大一些的胸花，佩戴位置可稍低一些。

7. 丝巾

无论什么场合，利用丝巾稍作点缀，都能凸显女性柔美的特性。挑选丝巾重点在颜色、图案、质地和垂坠感。在社交场合使用的丝巾可以是边长 60 厘米左右的小方巾，也可以是边长 90 厘米左右的大方巾或长丝巾。红色系的丝巾可映得面颊红润；若脸色偏黄，则不适合选用深红、绿、黄色丝巾；肤色偏黑，则不适合白色、大红图案的丝巾。

五、香水的使用

在日常交往中，无论你是男士还是女士，适当地喷一点香水，都可以为自己增添魅力。香水可以因酒精和香料的浓度不同而分成几个等级，一般来说，香水有香精、香水、淡香水、古龙水、清淡香水五种等级。市面上常见的香水大多属于淡香水和香水。

（一）喷涂的部位和方法

千万不要全身上下各处都喷上香水，否则浓烈的味道会让他人对你“敬而远之”。在喷香水时，应距离身体 10 厘米左右，使喷出的香水呈雾妆，如果不怕浪费，可将香水向空中喷洒，然后走进香雾里，让香水更均匀地附着在身上。香水还可以涂在身体的主要脉搏处，如手腕、耳后及颈侧脉搏处，另外，膝盖内侧也是适合的部位。

（二）慎重使用香水的场合

1. 探病或就诊时

用淡香水或不用香水比较好，这样不会影响医生的判断和其他病人。

2. 出席严肃的会议

千万不要使用浓香水。

3. 宴会

可将香水涂抹在腰部以下，过于浓烈的香水会影响食物的味道，可能会降低食欲。

4. 雨天

潮湿的空气会让香味在小区域内弥漫，最好使用淡香水。

5. 户外

运动和逛街时容易出汗，香味和汗味混合在一起会让人感到不悦，这时最好选择无酒精香水和运动型香水。

6. 约会

选用柑橘水果和苔类香草为原料的香水，里面含有令人增添吸引力的激素成分。

项目总结

本项目主要介绍了社交礼仪中的个人礼仪，主要包括仪容仪表、仪态礼仪和服饰礼仪。其中仪容仪表包括皮肤的清洁、护肤与化妆、发型的修饰、手部的修饰等；仪态礼仪包括站姿、坐姿、走姿、蹲姿、手势和表情六个方面的动作要求；服饰礼仪包括着装原则、色彩搭配、个人着装原则和饰品搭配等知识。上述各部分内容细节众多，我们应当详细了解，并充分运用在日常生活中。

课后练习

一、填空题

1. 发型的选择应综合考虑________、________、________等多种因素，做到和谐自然、美观大方。

2. 化妆的总原则具体应把握________、________、________三个原则。

3. 女性的站姿有________和________两种；男士的站姿主要有________和________两种。

4. 一般来说，从椅子的________侧入座，________侧离座。

5. 女性的坐姿主要有________、________、________和________；男性的坐姿主要有________、________、________和________。

6. 公众场合中，眼睛应注视交谈对方的“上三角区”，即从________到________之间的区域。

7. 在人际交往中，手的动作不宜过大，应该遵循________的原则。

8. 中式男礼服主要是指________；西式男礼服主要包括________、________、________和________。

9. 着装的 TOP 原则是指________、________和________。

10. 女士穿裙装时，裙子的长度最短以坐下时裙子向上缩离膝盖不超过________厘米为宜。

二、选择题

1. 领带打好后，长度应该(　　)。

A. 垂到腰带以下　　B. 恰好触及皮带扣上端

C. 塞到裤腰里面　　D. 与衬衫第三颗纽扣平齐

2. 穿西装时，不宜搭配(　　)。

A. 白色袜子　　B. 灰色袜子　　C. 蓝色袜子　　D. 黑色袜子

3. 服饰颜色搭配应注意，一般不超过(　　)。

A. 1 种颜色　　B. 2 种颜色　　C. 3 种颜色　　D. 4 种颜色

4. 穿西装时，关于鞋子的搭配错误的是(　　)。

A. 黑色皮鞋搭配深色西装　　B. 灰色的鞋子搭配深色西装

C. 浅色鞋子搭配浅色西装　　D. 漆皮鞋子搭配礼服

5. 在正式场合，男士穿的西装有三粒扣子，只能扣(　　)。

A. 上面一粒　　B. 中间一粒或上、中两粒
C. 下面一粒　　D. 三粒都扣

6. 男士西装单排扣有两粒，在正式场合，扣法正确的是(　　)。
A. 只扣上面一粒　　B. 只扣下边一粒
C. 两粒都扣上　　D. 两粒都不扣

7. 戴首饰的数量以少为佳，总量不宜超过(　　)。
A. 1 种　　B. 2 种　　C. 3 种　　D. 4 种

8. 对女性穿丝袜的说法错误的是(　　)。
A. 穿裙服时着丝袜，不仅是礼仪的需要，而且还能掩饰腿部的缺陷，增加腿部的美感
B. 丝袜颜色应与裙子协调，腿较粗的人适合穿深色丝袜，腿较细的人适合穿浅色丝袜
C. 穿短裙或凉鞋时，搭配一双短筒或脚尖、脚跟处有加固处理的丝袜
D. 穿丝袜时，袜子口不能露在裙子外面

9. 关于套裙，错误的是(　　)。
A. 以冷色调为好　　B. 图案越少越好
C. 加一些女性化的点缀　　D. 配饰以少为宜

10. 关于香水的使用，错误的是(　　)。
A. 喷香水时，最好距离身体 10 厘米　　B. 涂于周身，芳香四溢
C. 发炎部分不要涂抹香水　　D. 探病时，香水宜淡不宜浓

模拟训练

实训一：仪态礼仪实训

1. 实训目标

通过实训，使学生掌握站姿、坐姿、走姿、蹲姿和手势礼仪的动作要领。

2. 实训内容

根据站姿、坐姿、走姿、蹲姿和手势礼仪的动作要领，老师进行示范，学生分组进行练习，学生相互纠正，老师点评。

3. 实训要求

(1)站姿、坐姿、走姿、蹲姿等礼仪训练不少于 15 分钟，并配以适当的音乐进行，减少重复的疲劳感。

(2)变换不同的坐姿进行训练。

(3)可采用统一练习、分组练习、个别练习等多种方法。

实训二:仪容、仪表训练

1. 实训目标

通过实训使学生掌握化妆的步骤和技巧。

2. 实训内容

先播放一段化妆教学视频,学生分小组练习,可为自己化妆,也可为小组其他成员化妆。

实训三:微笑训练

1. 实训目标

通过实训使学生找到最佳的微笑模式。

2. 实训内容

学生在镜子前,通过一些相似性的发音口型,找到适合自己的最美的微笑状态。如"一""茄子""哈"等。观察比较哪一种笑容最真、最美、最让人喜欢,同学们可以相互评价。

项目二 校园礼仪

项目目标

★ 掌握课堂礼仪和办公室的礼仪

★ 熟悉宿舍礼仪、同学间借用钱物的礼仪和异性交往的礼仪

★ 掌握图书馆礼仪、食堂礼仪、大会或典礼礼仪

案例导入

大学课堂掠影

场景一：某日清晨，上课铃声刚刚响过，一位同学左手拿着面包，右手拿着酸奶，疾步走进教室，准备在课堂上吃早餐。而此时，在教室的一角，一位同学拿着包子吃得正香，教室里弥漫着一股包子味、煎饼味、面包味……

场景二：某节课上，全班同学正在认真听讲，突然，一个人推开前门走进教室，随手一关门，门"砰"的一声。只见那位同学慢悠悠地寻找合适的位置，却不知道他已严重影响了课堂秩序，因为此时已经上课近十分钟了。

场景三：某班正在上课，突然，教室里响起了"喂，有电话了，喂，有电话了……"的铃声，搞怪的童声立即引起了哄堂大笑。

场景四：在夏季的课堂上，我们常常能发现一些同学穿着背心、短裤加上一双拖鞋，心安理得地坐在讲台下。他们认为，"穿什么衣服是我自己的事儿，不会妨碍别人"。

场景五：课堂上，老师正在用幻灯片进行讲解，内容丰富，形式多样，但这种方式并没有吸引学生，台下的学生各做各的事情，有的同学睡觉，有的同学看杂志，有的同学玩手机……

问题：

请分析一下上述学生的行为是否恰当？

任务一　与教师交往的礼仪

与教师的交往是大学生人际交往的重要内容。教师是大学生感悟人生、获得知识、学有所成的引路人，正如古语云“师同父母”，因此，大学生在与教师交往的过程中应热爱、尊敬老师，尊重老师的劳动成果，并严格遵循以下三个方面的礼仪规范：课堂礼仪、办公室礼仪和课外交往礼仪。

一、课堂礼仪

课堂是教师给学生传授知识的场所，而遵守课堂礼仪是学生最基本的礼貌，它有助于促进学生与教师的沟通，提高教学质量。

(一)课前礼仪

1.做好课前准备

出发前往上课地点时应适当检查自己的仪容着装。尽管大部分课堂对学生的仪容仪表没有太多的要求，但仍应以简单整洁、得体大方为准则。男同学不要胡子拉碴、发型怪异，女同学不要穿奇装异服，或穿过于暴露的衣服。夏天不能穿背心、拖鞋到教室。

此外，学生上课前应带好上课所需要的书本、笔记本和其他文具进入教室，做好上课准备。同时，学生也应为教师做好课前准备，如擦干净黑板、整理讲台、搬教学设备等。

2.提前进入教室

课前两分钟进入教室，做好准备工作，这本身是一种礼貌，也是对教师的尊重。如果是在教师已经开始讲课后才气喘吁吁地跑进教室，这不仅是失礼的表现，而且还会干扰和打断老师的讲课。学生若因特殊情况无法按时到教室上课，应提前向辅导员请假。

学生如果由于特殊原因迟到，要特别注意举止的文明和礼仪的周到，注意做到以下几点。

- 学生应该在教室门口先停下脚步喊“报告”。如果教室门关着，应先轻轻敲门，在得到老师的允许后才能进入教室。
- 当老师询问迟到的原因时，要实事求是地说明。如果受到老师的批评，应诚恳地承认错误并接受批评。得到老师的谅解和允许后，方可入座。如果老师误会了，一般不要当场争辩，更不能当众反驳、顶撞，而应等到课后，平心静气地当面向老师解释清楚。

■ 在走向自己的座位时，速度要快，脚步要轻，动作幅度要小，应尽量减少对课堂秩序的干扰。

老师上课也应准时，不可迟到。若因为一些特殊情况，不能准时到达教室，老师应提前告知学生，并在正式上课前向学生做出歉意性的解释或说明。

3. 礼貌问候老师

走进教室时，如果老师已站在门口，应主动向老师问好，不能一低头就进去。教师宣布上课时，班长应喊“起立”，全体同学要迅速起立站好，并向老师行注目礼和问好，等老师答礼后，方可坐下。

(二)课堂中的礼仪

遵守课堂纪律是各校明文规定的内容，也是讲求礼貌的体现。若一个学生不遵守课堂纪律，既是对老师的不尊重，也是对其他同学的不尊重，会影响授课的进行和别人的学习。课堂中应遵守以下礼仪规范。

1. 认真听讲

在课堂上，要集中注意力，认真听老师讲解，重要的内容做好笔记。不要心不在焉，打哈欠或打瞌睡，也不要大声喧哗或看其他书报。上课时应将手机关掉或调成静音，即使手机铃声再好听、再个性化、再值得炫耀，也一定不要让它突然在课堂上响起。课上不要玩手机或玩游戏，更不要接听电话。

2. 问答得体

当老师提问且要求一人作答时，应先举手待老师点到名字后才可站起来回答。不要七嘴八舌地发言，或在老师未点到自己名字时就抢先发言。发言时，身体要立正，态度落落大方，不要故意做出滑稽的动作引人发笑。声音要清晰响亮，以全班同学都听得见为宜。若回答不出老师所提的问题，也要站起来，实事求是地向老师说明情况。在别人回答时，不要随意插嘴或与其他同学聊天，别人答错了，也不应讥讽嘲笑。

如果听课中遇到问题，应先举手示意，待老师同意后才可发问。提问的时候，态度要谦虚，若与老师的观点不同，可以委婉地说出自己的想法，与老师探讨。

3. 擦黑板

课间休息的时候，应主动为老师擦黑板，但要先征求老师的意见，因为有些板书老师可能还想留着，直接擦掉反而变成失礼了。

(三)下课时的礼仪

下课铃响时，如果老师还没有宣布下课，学生应继续安心听讲，等待老师宣布下课。不要忙着收拾书本，或把桌子弄得乒乓作响，或离开教室，这是对老师的不尊重。此外，还应保持教室的干净，不将果皮纸屑扔在地上或书桌内。对于老师布置的作业，学生应按时、认真、独立地完成。

二、办公室礼仪

办公室是老师工作和休息的地方，同学有事进出办公室时要有礼貌，应当注意以下礼仪规范。

学生进老师办公室前一定要敲门，得到允许后才可进入。如果看到老师正在休息，自己并没有紧急的事情，就不要打扰老师。进入办公室后轻关门，看到其他老师应问好。如果找的老师不在，应礼貌地询问一下办公室的其他老师，可根据情况说明自己的姓名和所在班级、有什么事、何时再联系等，之后道谢离开。

如果老师在，学生应轻轻地走到老师办公桌前，未经老师允许不要坐下，坐下时应致谢。在办公室里，不要随便翻动桌上的材料物品，也不要私自打开老师的电脑。在接受老师递送的物件时，要用双手接过。事情办完后，应立即离开办公室并礼貌地与老师道别，例如“谢谢老师，再见”。在老师办公室里说话要小声，出入要注意不发出较大声响，尽量不影响其他老师的正常工作。

在与老师交谈时需注意以下礼仪。

- 与老师交谈时要直截了当，意思要明确，不要含含糊糊、拐弯抹角。
- 如果有请教的问题，应事先考虑清楚，以便明确地向老师提问。
- 当不赞同老师的观点时，不要直接顶撞，更不要反问和质问老师，应婉转地表达自己的看法。
- 老师在说话时，不要随意打断，如果有急事要先离开，应向老师打招呼表示歉意。
- 与老师交谈时，距离要适中，一般为 1.5 米左右，太近或太远都是不礼貌的。

三、课外交往礼仪

课外时间学生若在校内或校外与老师相遇，应主动打招呼，不要懒于或羞于打招呼，更不可假装没有看见，故意躲开。老师应面带微笑回答，不要过于冷漠，架子十足，使人感到不可亲近。学生对老师的相貌和衣着不要指指点点、品头论足，要尊重老师的人格和习惯。

若有事需要给老师打电话，要注意选择恰当的时间，不要过早、过晚，尽量避免在休息时间打扰老师。

任务二 与同学交往的礼仪

在大学学习和生活中，同学是亲密的伙伴。同学情是大学生生活中最宝贵的财富，它具有纯真浪漫、充满活力的特点。因此，与同学交往应注意遵循有关的礼貌礼节，从而建立一个和睦的同学关系网，使自己度过一段美好难忘的大学时光。在与同学的交往中通常应注意以下四个方面的礼仪规范：同学日常交往礼仪、宿舍礼仪、借用钱物的礼仪和异性交往礼仪。

一、同学日常交往礼仪

同学之间的日常交往应遵循以下两个原则。

1. 相互尊重

见面要主动与同学打招呼问候。对同学的相貌、体态、衣着不要品头论足，不能嘲笑同学的生理缺陷，更不能给同学起侮辱性的绰号。当同学遇到困难时，如学习落后、家庭问题等，应热情帮助，真诚地伸出援助之手，不应嘲笑或挖苦。

2. 礼貌相待

对待同学要谦恭和气，谈吐要文明有礼，不要粗话连篇、出言不逊。有的同学稍遇到不满意的事情，就说脏话，辱骂他人，这样容易激化学生之间的矛盾，导致冲突发生。因此，学生要坚持使用文明礼貌的语言，如“请”“谢谢”“麻烦你”等，这样同学之间才能相处得更加融洽。

二、宿舍礼仪

宿舍是大学生共同生活的场所，学生除了上课和就餐，其他时间大多是在宿舍里。所以在这里生活得如何，直接影响同学之间的人际关系状况和学习状况。如果关系融洽、和谐，就会感到心情愉快，有利于学习的顺利进行。反之，关系紧张，互相拆台，经常发生摩擦，就会影响正常的学习和生活，阻碍学业的进步。宿舍是学生共同的家，也是反映学生精神文明和礼仪修养的一个窗口，一定要格外重视。具体来说，学生在宿舍中要注意以下几个方面的礼仪。

（一）宿舍基本礼仪

1. 遵守作息制度

住集体宿舍要遵守宿舍纪律，如在起床、用餐、学习、就寝、熄灯等方面，都应自觉遵守学校规定的时间和宿舍的规章制度，按时起床，按时熄灯就寝。需早起时要提前和室友们打招呼，起床时动作要轻柔，尽量不发出声响，并尽快离开宿舍。如果因事迟归，要努力把惊扰程度减到最小。

在规定的休息时间内，不要高声说笑。如果要与同学商量问题，要将声音压低，不要影响他人休息。如果要听音乐或看电影，应戴上耳机或将音量调到最低。若用床头灯看书，要把灯光调暗，翻书的声音也要尽量降低。睡上下铺的同学，要注意不要晃动床铺，以免影响他人或发生危险。在休息时间内，应将手机调成静音或振动，打电话时要走出宿舍，声音尽量放小。

2. 讲究公共和个人卫生

在宿舍要自觉搞好个人卫生。要勤洗澡、勤换衣服，每天主动整理好自己的内务，床上用品保持干净、整洁，被褥、衣服等叠放整齐，不要让床单露出床沿。其他所有生活和学习用品都要摆放整齐，合理收纳。换下的脏衣服、脏鞋袜等要及时清洗，不要长时间地堆放在一处。不要乱扔果皮纸屑或随地吐痰。

在搞好个人卫生的同时，还要自觉遵守值日制度，主动搞好宿舍卫生，保持宿舍内没有杂物、纸屑，门窗洁净，桌凳及公用物品摆放整齐。

3. 友爱互助，互谅互让

当同学生病时，最需要室友的关心和照顾。这时要主动关心、热情帮助同学，如陪同看病、到食堂买饭、帮忙打开水等，尽可能帮助病人处理一些力所能及的事情。同时，要保持宿舍的安静，并给病人以精神安慰，促使他（她）尽快恢复健康。遇到同学在生活上、经济上有困难请求帮助时，要尽量帮助，缓解一时之急。

此外，在日常生活中难免会发生一些矛盾和不愉快的事情，大家要克制自己，宽以待人，互相谅解。即使是原则问题，也应心平气和地说明道理。当别人发生争吵时，不要袖手旁观，更不能火上浇油，应耐心劝解，帮助解决矛盾，搞好宿舍关系，促进宿舍团结。

4. 注重隐私，相互信任

在集体生活中，学生要尊重他人的隐私。不要随便使用同学的用具；不要翻看同学的笔记、书籍和物品；不能将同学的东西据为己有；不能翻看同学的日记；不能私拆、私藏同学的信件；不可打探同学的隐私；不能随意散布同学的个人信息；不能制造谣言，诋毁同学；同学有亲友来访谈一些私事时，其他同学要适当回避，切勿在一旁偷听，更不要插嘴询问。

在宿舍里，如果丢失了东西，不要无依据地猜测，以免影响同学之间的关系。产生隔阂时，应主动交流，进行沟通，减少误会。

5. 爱护公共财物和他人财物

要随手关灯，节约用水。不要在宿舍、厕所等墙壁乱写乱画，更不要破坏宿舍内的设施，如床、桌椅等。宿舍中同学的生活用品也应该得到大家的爱护，不要用脚踢别人的桶、盆、箱子等，如果别人放置得不好，可以提醒他（她）或帮其放好。

（二）宿舍安全

注意公共安全，严禁私接电源和使用超功率的电热水器、电炉、电烙铁等，不要在宿舍炒菜做饭。当宿舍内的电气设施出现故障时，不要自行处理，应及时报修。离开宿舍时要注意锁门，晚上睡觉应关好门。

（三）宿舍串门和待客

同学们不仅要和自己的舍友搞好关系，而且不能忽略左邻右舍。宿舍串门可以沟通感情，增进彼此间的情谊。但须注意的是，要避开休息时间串门，而且应得到他人的邀请才可串门。进门时应主动与所有的同学打招呼，且不要随意坐在他人的床铺上，更不能乱翻、乱用他人的物品。讲话声要轻，时间要短，不要过长时间地串门，以免影响其他同学休息。

如果有亲友来看望或同学来串门，应提前告知室友们。将亲友带到自己的宿舍时，应用自己的脸盆、水杯给亲友洗脸、喝水，不要动用他人的东西。当同学进来时，要主动介绍同学与自己的亲友认识。不要让亲友在宿舍待过长的时间，更不要留宿。当舍友有客来访时，要热情地问好，不要冷漠，且注意回避，不要在旁偷听或插嘴。

案例分析

小方是某校大一男生，性格活泼开朗，可是居然在入校之后连续三次换宿舍，而且被室友称为“一个不受欢迎的人”。第一个宿舍的人大多都喜欢躺在床上安静地阅读，而小方却喜欢大声朗读、唱歌，常常在室友静卧看书的时候，出其不意地吼上几嗓子，扰乱宁静的气氛。可是小方觉得，沉闷闷的有什么意思，激情一点不好吗？

第二个宿舍，小方一住进去就和大家闹开了。因为小方坚持要住下铺，要求大家在当天把下铺的杂物都收拾起来，说话时小方态度强硬，语气不善。晚上睡觉的时候，小方忍受不了上铺的同学总是翻身，只要他感觉到上铺的室友有动静，就会在下面吼道：“你睡觉能不能老实点？”于是，小方和舍友的关系很紧张。

到了第三个宿舍，小方终于觉得这个宿舍氛围比较适合他，因为大家性格都比较外向，互相之间比较亲热，但是时间久了，大家对小方都很有意见，因为他不是“先斩后奏”地随便拿室友的书籍、杂志，就是把室友的东西弄得一团糟；不是刨根究底地探问室友不愿意公开的个人隐私，就是趁室友不在时偷看室友的信件。

问题：小方在每个宿舍哪些方面做错了？

三、借用钱物的礼仪

在日常生活中，同学之间可能有互相借钱、借物等物质上的往来，但切勿马虎，每一项都应记得清楚明白，即使是小款项，也应记在备忘录上，提醒自己及时归还，以免遗忘，引起误会。具体来说，应注意以下两点。

（一）借用钱物

日常生活中常用的物品，自己要备齐。若自己暂时没有，向同学借用时，应说明情况，待允许后方可使用，使用时要爱惜物品。借用别人东西时要注意不借贵重物品，不借物主心爱之物，若与物主不太熟悉，也不要向其借用物品，以免使物主为难。物主不在房间时，不要自行拿用。如果自己有急用，而且与物主关系密切，可向在场的其他人打招呼，并说明借用物品的数量及完好程度，用后再向物主解释并致歉。

（二）归还钱物

所借用的钱、物应及时归还，并向物主致谢，请物主验收。如果不能及时归还，应向对方说明情况，并承诺下次归还的日期，若对方不急，也可在其同意的情况下，先归还一部分，总之“好借好还，再借不难”。在物质利益方面无论是有意还是无意地占对方便宜，都会引起对方心理上的不快，从而降低自己在对方心目中的人格价值。

四、异性交往礼仪

在大学校园里，男女同学相处一定要注意礼仪修养，双方之间的交往要积极健康，这不仅有利于提高大学生人际交往能力，而且对于稳定学校教学、活跃气氛、避免意外事故的发生，都有积极的意义。

（一）互相帮助

男女同学之间应注意平等相处、相互尊重、相互学习和相互帮助。男同学应尊重和照顾女同学。例如，从事体力劳动和打扫卫生时，男生应多照顾女生；上下车时，应让女生先上、先坐；遇到重、累、苦的工作时，男生要积极主动地去做。而女同学则要自尊、自爱，不要将男同学的帮助和照顾看作是理所当然的，甚至连一些自己该做的事情也懒得动手，等着男同学来做，这是不对的。男、女生应分工合作，互帮互助，这样男女同学的交往才能更加融洽。

(二)把握分寸

异性同学交往,不可在阴暗、偏僻的场所。学校一般原则上是不允许异性互串宿舍的,如确需进入,应按学校规定办理手续,同时要征得该寝室其他同学的允许后方可进入,且不应停留过长时间。男女朋友要注意分寸,不要在公共场合,如教室、食堂等地,随意打闹或举止过于亲密。

任务三　校园公共场合礼仪

一、图书馆礼仪

学校图书馆拥有着成千上万的馆藏,它是一个知识的海洋,又是一个科学的殿堂。学生们进入图书馆以后,在丰富知识的同时,还应讲究礼貌公德,图书馆的礼仪规范主要体现在以下几个方面。

(一)保持安静和卫生

在图书馆走动时脚步要轻,避免将桌椅弄出声响。阅读时不要发出声音,遇见同学或熟人,轻轻点头或挥手示意即可,尽可能少说话,更不能高声谈笑、大声喧哗。查阅卡片和图书时要轻拿、轻放、轻翻。不要在图书馆吃零食或在阅览室睡觉。手机等通信工具要关掉或调至振动状态,如需通话,应到阅览室外,并随身带好贵重物品。

自已的纸笔要记着带走,废弃的纸张应自觉扔到馆内的垃圾篓或带到馆外扔到垃圾箱内,离开时自觉将桌椅复位。

(二)不抢占座位

进入图书阅览室,自己找到座位即可,不应为别人占座。如果临时走开,回来时发现自己的座位被他人占据,此时不妨轻声商量,互相谅解,因为图书馆作为公共场所,有空位时人人皆可坐。

(三)逐册取阅

对开架书刊应逐册取阅,不要同时占有多份,这样可以让更多的同学查阅想要的资料,阅读后应立即放回原处。进馆和办理借还书的手续时要按照次序,不要插队。借出阅读的图书要在图书馆规定的借出时间前归还,热门书应速看速还。

(四)爱护书籍

看书前要把手洗干净,以保持书籍的整洁。不要在书上圈点、批注、折角或作各种标记,更不能把自己认为有用的资料,私自剪裁下来。

二、食堂礼仪

食堂是学生就餐的主要场所,也是充分体现同学们文明素养的地方。同学们在食堂就餐,要维护就餐秩序,讲究公共道德,营造一个良好的就餐环境。

(一)遵守秩序

按规定的时间就餐,遵守秩序,互相礼让,自觉按先后次序排队购买饭菜,不要硬挤或插队,更不应打闹、起哄或出现其他不文明的行为。排队时同学们一般都会通过交谈打发时间,这时不要大声喧哗,以免干扰别人。

工作人员繁忙时,要耐心等待,不要敲柜台、餐具,或挥舞手臂,也不要"阿姨、阿姨"地叫个不停。轮到自己打饭时,要客气地讲话。打饭后,应礼貌地说声"谢谢"。

(二)个人举止礼貌

同学在端菜时,要小心避让,不要弄撒了饭菜。如果同学之间不小心碰撞,把饭菜撒到别的同学身上,要礼貌地道歉并协助其处理。如果别的同学不小心将饭菜弄到自己身上,也不要大动肝火、得理不饶人。

买好饭菜后,自己寻找座位入座,不要争抢座位。如果餐桌上已有先到的同学,应先礼貌地问一声"请问,这里可以坐吗?"在得到肯定的答复后方可坐下。入座时,抽出座椅的动作要轻巧,不要乱拉乱拖,乒乓作响。

进餐时要注意自己的吃相和举止。具体应做到以下几点。

- ■ 动作文雅:用餐的动作要文雅,夹菜时不要碰到邻座,不要把汤打翻。
- ■ 咀嚼文雅:吃饭时要细嚼慢咽,食物送入口中应闭口咀嚼,要把咀嚼的声音控制在最低程度内。嘴里含有食物时,不要贸然讲话。他人嘴含食物时,最好等对方咽完后再与其讲话。
- ■ 喝汤文雅:如果汤菜太热,可以用汤匙在碗里慢慢搅动,但不要用嘴对着汤吹。
- ■ 吐刺文雅:在吃有骨、刺的菜时,不要将骨、刺直接吐在桌上或地上,而应用筷子从口中取出,放在餐具里或其他专用的容器里。如果牙缝塞有东西,可到卫生间漱口,不得已要剔牙时,要用手掩口,不要边剔边吐。

■ 吃相文雅:每次送进口中的食物量要适当,并准备好餐巾纸,不要用手擦拭油腻的嘴,应用纸巾擦拭。咳嗽或打喷嚏时,要侧身用纸巾捂住自己的嘴,并与邻座说声“对不起”。

用餐途中,如果有同学想和自己同桌用餐,应表示欢迎,同时适当移动一下座位,让后来者可以宽敞、舒服地入座。和师长、同学或熟悉的人一起吃饭,先吃完时要说“大家慢慢吃”。离开的时候,注意动作要轻便,不要妨碍他人。

(三)注意卫生

不要在食堂乱扔垃圾,或把饭菜撒到桌面,更不要随地吐痰。吃饭完毕,应将自己桌面的垃圾收拾起来,连同吃剩的汤、饭、菜倒进指定的泔水桶里。若使用公用消毒餐具,用餐结束后应自觉地将餐具送至指定的回收处,不得私自带走,也不要放在餐桌上。

(四)节约粮食

进餐时应注意节约粮食,所购买的饭菜,以吃饱为度,不要超量购买,以免吃不完造成浪费。不要暴饮暴食,注意身体健康。

(五)尊重工作人员

食堂工作人员为我们提供就餐服务,理应受到尊重。在买菜前应选好要吃的菜,并准确、简洁地报出菜名,不要犹犹豫豫、再三思考,让其他同学长时间等待。在打饭前应事先准备好饭卡,不要临时慌忙寻找,耽误时间。如果工作人员打卡出现错误时,应用礼貌的语气提醒对方,切忌出言不逊。离开窗口的时候,应向服务人员说声“谢谢”。如果饭菜有质量问题,应心平气和地与工作人员交流,不要争吵。

三、大会或典礼礼仪

学校会定期或不定期地举办一些活动,如表彰大会、开学典礼、毕业典礼、运动会等。由于参加的人数众多,又是正规场合,因此要格外注意大会或典礼的礼仪,保持良好的秩序。

(一)准时进场

学生应衣着整洁、仪表大方,提前到达集合地点,准时有序地进入会场,不要拖拖拉拉。入场时,不要勾肩搭背或大声谈笑。应严格按照会场人员的要求迅速、安静、整齐地在指定位子坐好,不可以争抢座位。若迟到,应悄悄入场,坐到后排的座位上，而不可大摇大摆地走到前面。

(二)举止文明

手机一律关闭或者调到静音状态。大会或典礼开始后，不要随意走动或发出声响，不要吃零食、玩手机。听领导、嘉宾或其他发言人讲话时，要聚精会神，保持肃静，不得交头接耳，窃窃私语，不得打瞌睡，更不可起哄、喝倒彩、吹口哨或提前退出会场。每一位发言完毕，都要鼓掌致谢，精彩之处还要适度鼓掌。若途中有事要暂时离开，应悄悄出去，尽量减少对别人的干扰。

学生上台发言时，要向主席台领导和台下人员鞠躬行礼，发言结束后应道谢。上台领奖时，应面带微笑向授奖者鞠躬行礼，然后双手接捧证书或奖状、奖品，并向授奖者致谢。

(三)礼貌退场

大会结束后，服从大会组织者的指挥调动，安静有序地退场。切忌一哄而散，使门口拥挤堵塞，造成不必要的混乱或安全事故。挪动座椅时动作要轻，不要发出刺耳的声音。此外，还要保持会场的清洁与干净，不乱扔果皮纸屑，若有垃圾应带出场外扔进垃圾桶里。

项目总结

本项目主要介绍了校园礼仪的相关知识，包括与教师交往的礼仪、与同学交往的礼仪和校园公共场所礼仪。

与教师交往的礼仪重点介绍了课堂礼仪、办公室礼仪和课外交往礼仪。这些礼仪规范有助于促进教师与学生的沟通，提高教师的教学质量。

与同学交往的礼仪重点介绍了宿舍礼仪、同学间借钱与物的礼仪和异性交往礼仪，注重同学之间的礼仪是维系良好同学关系的基本要求。

校园公共场所礼仪重点介绍了图书馆礼仪、食堂礼仪、大会或典礼礼仪。遵守校园公共场所礼仪，才能使公共场所的活动得以正常进行。

课后练习

一、判断题

1. 学生应为教师做好课前准备，如擦干净黑板、整理好讲台、搬教学设备等。 (　　)

2. 课上不要玩手机或玩游戏，更不要接听电话。（　　）

3. 如果听课中遇到问题，可直接站起来向老师提问。（　　）

4. 下课铃一响，学生们就可以收拾书本离开教室了。（　　）

5. 住集体宿舍要遵守宿舍纪律，按时起床，按时熄灯就寝。（　　）

6. 同学们在宿舍要尊重他人的隐私，不要随便使用同学的用具，不要翻看同学的笔记、书籍和物品，更不能将同学的东西据为己有。（　　）

7. 宿舍串门可以沟通感情，所以要多多串门、随时串门。（　　）

8. 借用别人的东西时要注意不借贵重物品，不借物主心爱之物，若与物主不太熟悉，也不要向其借用物品。（　　）

9. 在食堂进餐时，不要将骨、刺直接吐在桌上或地上。（　　）

10. 和师长、同学或熟悉的人一起吃饭，先吃完时要说“大家慢慢吃”。（　　）

二、不定项选择题

1. 学生如果迟到，要注意做到（　　）。

A. 在教室门口先停下脚步喊“报告”，如果教室门关着，应先轻轻敲门，在得到老师的允许后才能进入教室

B. 当老师询问迟到的原因时，要实事求是地说明

C. 在走向自己的座位时，速度要快，脚步要轻，动作幅度要小

D. 如果老师误会自己迟到的原因，要尽量当场争辩清楚

2. 以下有关办公室礼仪，哪些说法是正确的？（　　）

A. 学生进老师办公室前一定要敲门，得到允许后才可进入

B. 学生应轻轻地走到老师办公桌前，找张椅子直接坐下

C. 如果有请教的问题，应事先考虑清楚，以便明确地向老师提问

D. 老师在说话时，不要随意打断，如果有急事要先离开，应向老师打招呼表示歉意

3. 参加大会或典礼时应注意（　　）。

A. 提前到达集合地点，准时有序地进入会场

B. 听领导、嘉宾或其他发言人讲话时，不得交头接耳或打瞌睡

C. 学生上台发言时，要向主席台领导和台下人员鞠躬行礼

D. 保持会场的清洁与干净，不乱扔果皮纸屑

4. 师生交往的礼仪是不可少的，下列做法不妥的是（　　）。

A. 见到老师主动问好

B. 和老师关系好，从背后突然拍打老师

C. 学生对老师的相貌和衣着指指点点、品头论足

D. 不同的场合选择不同的交往策略

5. 在图书馆和阅览室阅览完毕后，应将书(　　)。

A. 随便放　　B. 放回原处　　C. 放在桌子上　　D. 直接带走

三、填空题

1. 课前________进入教室，做好准备工作，这本身是一种礼貌，也是对教师的尊重。

2. 上课发言时身体要________，态度________，不要故意做出滑稽的动作引人发笑。声音要清晰响亮，________为宜。

3. 若有事需要给老师打电话，要注意选择________。

4. 同学之间的日常交往应遵循以下两个原则：________、________。

5. 与老师交谈时，距离适中，一般为________米左右，太近和太远都是不礼貌的。

模拟训练

实训：讨论同学间的相处之道

1. 实训背景

小丽是某高校女生，她和宿舍里的同学关系处得不好。有一天晚上熄灯后，小丽在用台灯看书，一位室友提醒她早点睡，明天还要上课，小丽就熄了灯。第二天早上，这个室友起得很早，小丽认为她是在报复自己，就提醒她说话小声点，结果两人吵了起来。这件事小丽并不觉得自己有错。最近，小丽有幸入党，却是宿舍里唯一一个入党的，这件事使她完全被大家孤立起来了。宿舍里的矛盾影响了她的心理健康，她认为自己做人很失败，与人相处都相处不好，更不用说其他的事了。

2. 实训要求

(1)请同学们围绕上面的故事展开讨论，你认为影响宿舍同学之间关系的因素有哪些？如果你是小丽，该怎么做才能和大家相处融洽？

(2)请同学们说一说，在与同学相处时遇到的其他问题，这些问题你是怎么处理的。

项目三　日常交往礼仪

项目目标

★ 了解各种称呼的使用、介绍的礼仪、握手的时机及顺序

★ 了解名片的设计与制作

★ 掌握自我介绍的礼仪规范、握手方式和名片的使用

案例导入

主动握手错了吗？

金先生是某服装厂的销售主管，一次行业酒会中，金先生看到了国内知名服装集团的老总王先生正与一位男士攀谈，王先生可是自己一直想要结交的业界“大佬”啊，于是他直接走上前去，伸出右手自我介绍道：“王先生您好，我是×××服装公司的小王，很高兴见到您！”王先生露出了诧异的神情，但出于礼貌，还是伸手与他握手，金先生双手紧紧握住王先生的手，还说着：“久仰久仰。”可是他发觉王先生并没有跟他攀谈下去的意思，于是只好放手。之后王先生借口要去跟朋友打个招呼就走了。

金先生热情主动地握手难道做错了吗？他到底有什么失礼之处呢？

在社会中，每个人都不是孤立存在的，总会与一些人产生交集，承担着不同的角色和社会责任。我们的角色是多样的，为人子女、为人父母、为人朋友、为人同事，完全没有交往就难以合作，没有合作就难以发展。有些人可能并不善于交际，但是不能不参与，更不能逃避。我们不但要积极参与、总结经验、吸取教训，还要重视日常交际礼仪的学习，并运用到日常生活中，这样才能更好地融入社会、享受交际成功的乐趣。

任务一　见面礼仪

见面礼仪是日常社交礼仪中较常用与较基础的礼仪，人与人之间的交往经常运用的就是见面礼仪，掌握见面礼仪的规范，能给人留下良好的第一印象，为以后的深入交往打下基础。

一、见面致意

所谓致意，是指向他人表达问候、尊重、敬意的心意，由行为举止表现出来。它通常在迎送、被别人引荐、相遇时作为见面的礼节。很多时候，在我们看到社交对象的第一时间，还没开口问候时，就给出礼貌的致意，让对方觉得友善，常见的致意礼节有微笑礼、点头礼、挥手礼、起立礼、欠身礼和脱帽礼。

(一)微笑致意

适用于与相识者或者只有一面之交者在同一地点，彼此距离接近但不适宜交谈或无法交谈的场合。微笑致意可以不做其他动作，只需微笑，不必出声，即可表达友善之意，将微笑和点头示意结合起来，效果更佳。

(二)点头致意

点头礼又称颔首礼，它适用于在一些公共场合与熟人相遇又不便交谈时，在同一场合多次见面时、路遇熟人时等情况。点头时要面带微笑，目视对方，轻轻点头即可。

(三)挥手致意

挥手示意适合向距离较远的人打招呼，或与送别对象告别。挥手时抬起右臂，大臂与小臂夹角45°～60°，置于身体右侧，掌心向前，以小臂带动手臂轻轻摆动两下。

(四)起立致意

比较正式的场合，有长者、尊者到来或要离去时，在场者应起立表示致意。如长者、尊者来访，在场者应起立表示欢迎，待来访者落座后，自己才能坐下；如长者、尊者离去，待他们离开后，在场者才能落座。

(五)欠身致意

欠身致意是指身体上部分微微前倾，幅度在15°以内，同时点头，是一种恭敬的致意方式。适用于下级对上级、晚辈对长辈、服务人员对客人、被介绍的双方和递接物品的双方。

(六)脱帽致意

戴帽子进入他人居室、路遇熟人、与人交谈、升降国旗、演奏国歌等情况下，都需要脱帽致意。脱帽致意应微微颔首欠身，用距离对方稍远的那只手脱帽，将其置于大约与肩平行的位置，以使姿势得体、优雅，同时便于与对方交换目光。脱帽时，另一只手不能插在口袋里，应自然下垂放于身侧。

二、问候

熟人相见，总少不了相互打个招呼。在社交场合与陌生人第一次接触，往往也会主动向对方招呼一声，甚至在我们写信或打电话时，也会首先向对方问好。显然，问候是人际交往中不可或缺的一部分。根据社交礼仪的规范，要想合乎礼仪的要求，我们需要注意问候语的选择、问候的称呼、问候时的神态语气等。

问候语的选择，最重要的是看身处的场合和交往的对象。要想使问候语产生功效，就必须与特定的场合相符合。例如，我们不会在洗手间里问候别人："你吃饭了吗?"也不会在好友感到难过的时候问他："你觉得幸福吗?"只有当你的问候语合乎当下具体的、特定的场合时，才会使你的好意被被问候人接受和理解。

在正式场合问候一句"你好，见到你很高兴"符合我们国际交往的惯例，但对于自己经常见面的同事、家人和朋友，问候一句"见到你很高兴"会让人觉得尴尬不已，有种生疏的"距离感"。这种情况，我们的问候语就应该更"具体"。例如我们可以这样：

问候一个很久没有见面的但关系普通的朋友，可以说："好久不见，最近还好吗?"

问候关系要好的家人或朋友，可以从对方的工作、身体、爱人、孩子入手，具体的问候会更有亲切感。

问候老人"您老身体还好吗?"，问候学生"最近学习忙吗?"，问候刚刚有宝宝的父母"孩子乖不乖呀?"，不但做到恰到其分，还有助于让对方向你打开话匣子，让我们的交谈更自然顺利。

在正式的涉外场合，问候时可以与对方使用相同的问候语，例如被问候"你好"时，我们也可回答"你好"，若对方说"见到你很高兴"，则可以回答"见到你也很高兴”。

无论是对谁，与我们关系亲疏与否，都不能忽略问候。还需注意的是，问候他人时应庄重真诚，不应该糊弄，或一见面就乱开玩笑。

三、称呼

称呼指的是人们在日常交往中，所采用的对彼此的称谓语。在人际交往中，准确、恰当的称呼反映了自身的教养、对对方尊重的程度，还能体现双方的关系达到的程度，因此不能乱用。根据社交礼仪的规范，选择恰当的称呼，应注意以下几点。

第一，要合乎规范。

第二，要照顾习惯。

第三，要入乡随俗。

与此同时，还应对生活中的称呼、工作中的称呼、外交中的称呼等加以区分。

(一)称呼的方式

一般来说，称呼的方式分为一般称呼、姓名称呼、职务称呼、职业称呼和亲属称呼。

1. 一般称呼

这是最简单、最普通的，面对陌生对象时最常用的称呼方式，如“小姐”“先生”“夫人”“同志”等。对任何成年男子，我们都可称呼为“先生”；未婚女子一般称为“小姐”，已婚女子称为“夫人”或“太太”。对于无法分辨其婚姻状况的，则统一称呼为“女士”。需要注意的是，当面对一位虽然年纪较大，却并未结婚的女士时，不要想当然地称呼对方为“太太”，否则很容易弄巧成拙，引起对方的反感和不悦。我们可以根据女子手上是否戴婚戒来判断，没有戴婚戒的，我们就不要称呼对方为“夫人”或“太太”。

上述称呼，均可冠以姓名、职务、职称或军衔，如“张先生”“李女士”“市长先生”等。

2. 姓名称呼

对待比自己辈分低、年纪小的晚辈，可以直呼其名。使用其爱称、小名时，通常只称其名，不加姓氏。

平辈的朋友、熟人之间可以以姓名相称，但注意晚辈对长辈不能这样称呼。为了表示亲切，通常我们在被称呼者的姓前加上“老”“大”或“小”字称呼，而免称其名。例如，对于年长于自己的对象，可称为“老刘”“大金”；对年幼于自己的对象，可以称为“小赵”。

在工作岗位上，称呼姓名，一般仅限于同事、熟人之间。具体有以下三种方法。

(1)直呼姓名。

(2)只呼其姓，不称其名。

(3)只称其名，不呼其姓。它通常仅限于同性之间，尤其是上司称呼下级。在同学、邻里之间也可以使用这种称呼。

3. 职务称呼

在工作中，以交往对象的职务称呼，以示身份有别，尊敬有加，是颇为常见的称呼方法。具体来说有以下三种方法。

(1)仅称职务。如“经理”“总监”“主任”等。

(2)在职务之前加上姓氏，如“周经理”“邓主任”“王院长”等。

(3)在职务之前加上姓名，这种称呼仅适用于非常正式的场合。

4. 职业称呼

在交往中，有时我们也会按照职业进行称呼，具体分为以下两种情况。

(1)对一些特定的职业，我们可以直接称其职业，也可以在职业前加上姓氏。例如，将教员称为“老师”、将教练员称为“教练”、将专业辩护人员称为“律师”、将警察称为“警官”、将医生称为“医生”或“大夫”等。

(2)对于商界、服务业从业人员，一般约定俗成地按照性别分别称呼为“女士”“先生”。在公司、银行、酒店、商店、餐馆等行业，此种称呼极为普遍。

5. 亲属称呼

对亲属的称呼有常规和特例之分。

(1)亲属指与自己拥有直接或间接血缘关系的人。通常亲属间的称呼已约定俗成。例如，父亲的父母称为“爷爷”“奶奶”，妈妈的父母称为“外公”“外婆”，舅舅的子女称为“表兄/弟”“表姐/妹”，叔、伯之子称为“堂兄”“堂弟”。

(2)在面对外人时，对亲属的称呼可根据不同情况来谦称或敬称。称辈分或年纪高于自己的亲属，可在称呼前加上“家”字，例如“家父”“家母”。称呼辈分或年龄低于自己的亲属，可在称呼前加上“舍”字，如“舍弟”“舍侄”。对自己的子女，可在其称呼前加上“小”字，如“小儿”“小婿”。

对他人的亲属，通常我们会在称呼前加“令”字，如“令尊”“令堂”“令郎”“令爱”，这种称呼可不分辈分长幼。

(二)称呼的禁忌

在交往过程中，称呼他人一定要避免以下几个错误。

1. 错误的称呼

常见的错误有误读或是误会。

误读一般表现为念错被称呼者的名字或是记错对方的名字。有些特殊的姓氏例如“华”“区”“查”“仇”等，在作为姓氏时跟我们日常的读法是不一样的，这些就应该提前做好准备，或是虚心请教。除此以外，还有一些常见的复姓我们要掌握，例如“东方”“欧阳”“司马”“诸葛”等，千万不要将姓“欧阳”的先生称为“欧先生”。还要注意的是，在我国港澳台地区，已婚的女性通常会在自己姓名的前面冠上夫姓。例如，陈岚小姐嫁给了赵先生，那么她的姓名即为赵陈岚，这时，可以称她为赵太太。这些常见的误读尽量要避免，否则读错他人的名字不仅让被称呼者不悦，还会暴露自己的文化内涵。

误会主要是指被称呼者的年纪、辈分、婚否以及与他人的关系被错误的判断。比如将未婚的女性称为“夫人”。

2. 不通行的称呼

有一些称呼是具有地域性的，特别是在中国这个民族众多、幅员辽阔的国家，南北方的称呼差异可能非常大。例如北方人爱称“师傅”、山东人爱称“伙计”，但这些称呼在南方人听来，可能并不太让人接受，“师傅”通常指“出家人”，“伙计”是指“打工仔”。广东人称呼自己父亲的口头用语是“老窦”，这样的称呼会让大部分北方人感到云里雾里，完全无法联想到是“爸爸”的意思。

3. 不礼貌的称呼

有时我们会听到一些不太礼貌的称呼，例如“老头”“那谁”“那个男的”“哎”等。这些称呼都会让被称呼人感到被轻视和不尊重，因此我们不可以这样称呼他人，否则就会显得没有教养。

4. 庸俗的称呼

在交往中，有些称呼会让人感到亲近，但是在正式场合切勿使用。例如“兄弟”“姐们”“老铁”“铁磁”等。还有些人喜欢称呼交谈对象为“亲”“亲爱的”，也许对方并不领情，这样的称呼只能是对与自己关系非常亲近的人，否则就是刻意套近乎，让人觉得缺乏真诚。

5. 绰号

对于关系一般的人，不要擅自给对方起绰号，更不能随意以道听途说来的绰号称呼对方。有些表示亲昵和亲近的“爱称”可以私下称呼，不可在社交场合使用。对一些带有侮辱性性质的绰号，更不应该称呼。尊重他人，首先就要尊重对方的姓名，不能拿别人的名字乱开玩笑。

任务二　介绍礼仪

介绍是指通过自己主动沟通或通过第三人引见，从而使交往双方相互认识、建立联系的一种社交关系。在社交场合,若能正确地利用介绍,不仅可以扩大自己的交际圈,结交朋友,而且有助于自己进行必要的自我展示、自我宣传,并且替自己在人际交往中架起桥梁。

介绍的种类很多,按照被介绍者的人数多少可分为集体介绍和个体介绍;按照介绍者的不同可分为自我介绍、他人介绍和介绍他人。常见的介绍主要有自我介绍、介绍他人和集体介绍。

一、自我介绍

自我介绍,即自己承担介绍的角色,将自己介绍给初次见面的其他人。在社交活动中,如欲结交其他人,却无人引见时,即可自己充当自己的介绍人。根据社交礼仪的具体规范,进行自我介绍时,应注意自我介绍的时机、自我介绍的内容、自我介绍的分寸等问题,合乎礼仪的自我介绍能够有效地展示个人修养和魅力,给他人留下好印象。

(一)自我介绍的时机

自我介绍的时机应综合考虑时间、地点、当事人、旁观者、现场气氛等多种因素。一般来说,自我介绍可以在以下情况下进行。

(1)在社交场合,与不相识者相处时。

(2)在聚会或宴会上,打算介入陌生人所组成的交际圈时。

(3)在社交场合,有不相识者对自己感兴趣时。

(4)交往对象因健忘而记不清楚自己时,或自己担心他人健忘时。

(5)有求于人,而对方对自己不了解或是一无所知时。

(6)初次登门拜访时,或熟人拜访需要不相识者代为通报时。

(7)在出差、旅行中与所知晓的人不期而遇,但对方不认识自己时。

(8)求职面试、应试求学时。

(9)前往陌生单位进行业务拓展时。

(二)自我介绍的内容与形式

进行自我介绍时,要在有限的时间内让他人了解自己最基本、最重要的信息,这就需要我们对自我介绍的内容有所取舍。一般情况下,自我介绍的“三要素”必须交代清楚,即:

第一,本人的名字全称。

第二,本人的供职单位/就读学校。

第三,本人的职务和职权范围/正在从事的工作。

例如："你好，我叫赵琳，现在在广东酒店管理职业技术学院担任教师。"或者"你好，我是赵琳，就职于广东酒店管理职业技术学院，主要负责酒店管理系的教学工作。"还未工作的在校学生通常介绍自己就读的学校和专业，没有工作单位的自由职业者可以介绍自己从事的行业和身份。

鉴于进行自我介绍的时机和交往对象的不同，我们介绍的形式和内容会有所差别。通常，自我介绍的形式分为以下五种。

1. 应酬式

应酬式的自我介绍主要适用于某些公共场合和一般的社交场合，如旅途中、舞会上、通电话时。它的主要对象是泛泛而交或早已熟悉的交往对象，进行自我介绍的目的是为了确认身份而已。这种介绍最为简洁，往往介绍姓名即可。例如："你好，我叫王佳。"

2. 公务式

工务式的自我介绍，适用于工作场合，用于因工作需要而交际、交友。工作式的自我介绍应包括姓名、所在单位及部门、担任的职务等。其中，姓名必须完整，有名有姓，一次性介绍完全；单位和部门最好为全称，有时可只报单位名称，同一集团的同事，可以只介绍具体的部门；在报职务或从事的工作时最好报出职务，若职务较低或无职务，则可报出目前所从事的具体事务。例如："你好，我叫许丽莉，是××公司销售部经理。""你好，我叫刘敏涵，是××公司的前台。"

3. 交流式

交流式的自我介绍适用于社交活动中，希望与交往对象进一步交流和沟通时。这种自我介绍应包括姓名、工作、籍贯、爱好及与交往对象有某些联系的事物。例如："您好，我叫王静文，在×××公司工作，山东人，跟您是老乡。""你好，我叫王静文，是李想的同事，也在×××学院工作。"

4. 礼仪式

礼仪式自我介绍适用于出席讲座、报告、演出、仪式等正式且隆重的社交场合，介绍内容包括姓名、单位、职位，最好加入一些表示欢迎、感谢之类的谦辞、敬辞。例如："各位来宾大家好，我叫赵宏霖，是×××公司的总经理，欢迎大家光临我们的答谢宴，我代表公司向大家表示最诚挚的感谢。"

5. 问答式

问答式的自我介绍，一般用于应试、应聘和公务交往等社交场合。问答式自我介绍的内容应与交往对象所提的问题相对应，做到有问必答。例如，对方问："先生，你好。请问怎么称呼？"被问者应该回答："你好，我叫李想。"再例如，面试官说："你好，请介绍一下你自己吧。"面试者应该回答："你好，我叫王静文，今年 24 岁，毕业于××大学旅游管理系，有两年旅行社的工作经验……"

(三)自我介绍的注意事项

进行自我介绍时,除了注意时机、内容和形式外,还应该注意下述几个问题,这样才能使自我介绍恰到好处,不失分寸。

1.注意顺序

多人在进行自我介绍时,可遵循一条总原则:“地位尊者,享有优先知情权。”通常按照以下顺序进行,不可逾矩:

男士和女士相互介绍时,男士应先做自我介绍;长辈和晚辈相互介绍时,晚辈应先做自我介绍;主人和客人相互介绍时,主人应先做自我介绍;职位高者和职位低者相互介绍时,职位低者应先做自我介绍。

2.控制时间

做自我介绍时,一定要把握好时间的长度,总的原则是“宜短不宜长”。通常做自我介绍有半分钟的时间即可,特殊情况下也不要超过三分钟。自我介绍的时间过长,内容也自然会多,最忌讳的是一张嘴就停不下来,好似“不尽长江滚滚来”,非把对方说烦为止。这种做法对己而言是失态,对对方而言是叨扰,都是不合适的。在任何情况下都不要高估对方的耐心与记忆力。

3.讲究态度

进行自我介绍时,说者应严肃认真,听者应专心致志。进行自我介绍时,应该保持站立姿势,表情自然,不要扭扭捏捏、畏畏缩缩,这样显得小家子气,一点也不大方。在做自我介绍时,应充满信心,语气要亲切友善、语速要适中、声音要清晰,不要轻浮夸张。

4.力求真实

我们都希望自己能给他人留下好印象,但切不可为了追求自己的“光辉”形象,弄虚作假。自我介绍的内容一定要实事求是、保证真实,千万不可自吹自擂、夸大其词、信口开河;同样地,我们也不用过分谦虚,一味贬低自己抬高他人、妄自菲薄。

经典案例

在闺蜜的乔迁聚会上,杨楚楚遇到了几个朋友单位里自己不认识的人。当时她的朋友正忙着招呼客人,没顾得上关照她,性格内向的杨小姐胆怯地坐在客厅一角,不知道怎么去跟陌生人寒暄,这时,一个文质彬彬的先生走过来,主动跟她打招呼:“您好,我叫赵川泽,请问您怎么称呼?”紧张的杨小姐慌乱地脱口答道:“叫我小杨就好。”这位赵先生听到这里,微笑致意后就离开了。

其实杨小姐很感激赵先生主动过来跟他打招呼，让她觉得不再那么“孤立无援”，但是想不到杨小姐那句“叫我小杨就好”，让金先生的热情顿减，因为在他看来，杨小姐的那句话有不想告诉她名字的意思，带着不愿意进一步交谈的意思。他自然知难而退。杨小姐的自我介绍适合熟人之间，可以缩短彼此之间的距离，显得更亲切，却不适合初次见面的人。

二、介绍他人

介绍他人，就是介绍不相识的人相互认识，或把一个人引见给其他人。要把为他人做介绍进行得自然得体，通常应注意介绍的先后顺序、介绍人的陈述和介绍时的神态等。

(一)介绍人的确定

那么谁适合作为介绍者呢？在不同的场合应该由不同的人担任。

(1)在公务活动中，公关、礼仪人员是最适合的介绍人人选。

(2)若是接待贵宾，介绍人则应是本单位职位最高的人士。

(3)在社交场合，例如参加舞会、出席宴会时，主人应当介绍不相识的来宾相互认识。

(4)在一些非正式场合，与被介绍双方都认识的人，则可以充当介绍人。

(5)应被介绍者一方或双方要求的人，或者被他人指定的人。

(6)家庭聚会时，女主人应该承担介绍人的责任。

(二)介绍他人的时机

遇到下述情况，通常有必要为他人做介绍。

(1)在家中或办公室，接待彼此不相识的来访者。

(2)陪同亲友去拜访他们不相识的人。

(3)打算推荐某人加入某一交际圈时。

(4)受人邀请为他人做介绍时。

(5)与家人或朋友外出，遇到他们不相识的同事或朋友时。

(6)接待的对象遇见了不相识的人，而该不相识的人又与自己打招呼时。

需要注意的是，介绍人在为不相识的人做介绍前，应充分考虑被介绍双方有无相识的必要或意愿，切不可好心办傻事。在充当介绍人之前，最好去征询双方的意见，以免为他人做介绍时尴尬冷场。

(三)介绍他人的顺序

在社交活动中,为他人做介绍的先后顺序大致分为以下几种。

(1)把男士介绍给女士。这是“女士优先”精神的具体体现,也是最常见的一种方式。只有在女士面对尊贵人物之际,才允许例外。

(2)把晚辈介绍给长辈。通常适用于同性之间。

(3)把客人介绍给主人。适用于来宾众多,且主人与客人不一定都认识的情况。

(4)把未婚者介绍给已婚者。适用于介绍人与被介绍人非常知根知底的情况下,要是不确定,就不要冒昧介绍。

(5)把职位低者介绍给职位高者。适用于比较正式的场合,特别是在职场之中。

(6)把个人介绍给团体。

以上六种介绍顺序,他们共同的原则就是“尊者居后”,即把身份地位低的一方介绍给身份地位高的一方,也就是我们说的“地位尊者,享有优先知情权”。

思　考

在社交场合,我们往往会遇到比较复杂的情况,这时候,到底应该采用哪种介绍顺序,就需要介绍人根据实际情况来动一动脑筋。

例如:当你面对一位60岁的未婚男士和一位30岁的已婚女士,这时候我们到底是按照“把晚辈介绍给长辈”还是按照“把未婚者介绍给已婚者”的顺序呢?在这种情况下,得体的做法应该是依据“把晚辈介绍给长辈”的原则来做介绍。

再比如:需要将两个身份职位相当的男士相互介绍认识时,这时候我们应该按照什么先后顺序呢?两位被介绍者属于同辈,年龄大小不便说明,职位都是经理,并且已婚。这时候我们可以采用“先温后火”(把脾气好的一方先介绍给脾气欠佳的一方)或者“先亲后疏”(把与自己关系更密切的一方介绍给自己较为生疏的一方)的方式。

(四)介绍他人的内容与形式

介绍他人时,介绍者对介绍的内容应当慎重,不可敷衍了事,否则很容易给被介绍者留下不好的印象。根据不同的场合和需求,通常有以下几种形式。

1. 标准式

标准式的介绍主要用于正式场合,内容包括了被介绍者的姓名、单位、职务等。例如:“张总,您好!请允许我为您介绍,这是××公司销售部经理刘明先生。

刘经理，这是××公司的总经理张嘉立先生。”

2.简介式

简介式主要用于一般性的社交场合，内容往往只包含被介绍者的姓名。例如：“我来介绍一下，这位是贺强，这位是王芳，两位彼此认识一下吧！”

3.强调式

强调式可用于各种社交场合，其特点是强调介绍人与其中某位介绍人的关系，以引起另一位被介绍人的重视。例如：“李总您好，请允许我介绍一下，这位是卢珊，在××公司工作，是我的师妹，还请李总多多关照啊！卢珊，这位是×××公司的总经理李明赋先生。”

4.推荐式

推荐式通常适用于正式的场合，介绍人常常有备而来，有意要将被介绍人引见给另一位被介绍人认识，在介绍时，会强调前者的优点或长处。例如：“萧总您好，这是××市旅游局的曾伟先生，曾先生可是旅游管理学硕士，并且专攻酒店管理方向，我相信他一定会给您提供一些管理方面的好的建议。”

（五）介绍他人的注意事项

在介绍他人时，除了要注意介绍时机、介绍顺序、介绍形式外，还应当注意以下几点。

1.了解情况和意愿

为了避免弄巧成拙，在介绍双方认识前，首先应当了解被介绍者双方的基本情况，若将信息弄错或是弄混，需要被介绍者自己纠正，是很失礼的行为；除此以外，还应当征询被介绍双方是否有跟对方认识的意愿，以免双方不情愿，导致三方尴尬。

2.注意姿势和态度

在做介绍时，应站在被介绍双方之间，上身略微前倾，五指并拢、掌心伸直向上，前臂抬起绷直，指向被介绍的一方，同时，说话时要微笑注视另一方。切忌用手指指人，拍被介绍人的肩膀等。介绍时，表情要自然亲切，仪态端正，表现出友好的态度。

3.把握时间和语言

介绍他人时，语言应简洁，用词应准确，以便双方记住对方的姓名及基本信息。介绍语言不能厚此薄彼，双方应该不分伯仲。介绍的时间也不能过长，控制在两分钟以内为宜。

4.留出空间

在介绍双方认识后，介绍人应该稍停片刻，让被介绍双方有机会进行交谈沟通，在双方开始交谈后，介绍人可以参与话题，也可以打招呼离开。

三、集体介绍

集体介绍是介绍他人的延伸形式，指被介绍的一方或双方不止一人，而是有多人。集体介绍大致分为两种：为一人和多人做介绍；为多人和多人做介绍。集体介绍时可按照以下的顺序进行。

1. 少数服从多数

这里的“少数服从多数”指的是，当双方的身份、地位都相当或是无法确认时，人数少的一方礼让人数多的一方，以人多的一方为尊。即先介绍人数少的一方，再介绍人数多的一方，介绍人多的一方时，应由尊到卑逐一介绍。

2. 尊者居后

若被介绍者双方的身份、地位存在明显差异时，就不以人数的多寡为标准，而是应该先介绍位卑的一方，再介绍位高的一方，甚至只有一个人时，也应该最后介绍。

3. 单向介绍

在一些特殊场合，例如会议、比赛、演讲、报告时，通常只会将主角介绍给参赛者和观众。

四、被介绍时的注意事项

(1)在被介绍给他人时，一旦介绍人开始说话，除贵宾与长者以外，被介绍者应该起身，并面向对方，目光柔和地注视着对方。

(2)当介绍人为双方介绍完毕后，被介绍人应向对方点头致意或握手致意，并问候对方：“你好，很高兴认识你。”

(3)在介绍人询问自己是否有意愿认识某人时，一般不予拒绝，应欣然接受，若实在不愿意，应说明原因，礼貌拒绝。

任务三 握手礼仪

握手礼是我们生活中普遍使用的社交礼仪。不同国家、不同文化背景的见面礼仪千差万别，例如我们知道的见面礼就有：西方的拥抱礼、亲吻礼，泰国的合十礼，日本的鞠躬礼，新西兰毛利人的碰鼻礼等。还有世界范围内都通行的见面礼和告别礼。但是世界各国各民族之间最通用的社交礼仪还是握手礼。握手礼除了是见面时的礼节，它还可以表示欢送、告辞、祝贺、感谢、慰问等含义。

学习握手礼，主要要掌握握手的时机、握手的方法、握手的顺序和握手的禁忌等，另外，我们也需要对其他的会面礼仪有所了解。

一、握手的时机

何时行握手礼，是一个微妙的问题，交往的对象、现场的气氛、当事人的心情等细微的差异，都会影响握手的最佳时机。在握手前，要察言观色，千万不要贸然行动，否则会导致自己伸出去的手“落空”或是给交往对象带来不便。

(一)适合握手的情形

(1)被介绍与人认识，双方相互问候的时候，应当与对方握手。

(2)遇到久未谋面的故人或亲友时，应该与其握手，表达久别重逢的喜悦之情。

(3)在家中或办公室，自己作为主人接待或送别来访者时。

(4)当对方有喜事时，应握手表示祝贺。

(5)在自己领奖时，应与颁奖人握手表示感谢。

(6)在拜访结束后，准备告辞时，应握手表示再会。

(7)在社交场合，偶遇同事、邻居、同学、朋友、长辈或领导时，应与其握手表示问候。

(8)他人给予自己肯定、安慰、表扬或鼓励时，应握手表示感谢。

(9)得知他人患病、失恋、失业、降职或家人去世时，应与其握手表示安慰。

(二)不适合握手的时机

(1)对方右手受伤。

(2)对方双手负重。

(3)对方与自己距离较远时。

(4)对方手中在忙其他事情，例如接电话、进食、记录笔记、主持会议或与他人交谈时。

(5)自己的右手受伤或手上有污垢时。

二、握手的方法

在不同的场合，与不同的对象握手，可以采用不用的握手方式表达自己的态度和情感。常见的握手方式有以下几种。

(一)标准式握手

标准式握手即单手握手的方式，握手时，双方距离 75 厘米左右(即一步的距离)，目视对方，面部表情柔和，面带友好的微笑，上身略微前倾，左臂自然下垂放于身侧，向前伸出右手，肘关节微屈，右前臂抬至腰部，四指并拢，拇指张开，掌心向内。双手相握时，虎口交叉，用力适中，上下摇摆几次，时间大概在 3 秒左右，表示真诚和热情(如图 3-1)。

图 3-1　标准式握手

(二)双手式握手

双手式握手又称“手套式”握手。它与单手式握手的不同点在于：用右手紧握对方右手的同时，再用左手握住对方的手背、前臂、上臂。这种握手方式主要传达一种热情、真诚、尊敬之情。从手背开始，左手握住对方的身体部位越高，表达的情感越强烈。这样的握手方式适用于晚辈对长辈、亲友之间。久别重逢的场合握手时间可以长一点。初次见面的人和异性之间不适合这种握手方式。双手式握手在国际社交场合中又称为“政客式”握手(如图 3-2)。

(三)拍肩式握手

拍肩式握手仅仅适用于个别情况，并不是通用的握手礼仪。拍肩式握手是在右手相握的基础上，左手轻拍对方的肩膀，表示关怀，这种方式只适用于长辈对晚辈、上级对下属表示关心和信赖时，并不适合平辈或同龄人之间(如图 3-3)。

几种不同的握手姿势适用于不同的对象和场合，在运用的时候要根据情况选择最适合的方式。这里总结握手口诀：大方伸手、虎口相对、目视对方、面带微笑、力度七分、男女平等、三秒结束。

图 3-2　双手式握手

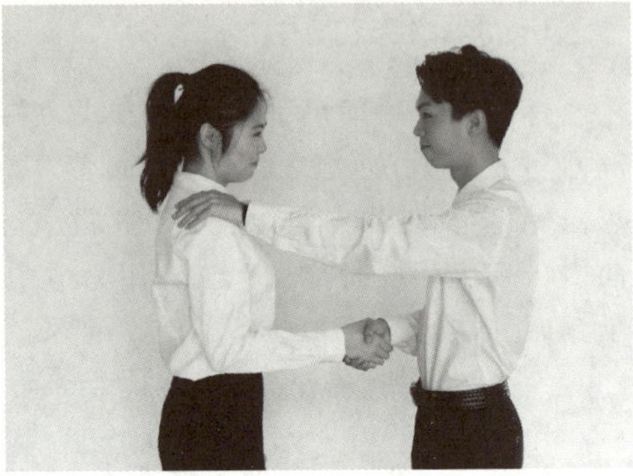

图 3-3　拍肩式握手

1. 神态

握手时要面带微笑，目视对方的眼睛，神态自然、热情、友好，表达对对象的尊重。

2. 力度

握手的力度应适中，不可过大或过小。握手时用力过猛会让人觉得粗鲁无理，力道承受不了时还会有痛感；但若毫不用力，则会让对方觉得缺乏热情、敷衍了事。特别是女性在握手时，不要太过软弱无力，应当表现得大方得体，展示自己的自信。

3. 时间

握手的时长通常在 3～5 秒，过长或过短都会让人感觉不妥。握手时，对时长的把握，大约是说一句“您好，很高兴认识您”的时间。时间过长，特别是对异性或是刚刚认识的对象，可能会让对方觉得“另有所图”，时间太短会给人不情愿的感觉。

三、握手的顺序

首先，在与多人同时见面时，握手次序要遵循“先尊后卑”的原则，不要交叉握手。与他人握手时应该遵循以下原则：先上级后下属、先长辈后晚辈、先主人后客人、先女士后男士。当握手对象们的身份、地位差别不明显时，可按照顺时针或者由近至远的顺序逐一握手，不可“势利眼”，“挑挑拣拣”、顾此失彼。

其次，握手时伸手的顺序也是我们要掌握的重点。两人伸手的顺序具体有以下几种。

(1)年长者与年幼者握手时，年长者先伸手。

(2)职位、身份高者与职位、身份低者握手时，职位、身份高者先伸手。

(3)男士与女士握手时,女士先伸手。

(4)已婚者与未婚者握手时,已婚者先伸手。

(5)主人与客人握手时,主人先伸手。

(6)先到者与后到者握手时,先到者先伸手。

要注意的是,若女士不主动伸手,无握手之意,男士点头微笑致意即可。是否握手的决定权掌握在"尊者"手中。

四、握手的注意事项

(1)握手时,态度应端正,不可将另一只手插在口袋里。

(2)握手时,不可用左手与他人相握,左手在信奉伊斯兰教和印度教的人眼中是不洁之手,用左手握手有侮辱对方的意思。

(3)握手时,应将手套、墨镜摘下,否则是对对方的不尊重,女士着礼服戴薄纱手套时例外。

(4)握手时,不可交叉握手,应待他人握手结束后,再伸手相握。

(5)不应拒绝与他人握手,若是右手不洁或是不方便,应说明情况,以免对方误会。

(6)握手时,不可只握对方的指尖,这个动作有嫌弃对方的嫌疑。

(7)与他人握手后,不可马上洗手或擦手。

(8)手心有手汗时,应先不动声色地将手汗擦掉再与对方握手,但不可直接搓在衣服上。

五、常见的其他见面礼

在世界范围内,比较常见的见面礼除了握手礼以外,还有鞠躬礼、拥抱礼和亲吻礼。

(一)鞠躬礼

鞠躬是中国、日本、韩国、朝鲜等国家传统的、普遍使用的一种礼节。鞠躬主要表达"弯身行礼,以示恭敬"的意思。此种礼节一般是下级对上级或同级之间、学生向老师、晚辈向长辈、服务人员向宾客表达由衷敬意的礼节。

行鞠躬礼时,保持正确的站立姿势,两腿并拢,双目注视对方的胸部,随着身体向下弯曲,双手逐渐向下,朝膝盖方向下垂,耳和肩在同一高度,脖子不可伸得太长,不可挺出下颏。身体前倾的幅度越大,表示越敬重。一般问候性的鞠躬,身体前倾15～30度;致歉性的鞠躬在30～45度。需要注意的是,90度的鞠躬表示忏悔、谢罪的意思，也表示对逝世者的祭拜，因此，一般的社交场合不用90度鞠躬。

（二）拥抱礼

拥抱礼是西方国家流行的礼节，多行于官方或民间的迎送宾朋或祝贺致谢等场合。在当代社会，许多国家的涉外迎送仪式中，多行此礼。行拥抱礼时，通常是两人相对而立，各自右臂偏上，左臂偏下，右手环抚于对方的左后肩，左手环抚于对方的右后腰，彼此将胸部各向左倾而紧紧相抱，并头部相贴，然后再向右倾而相抱，接着再做一次左倾相抱，一共拥抱三次才算完毕。虽然欧洲人比较热情大方，但他们不习惯与陌生人或初次交往的人行拥抱礼，所以与他们初次见面时，还是以握手礼为宜。

行拥抱礼的注意事项如下。

（1）拥抱时，不可抱住对方的腰部，这是恋人之间的亲昵动作，并非一般的社交礼仪。

（2）拥抱时，不可抬起小腿，这样略显轻浮。

（三）亲吻礼

亲吻礼在欧美许多国家广为盛行。美国人尤其喜欢行此礼，法国人不仅在男女间，而且在男子间也多行此礼。行亲吻礼时，往往与一定程度的拥抱相结合。不同身份的人，相互亲吻的部位也有所不同。一般而言，夫妻或恋人之间，宜吻唇；长辈与晚辈之间，宜吻脸或额；平辈之间，宜贴面。在公开场合，关系亲密的女子之间可吻脸，男女之间可贴面，晚辈对尊长可吻额，男子对尊贵的女子可吻其手指或手背。在当代社会，许多国家的迎宾场合，宾主往往以握手、拥抱、左右吻面或贴面等连续性的礼节表示敬意。

（四）合十礼

合十礼，又称"合掌礼"，原是印度古国的文化礼仪之一，后为各国佛教徒沿用为日常普通礼节。泰国、缅甸、老挝、柬埔寨、尼泊尔等佛教国家的见面拜礼都是沿用合十礼。行礼时，双掌合于胸前，十指并拢，以示虔诚和尊敬。遇到不同身份的人，行此礼的姿势也有所不同。双掌越高，表示对对方越尊重。晚辈遇见长辈行礼时，要双手高举至前额，两掌相合后需举至脸部，两拇指靠近鼻尖；长辈还礼时，只需双手合十放在胸前即可。

任务四　使用名片的礼仪

名片是经过设计、记录了自己主要信息的小卡片，在社交活动中是介绍自己、表明身份、展开交往的媒介。恰当地使用名片能有效地展示自己的涵养与风度，增进人际关系。

一、名片的设计

（一）规格

名片的基本规格是9厘米长、5.5厘米宽，这是制作名片时首选的规格。市面上销售的名片夹或名片盒多是按照这个尺寸制作的。有些设计类的公司，喜欢将名片设计得别出心裁，将名片设计成不规则的形状或是折叠式，以突出其设计创意和灵感，这也不失为一个好的宣传方式。但是如无特殊需要，都不应将名片设计得过大或过于标新立异，还是遵守基本规格为好。

（二）材质

制作名片虽然可以用多种质地的纸张印制，但是出于使用方面的考虑和自我形象的维护，印刷名片的纸张应该柔韧耐磨、美观大方，例如：白卡纸、再生纸、布纹纸或是相片纸等。通常情况下，没必要选择布料、塑料、木材甚至是皮革等材质制作名片，这是出于价格和实用性的综合考虑。

（三）颜色

名片的色彩讲究典雅端庄，白色、黄色、乳白色、浅蓝色等，都比较符合此项要求。不宜太过鲜艳，一张名片以一种颜色为宜，最好不要印刷杂色名片，否则让人眼花缭乱，花哨的名片，会令人感到其主人轻浮有余、稳重不足。

（四）文字

在国内使用的名片最好使用简体汉字，涉及涉外交往时，可以采用分别印制的方法，将简体汉字和外文分别印制在名片的正反面，注意内容要相同。一张名片上最好不要出现两种以上的文字，也不要将两种文字交错地印刷在同一面。

(五)内容

名片上印刷的内容大致相同,即个人的基本信息,但会根据名片的适用场合、用途和种类稍做调整。

1. 私用名片

私用名片又称个人名片,主要是个人在社交场合上使用的。私用名片的内容主要包括:姓名、籍贯、个人头衔,通常还包括学位和荣誉称号等。一般情况下,私用名片是没有"联络方式"的,这是为了避免外界过多的干扰,但如果个人对此不介意,也可以在私用名片上加上"联络方式"。

2. 单位名片

在企业往来中,单位名片可以广为散发,也可以任人自取,目的是提高本单位的知名度。单位名片上的内容通常包含两项:单位的全称及 LOGO;单位联络方式。后一项由单位地址、单位电话、邮政编码、单位传真构成。

3. 商务名片

它主要是在商务往来中使用。商务名片相较于私用名片和单位名片而言,内容更加丰富。主要内容包括:本人姓名、供职单位、任职部门、办公室的联络地址和联络方式。商务名片的联络方式有:办公室电话、手机号码、电子邮箱号码、传真号码、邮政编码等(如图 3-4)。

图 3-4　名片的设计

二、名片的用途

名片的用途多种多样,在社交场合,名片的用途主要体现在以下八个方面。

（一）自我介绍

初次见面时，用名片作为辅助性的自我介绍，效果会较好。名片上的内容既简明扼要，又一目了然，可以让对方记住自己，也可节省时间，以防对方没听清楚自我介绍的内容，或因口音产生误差时，还可以予以"纠正"。

（二）保持联络

由于名片具有"通讯录"的作用，在名片上或多或少地印有名片主人的工作单位、住址、手机或座机号码等。这些资料使两人之间的往来得以实现和更加便利。

（三）通知变更

在现代社会，人员流动较为频繁，工作单位、联系方式等常常变更。利用名片可以及时地向老朋友汇报自己的最新状况，例如：单位变动、更换手机、工作晋升，这可以帮助彼此联系畅通无阻。

（四）替代便函

在人际交往中，有些场合必须对友人做出礼节性的表示，例如新婚祝贺、恭祝新年、庆祝升职或慰问病人等。如果不方便当面致意，可以在自己名片左下角写上祝福或问候，转交或是寄给对方，这种方式如同长信一样正式，同样可以表达自己的情谊。需要注意的是，在名片上写祝福或问候宜短不宜长。

（五）替代礼单

向他人赠礼时，可以将自己的名片装入未封口的信封内，然后置于礼品的外包装上，一并交给友人。即使是托人转交，自己的名片到场，也犹如亲自前往一般。

（六）替人介绍

向他人介绍某人时，如果自己因故不能同时前往，可以取出自己的名片，写上几句相关的介绍，与被介绍人的名片固定在一起（建议使用曲别针），然后装入信封，再交于被介绍人。这时，名片就发挥了"介绍信"的作用。

（七）通报留言

在初次拜会名人、长辈、位高者时，为了避免被拒见的尴尬情况，可以将自己的名片交给门卫、秘书或是被拜访者的家人转交给被拜访者，作为通报和自我介绍，让对方考虑是否愿意接受拜访。

(八)业务宣传

公务名片上列有归属单位等信息，可利用名片作为业务广告的宣传，使他人对自己从事的工作更加了解，扩大交际面，为自己寻觅知音和合作伙伴。

三、名片的使用

想要充分发挥名片的作用，就必须掌握名片使用的程序和方法。名片的使用主要包括准备名片、递送名片、接受名片和索要名片。

(一)准备名片

在出席社交场合前，或是在日常的业务推广时，应该有意识地了解出席的人数，通常应在此基础上多备一些，以免出现名片不够用的情况，这样既有失礼貌，又失去了交流的机会。将准备好的名片收纳在名片夹或是名片盒中，并且放置在正确的位置。穿西装时，应该携带较薄的名片夹，并将名片夹放置在西装左边的内袋；如果不穿西装，可以将名片放置在随身携带的公文包或是手提包内。将名片放在裤袋、钱包内都是不合礼仪的做法。

自己的名片应该确保洁净、完整、信息正确、印刷清晰。若名片上的信息还未更新，不建议继续使用，应该及时印刷新的名片，如果情况特殊，可以用黑色笔迹在名片上工整地修改，但是这种名片在发放的时候一定要说明、道歉。收到他人的名片应该和自己的名片分开放置，以免慌乱中递出他人的名片。

名片递送前，应将名片朝上，阅读方向面向对方，如果是双面的名片，则要根据递送的对象选择适合的一面，如交往对象是中国人，则应将中文印刷的一面朝上，如交往对象是外国人，则应将外文印刷的一面朝着对方，这样更加尊重对方的阅读习惯。

(二)递送时机

递送名片应把握适当的时机，过早或过晚，都会使名片的作用大打折扣。通常，以下这些情况适合递送名片。

(1)与交往对象初次见面或握手告别时。

(2)与对方交谈甚欢时。

(3)自己被他人介绍给对方时。

(4)对方向自己索要或是提议交换时。

(5)想要获得对方的名片时。

需要注意的是，递送名片不要在对方用餐、与他人交谈、接听电话或是忙于其他事务时，否则打扰到对方会引起对方的反感，导致得不偿失。

（三）递送顺序

在多人的社交场合时，递送名片应注意先后顺序，做到“长幼有序”“尊卑有序”。一般情况下，递送名片时，应遵循“尊者居后”的原则。

（1）男士先向女士递名片。

（2）晚辈先向长辈递名片。

（3）职位低者先向职位高者递名片。

（4）主人先向客人递名片。

如需向多人递交名片，则应按照由尊至卑、由近及远或是顺时针方向依次递送，切勿挑三拣四或“跳跃式”进行。

（四）递送方法

递送名片时，应主动起身走上前去，面带微笑，注视对方，将名片正面朝上，文字正对对方，用双手的拇指和食指持握名片的上端两角，举至胸前，身体略微前倾，恭敬地递给对方，并简单地介绍一下：“您好，这是我的名片，请多关照！”（如图3-5）

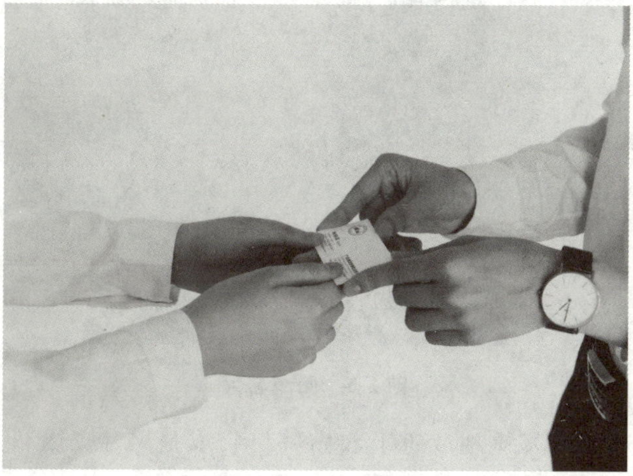

图 3-5　递接名片的手势

小贴士

递接名片需要注意以下事项。

（1）不要用左手递名片。

(2)不要将名片举得高于胸部。

(3)不要以手指夹着名片递给对方。

(4)不要将名片放在桌上,应该递到对方手中。

(5)不要将名片夹递给对方,让对方自己拿取。

(6)不要将名片投给或扔给对方。

以上六种错误的递送名片的方式是极不礼貌、没有修养的,会让他人对你的印象大打折扣,甚至会对你心生厌恶,觉得不值得尊重和交往。

(五)接受名片

当他人表示要递名片给你的时候,应当停下手中所做的事情,起身站立、面带微笑,目视对方,双手接过名片,并表示感谢。

接过名片后,不要马上收起来放好,应该认真阅读对方的名片,在阅读时,可以先看名片、再看对方,将名片与人对应起来,表达对对方的重视和尊重。若初次见面,可以将名片上重要的信息(姓名、职务、部门等)读出来,若发现有不会读的字,应当场请教(如图 3-6)。

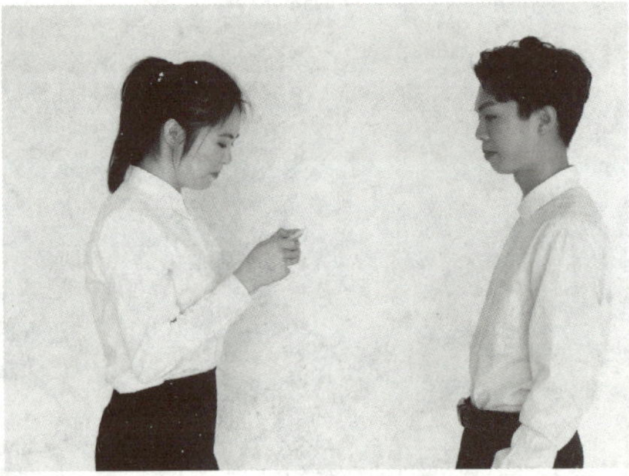

图 3-6 阅读名片

阅读后,应将名片郑重地放进上衣内侧口袋或是名片夹内,切勿将名片随手揣进裤袋或是拿在手上随意摆弄。若双方要坐下交谈,则可将名片放在桌上显眼的位置,大约 10 分钟以后再将名片收起来。

接过名片后,如果自己没有名片可与对方交换,应向对方表示歉意,并说明原因,例如:“抱歉,我今天带的名片用完了,回去后再补一张给您。”

(六)索要名片

如无必要,最好不要索要他人的名片。若确实有必要,应该采取委婉的方式向对方索取，具体方法如下。

1. 交易法

索要他人的名片前，先将自己的名片递给对方，然后通过对方的回赠得到名片，此所谓“将欲取之，必先予之”。

2. 谦恭法

对于长辈、身份、地位高的人，直接索要名片是不礼貌的，可以通过谦虚的方法索要名片。例如：“认识您很荣幸，不知道以后怎样向您请教呢？”

3. 联络法

对于身份地位与自己相仿的人，可采用联络法，长辈对晚辈、上级对下级之间这种方法同样适用。如：“认识你很高兴，不知道以后怎么联系你呢？”

四、名片的管理

收到名片之后，尤其是在商务场合同时收到多张名片时，要及时进行整理。

首先，在收到名片之后，应该当天对这些名片进行整理，回忆一下与对方会面的时间、地点、场合、引荐人等，并在名片上做好记录，这会帮助自己快速地想起对方。需要注意的是，不要当着对方的面在名片上做笔记，这是十分失礼的行为。

其次，应该对名片进行分类管理。可按照行业、地区、人物关系等分类，将名片放在名片收藏夹内。现在有许多名片整理软件，可直接扫描名片进行管理，并加入手机通讯录中。这种方法更加快速方便，但要注意检查扫描的信息是否准确无误，也可手动添加一些备注。

再次，应在收到名片 48 小时内联络，可以发短信、写邮件或是直接打电话问候，表示很高兴认识对方，也可不定期地发送祝福短信，保持良好的联系，让对方感受到你的存在，千万不要在“有求于人”的时候再联系。

最后，应定期清理名片收藏夹。根据互动性、使用频率、重要程度和相关性进行清理，淘汰重复的或是不需要的名片。

项目总结

本项目主要介绍了日常交往的常见礼仪，包括称呼礼仪、介绍礼仪、握手礼仪和名片礼仪。掌握称呼礼仪是人与人实现顺利交往的第一步，得体的称呼可使对方感到亲切，使交往能够进行得更顺利。自我介绍和介绍他人是扩大交际圈、加强沟通交流的有效渠道。握手礼仪是日常交往中最常见的见面礼，握手礼仪要注意握手的次序、方式、时机和握手的禁忌。名片礼仪重在掌握递名片与接名片的姿势、态度以及管理名片的方法，还要表现出对对方的尊重和欣赏。

课后练习

一、填空题

1. 常见的致意礼仪包括微笑致意、点头致意、________、________、________、________。

2. 直呼姓名的称呼方式适用于平辈之间，或是________对晚辈之间。

3. 自我介绍的三要素是指：________、________和________。

4. 介绍他人的形式包括标准式、简介式、________和________。

5. 握手时，应使用________手，力度适中，虎口相对，时长大约________为宜。

6. 晚辈对长辈，不可采用________握手法。

7. 名片的标准规格是________长、________宽。

8. 根据内容的差异，名片可分为私用名片、________和________。

9. 递送名片时，应该用拇指和________握住名片的上端两角。________面朝上，文字正对对方。

10. 使用________接受名片，仔细阅读，可将名片放在________或________内。

二、选择题

1. 递送名片的正确方式是（　　）。

A. 双手或用右手　　B. 只能用双手　　C. 只能用右手　　D. 用左手

2. 下列符合握手礼仪的做法是（　　）。

A. 教师与学生握手，学生先伸手　　B. 晚辈与长辈握手，晚辈先伸手

C. 男士与女士握手时，男士先伸手　　D. 上级和下级握手时，上级先伸手

3. 与他人见面握手，应该做到（　　）。

A. 注视对方，微笑示意，握手的时间在 3 秒左右为宜

B. 戴着手套，以免伸出出汗过多的手而尴尬

C. 紧紧相握，以示热情

D. 另一只手插入口袋，以示放松、随意

4. 通常在商务场合把自己的名字、供职单位和（　　），称为自我介绍的三要素。

A. 职业经历　　B. 职务和职权范围

C. 联系电话　　D. 住址和学历

5. 介绍两人相识的顺序是（　　）。

A. 先把上级介绍给下级　　B. 先把晚辈介绍给长辈

C. 先把客人介绍给主人　　D. 先把早到的客人介绍给晚到的客人

6. 名片是与人相识的一种高雅且简便的方式，名片的保存一般应注意的问题，正确的是（　　）。

A. 将多张名片夹在笔记本不同的页中　　B. 名片可放在裤兜里

C. 保持名片清洁、平整　　D. 可以随意放在任何地方

7. 递送名片恰当的时机是（　　）。

A. 对方在用餐时　　B. 对方在与其他人交谈时

C. 自己被介绍给对方认识时　　D. 对方在打电话时

模拟训练

实训一：自我介绍、介绍他人实训

1. 实训目标

通过实训，让学生掌握社交场合自我介绍、介绍他人的正确方法，介绍内容。

2. 实训内容

根据自我介绍的三要素，模拟不同的场景，进行小组练习，组员轮流进行自我介绍及介绍组员。抽点小组向全班展示，老师进行点评总结。

3. 实训要求

（1）小组成员先轮流做自我介绍，要求介绍内容包括自我介绍的三要素，面带微笑、表情自然、声音清晰，练习时间为3分钟。

（2）小组成员轮流担任介绍人和被介绍人，分别模拟男士与女士、长辈与晚辈、已婚者与未婚者之间的相互介绍。

实训二：握手练习

1. 实训目标

通过实训，让学生掌握三种不同的握手方式。

2. 实训内容

学生起身站立，分小组进行握手练习。包括标准式、双手式和拍肩式三种。

实训三：递送名片练习

1. 实训目标

通过练习，让学生掌握递送名片的方法和接受名片的方法。

2. 实训内容

两两一组，分别进行递送名片和接受名片的练习，掌握后，由老师指定各自角色，进行多人间的名片递送测试。

项目四　社会交际礼仪

项目目标

★ 掌握接待礼仪，能礼貌地进行拜访

★ 掌握接待礼仪，根据接待对象的不同，礼貌地进行接待

★ 掌握馈赠的时机把握、地点的确定、馈赠时的礼品选择

★ 能熟练地将接待时的手势、动作要求运用于实际生活中，提升接待能力

案例导入

早到的客人

小林是某公司新来的前台员工，她在前台主要负责接待来访的客人和接听电话，跟她一起工作的还有一位老员工小马，每天上午 9 点到 10 点是她们俩最忙的时候，来访的客人很多，电话也接连不断。一天，有一位与销售部总监约好见面的客人提前 20 分钟就到达了前台，于是小林通知了销售部，得知销售部总监正在接待一位重要的客人，请对方稍等。小林转告对方："总监正在接待一位重要的客人，请您稍等，请坐。"正说着电话又响起来了，小林赶紧指了一下沙发，就去接电话了。客人面有不悦，刚接完电话的小马赶紧为客人端上一杯水，与客人寒暄了几句，以缓解客人的情绪。

请问小林在接待中有哪些地方做得不妥，在接待的过程中应该准备些什么呢？来访的客人有没有什么地方需要改进呢？

任务一 拜访礼仪

拜访是人际交往中一项经常性的活动往来。拜访是人与人之间、组织与组织之间建立关系、促进工作、学习交流、联络感情的一种有效形式。在社交活动中，通常会将拜访分为一般性拜访和商务性拜访。

一、一般性拜访

中国向来注重人情，走亲访友是我们维系感情必不可少的方式之一。一般性的拜访主要是亲朋好友间私人的拜访，要做一个受欢迎的客人不容易，需要讲究做客的礼仪，最重要的一点是尊重主人，客随主便。

尊重主人体现在拜访前的准备和拜访过程中的行为举止。

(一)拜访前的准备

1. 提前预约

拜访可选择一些特殊的日子，例如红白喜事、特殊纪念日、生病之时等，这些时候是表达我们祝福或慰问的时机，不去拜访反而是有失礼节的，如果有事不能前往，则要托他人转达我们的心意。其他时候的拜访则要做到事先有约，不打招呼贸然前去是不受欢迎的，可能会打乱主人事先的安排，也是对主人的不尊重。预约的方式多样，例如电话预约、信函预约、当面预约等。约定时间首先要考虑主人是否方便，拜访时间和地点应客随主便，通常一日三餐时间、午休时间、早晨7点前和晚上10点后不宜拜访他人。去对方家中拜访最好安排在节假日的下午和晚上。拜访异性朋友，尤其要注意时间的安排，以对方方便的时间为宜。

需要注意的是，如被拜访者正式邀请自己前去做客，如无特殊情况，一般不宜拒绝。

2. 悉心准备

拜访通常又有一定的目的性，表示感谢、寻求帮助、商量事情、联络感情等等。首先，如何与对方交谈，自己需要做什么准备，都应该事先做好设想和安排。其次，拜访或是看望亲朋好友，如需带上礼物，应提前准备，不要“临时抱佛脚”。在挑选礼物时要投其所好，还要避开价格过高或过低的物品，以免被拜访者感觉有负担或是被轻视。

3. 衣着得体

整洁的衣帽能反映拜访者对受访者的尊重程度。出门拜访前，要根据对象和场合选择合适的服装。去对方公司拜访，需要正式得体，这是很多人都会注意的礼节，但是我们常常会忽略与关系密切的人的见面着装。即使到关系再亲近的朋友、邻居或亲人家中做客，我们也不应该穿着背心、睡衣、拖鞋、裤衩等过于随意、私密的衣服，假如他的家人在场，或是突然有人来访，会造成主人与其他来访者的难堪，这是对主人不礼貌的表现。

(二)拜访的礼仪要求

1. 准时赴约

约好时间地点后，不要轻易变动，如因特殊原因无法赴约或不能准时到达，一定要尽快电话通知对方，说明情况并道歉。见面后应再次道歉，但是不要一直解释自己迟到的原因，避免为自己找借口，我们在出门赴约前应考虑交通因素和一切其他因素，预留出充足的时间。拜访时应准时到达，不要迟到，也不要早到，以免给主人带来不便，如果提前到达，可在小区附近或是公司楼下稍等片刻，待时间差不多再上去，早晚的误差应控制在 5 分钟内。

2. 叩门按铃

无论是到家中还是办公场所拜访，都不可破门而入，有门铃的先按一下门铃，时间三秒即可，若十几秒后都未见反应，可以按第二次，切忌长时间不间断地按铃，这是对主人的催促和不耐烦，会吵得主人心烦。如果没有门铃则用食指的指关节有节奏地叩击房门两三下。如果门是敞开的，也要敲门或告知主人，并询问道："您好，请问我可以进来吗？"得到同意后，方可进门。

3. 进门问候

进门以后，应向主人问候寒暄，还要向主人的家属及其他在场的客人打招呼。待主人安排座位后再坐下，注意坐姿。

4. 注意物品的摆放

拜访者带来的礼物，随身携带的外套、雨伞，换下的鞋子等，这些都应该询问主人的意见，放到主人指定的位置，不可随意摆放。

5. 举止文雅

在主人家中不要随意脱衣、脱鞋、脱袜，更不能动作嚣张放肆，坐姿要端正，不要东倒西歪，更不能将身体窝在沙发里。有其他客人在场时，要与主人家中长辈和其他客人打招呼，要礼貌寒暄不能视而不见。主人端茶送水果、小吃时应欠身致谢；主人递烟时，可接过并主动为主人点烟。在未经主人允许参观的情况下，不要随意在主人家中乱闯，更不能乱翻乱动主人家的物品，这是没有教养的表现。

6. 适时告辞

在拜访他人时，注意不要在对方的办公室或家中待太久，一般性的拜访时间一般在半个小时左右，最长不超过两个小时。拜访的时间过长会打乱对方原有的安排，时间差不多时应主动提出告辞，并向在座的其他客人和家中长辈打招呼。若是关系较亲近的亲友挽留用餐，可根据实际情况斟酌而定，如果主人已经在准备用餐了，则恭敬不如从命，执意离去会扫了他人的兴致。但注意用餐后要再待一段时间，将座位收拾好，餐具收拢，并向主人道谢，如果吃了饭就走，也许会给主人留下自己是来蹭饭的印象。出门后，回身与主人道别，并请主人留步，不必远送。

二、商务性拜访

商务性拜访通常是以业务往来、商务谈判、交流合作为目的的拜访，是一种较为正式的拜访形式。商务性拜访的基本流程为：提前预约、准时赴约、等候接见、交谈和告辞五个步骤。

(一)提前预约

商务性拜访通常都要提前预约，不打招呼地拜访可能会被拒之门外，或者扑个空。为了保证我们拜访的顺利进行，通常建议普通拜访提前一周预约，即这周预约下周拜访的时间，时间最好约在周二以后，通常周一会有公司例会或是一周的任务安排，周一可能很难约到拜访对象，周二以后的日程表是比较清晰的。重要的拜访可提前半个月预约，就算是外地或是国外的会面，也有比较充足的时间来准备，提前安排好交通食宿等问题。具体来说，商务性拜访的时间最好是安排在上午 9 点到 11 点、下午 2 点到 4 点 30 分之间，通常午休和下班前的半小时不宜拜访，以免耽误拜访对象正常用餐和下班。

(二)准时赴约

约定好的拜访时间不要轻易改动，否则会给对方留下不严谨、不守承诺的印象，这在工作中是非常糟糕的，会影响到公司的形象和专业度。在约定的时间内要准时到达，要充分考虑到交通、天气等问题的影响。对于非常重要的拜访，我们有必要事先熟悉交通路线，计算到达拜访地点所需的时间，合理安排，保证万无一失。如果真的有事耽误，不能准时到达，一定要及时电话联络对方并道歉，且告知对方自己到达约定地点还需多长时间，让对方心中有数，安排自己的工作。同时，准时到达的意思是既不能迟到也不要早到，提前到达会打乱对方原有的计划，如果拜访对象正在接待重要客人、进行视频电话或是参加重要会议，我们的提前到访都会打扰到对方，因此建议到达的前后误差不要超过 5 分钟。

经典案例

A 公司经过两年多的努力，终于获得了与日本知名企业合作的机会，他们约定好下午 2 点在日方人员下榻的酒店签订战略合作书，但是由于交通堵塞，他们在 2 点 05 分才赶到会议室。一进门，就见日方代表们集体起身，向他们鞠了个躬，A 公司的领队正要向他们道歉，解释迟到的原因，结果日方的领导说道："很抱歉，今天的签约仪式取消了，我们不能跟一个没有时间观念的公司合作，告辞！"

A 公司的人非常懊恼和后悔，如果他们提前半个小时出门就不至于迟到，就因为迟到了 5 分钟，两年多的努力全都白费了。有些国家非常注重时间观念，做生意最忌讳不守时，例如日本和德国，也正是他们严谨的性格，才将他们的制造业发展成为世界领先的水平。

(三)等候接见

到达拜访对象的公司或是办公室后，应当向前台或助理自报家门，介绍自己的身份，与何人约在何时见面，如有必要，可以递上自己的名片。在前台或助理通报的过程中，不要东张西望或是随意乱闯，更不可随手翻看对方公司办公区域的资料，应该在指定的休息区或是会议室等候接见。若超过预约时间 15 分钟左右，拜访的对象还未现身，可以礼貌性地询问拜访对象什么时候有时间，但不要不停地问，显得没有耐心。若是自己等不到那个时间，可以向助理解释一下并另约时间。

(四)拜访

在进入办公室或会议室时，要先敲门。无论门是否敞开，都应该先敲门，用食指敲门，力度适中，间隔有序地敲三下。若有接待人员引路，则应跟在接待人员身后，不可逾越对方，自行敲门。见到拜访对象时，要主动问候，若是第一次见面，应做自我介绍；如果已经认识了，相互问候握手致意就可以了。若拜访对象是长辈或上级，对方邀请入座后方能坐下，宜采用规范的礼仪坐姿入座。若拜访对象递上茶水，应双手接过并表示感谢。

(五)谈话

在商务拜访前就应该准备好谈话的内容，在礼貌性地寒暄之后，就应该尽快进入正题。不要漫无边际地闲聊，双方的时间都是宝贵的，在谈话的过程中，要言简意赅、表达清晰，在对方发言的时候，不要打断或插话，等对方说完之后再表明自己的观点。谈话的时间不宜过长，通常在半个小时左右。

（六）告辞

在交谈的过程中还要留意观察对方的眼神、肢体动作，若对方表现出焦虑、看手表、心不在焉时，我们应当及时结束话题，向拜访对象表示告辞。起身告辞时，要向主人表示感谢："谢谢您抽出宝贵的时间接待我，打扰了，今天我就先告辞了，下次有机会再来拜访您。"回身与对方握手告别时应说："请留步，再见！"

（七）拜访结束后

商务性拜访结束后，应该及时返回公司向上级汇报，如有需要，联系相关部门做好准备工作和协助工作，为下次的拜访或谈判做准备。

小贴士

拜访客户的七大黄金定律

1. 开门见山，直抒来意

初次拜访时，在对方没有其他拜访者的情况下，我们可用简短的语言直接说明此次拜访的目的，例如向对方介绍自己是哪个产品的厂家；是来谈供货合作事宜，还是来开展促销活动；是来签订合同，还是来查询销量；需要对方提供哪些支持与配合等。如果对方将你当成是前来考察的客户，详细地向你推荐产品、介绍功能，你这时候才说你是来推销产品的，对方就会有强烈的受骗感，那么之后再展开工作就比较困难了。

2. 突出自我，赢得注目

首先，要不吝啬名片，每次去客户那里拜访，除了自己直接接触的关键人物外，还应当给采购经理、财务人员、销售经理等人发一张名片，并介绍自己，加强对方对自己的印象。其次，在发放产品目录或宣传册时，应在显眼的地方标明自己的姓名、联系电话等，同时向客户强调，有什么需求可以随时联系。

3. 察言观色，投其所好

对方如果不耐烦、不热心并表示现在没空，正在忙，那么通常有两种情况：一是他确实在忙，他们谈话的内容不便让你知晓；二是他没有什么事情在忙，但是心情不好，不想接待。对于第一种，我们必须耐心等待，主动回避，或找准时机主动帮对方做些什么。在第二种情形下，我们最好还是改日拜访，不要自找没趣。

4. 明辨身份，找准对象

如果我们多次拜访同一家公司，却收效甚微，那么我们就应当反思，是否找到了对我们拜访目的的实现有帮助的关键人物。在不同的拜访目的的情况下，对号入座去拜访不同的职位，例如：要客户购买产品，必须拜访采购人员；要客户支付货款，必须一起拜访采购和财务人员；要加大产品的推介力度，最好找一线的销售和使用人员。

5. 宣传优势，诱之以利

"利"包括了"公益"和"私利"两重含义。首先，"公益"要求我们有较强的介绍技巧，能将公司产品的种类齐全、价格适中、服务周到、质量可靠、行业翘楚等优势介绍给客户，让他及他的公司感到使用我们的产品是正确的选择。"私利"则是针对购、销人员的奖励。

6. 以点带面，各个击破

找到重点突击对象，最好是年纪稍长、职位稍高、在公司较有威望的人，投其所好，开展相关的公关活动，然后通过这个关键人物获得一些有帮助的信息，甚至可以让他来进行推荐，说服和感染其他人。

7. 端正心态，永不言败

拜访客户不可能一次成功，要持续地、长期地努力攻克。在失败中总结经验教训，不害怕、不气馁、不抱怨，一步步慢慢完成。

三、电话拜访

在社交活动中，电话拜访是常见的形式，特别是在商务拜访中，许多公司会先通过电话拜访来筛选潜在的客户。电话拜访需要注意以下几点。

(1)克服恐惧和排斥心理，勇敢地迈出第一步，拿起电话，礼貌地通话。

(2)电话拜访时，对方看不到你的表情，因此会把声音作为第一印象的判断依据。在通话的过程中，我们要保持愉悦的心情以发出悦耳的声音，通过电话给对方传递出可靠、专业和积极的信息。

(3)避开周一，通常周一会很忙，而且从情绪上来说，大家都不太喜欢工作日的第一天，所以不要太早进行电话拜访，否则会事倍功半。

(4)称呼对方。通常我们做电话拜访时，在电话接通后应先简单地介绍自己，然后称呼联系方式上的联络人，若已知对方的职务，则称呼职务，以表示对对方的尊重。例如："您好，我是××公司的小张，请问是方经理吗？"

(5)电话拜访结束后，应表示感谢，并说："感谢您的接听。抱歉，耽误了您不少的时间。"

成功的电话拜访能为我们争取到面对面交流的机会，因此，一定要克服紧张，为了让我们的谈话内容更流利、重点内容阐述得更完整，可以将主要内容写在一张纸上提醒自己，以免漏说或说错。

任务二 接待礼仪

接待礼仪是社交礼仪的重要内容之一。以商务接待工作为例，接待是公司的“第一个窗口”“第一项服务”，有了周到、热情、细致的接待，才会有后面的洽谈、交流与合作的可能。私人接待同样是我们体现友好、增进感情的方式，作为主人，如何让客人感到周到、舒服和自在是我们要努力的方向。

一、私人接待

私人接待通常指在自己家中或是选定的地点接待亲友，出于私人的感情或目的。私人接待的内容包括以下几点。

(一)约定时间地点

若是主动邀请客人，应说明时间、地点和事由。一些重要事件，例如结婚、生子、乔迁、出国、寿宴等，应当向受邀对象发出正式的邀请，必要时要发出纸质邀请函，邀请函至少在约定时间一周前交到受邀对象手中，方便对方安排自己的日程。

(二)认真准备

客人如果要到家中拜访，应该提前准备，以免客人来的时候手忙脚乱。提前打扫好卫生，整理好物品，创造良好的会客环境；整理自己的仪容仪表，在家可以穿休闲舒适的衣服，但是不能太过随意，一定要保证干净整洁，背心、吊带、短裤、睡衣等打扮是绝对不合适的；准备好会客物品，如茶水、水果、点心等，让客人感觉到“宾至如归”。什么都不准备，让客人来了之后无聊地坐着是非常尴尬的；若需要外出用餐，要安排好食宿和交通工具。

若客人突然来访，来不及做这些准备，应该向客人道歉，但也不宜急忙打扫，把客人晾在一旁。

(三)迎接问候

“出迎三步、身送七步”是我们迎送客人的传统礼仪。对于来访的客人，主人应根据需要亲自或派人在大门外或楼下迎接。对于常来往的客人，可以在家中等候，一旦得知对方到达，应立即起身到门口迎接。

与客人见面时，应该热情地握手、问候并表示欢迎，注意不要忙着寒暄，与客人在门口交谈，应将客人邀请进门再叙旧。如家中有家人、同事或其他朋友，应当相互介绍他们认识，等他们开始交谈后再去忙其他事情。客人进屋后，应邀请客人就座，就座时应请客人先行入座，以示尊重。

（四）礼待宾客

待客要主动、热情、周到、善解人意，时刻留意现场细节。与客人交谈时要集中精神，不要表现出心不在焉，让客人有被怠慢的感觉。客人入座后，应该给客人上茶，斟茶时，不宜倒得太满，七分满为宜；水果、点心等也应该放在客人面前，请客人食用，若客人感到拘谨，可以拿起来递给客人。与客人交谈时，注意观察细节，例如：客人的茶水空了应及时添上茶水；吃完水果点心应给客人递上纸巾；主动介绍洗手间的位置，以免客人觉得不好意思；若有女士、小孩在场，最好不要在室内抽烟。

（五）起身相送

客人要告辞时，主人应该婉言相留，若客人执意要走，要等客人起身告辞时再站起来相送，不要在客人还未起身时，主人就站起来，也不要主动伸手跟客人握手道别，让客人感觉有逐客之意。送客时，要将客人送到门口或电梯口，一定要等客人进电梯或是消失在视线里才可以关门；重要的客人应该送到楼下，挥手目送客人离开，然后才能转身上楼。

二、商务接待

商务接待通常是出于业务和工作上的需求，招待来访的公司或团队，接待工作的顺利开展，有助于增强公司间的合作、促进双方的业务发展。

（一）了解客人基本情况

接到来客通知后，要了解客人的单位、姓名、性别、职务、级别和来访目的，还要问清楚客人到达的日期、所乘坐的车次或航班的抵达时间。方便更好地安排接待人员和接待细节。

（二）挑选接待人员

商务接待第一步要确定的就是接待人员，这主要是根据来访人员的身份和来访目的，考虑双方的关系，综合平衡来决定的。一般来说，接待人员的身份和职务应该与来访者相差不大，以对口、对等为宜。如果当事人因故不能主持接待工作或不能完全对等时,应由职位相当的人或是副手出面。

根据来宾的身份,通常将接待分为以下三种规格。

1. 高规格接待

高规格接待是指本单位派出的接待人员身份职务比来访者的职务要高。高规格接待通常会让领导出面作陪,充分体现出对来访者或是商谈事宜的重视。一般有以下几种情况:上级领导派一般员工过来口授意见;下级人员来访,要办重要事宜;兄弟单位派人到本单位商量重要事宜。

2. 同等接待

即陪客与客人的职务、级别基本一致的接待。一般来的客人是什么部门、什么级别,本单位也派什么级别的人员陪同。或者按照预约,由经办部门的领导对等接待。

3. 低规格接待

低规格接待通常在基层单位较为常见,例如上级领导部门或主管部门领导来审查、老干部故地重游、外地参观团来本地参观等。这种接待不会兴师动众,领导只需出面看望一下即可。

无论是哪种接待规格,接待人员都应保持自己的良好形象,仪容整洁、举止优雅、恪尽职守,向客户或上级部门展示我们公司的良好形象。

(三)迎候工作

1. 针对外地客人

对前来访问、洽谈业务、参加会议的外国、外地客人,接待单位应该驱车或派车到车站、码头、机场去迎接。接站时要弄清楚客人所乘班次、车次的到达时间,接待人员一定要提前到达,不可迟到,以便客人一出站即可见到迎接的人。对于出口人多或是较为拥挤的地方,可以举一块牌子,写上本公司名称,例如“×××公司接待处”,不建议直接写上客人的名字,毕竟这是客人的隐私,不便公之于众,引起一些客人的反感。

接到客人后,应先主动问候、做自我介绍,并帮客人拿行李。通常,我们帮客人拿较重的大件行李即可,客人随身的手提包、公文包就不需要代劳了,一方面,客人的手提包不重,另一方面,重要的文件、证件、贵重财物都在包里,还是客人随身携带比较好。送客人到达住处后,接待人员不要马上离开,应帮助客人办理好入住手续,并让客人早点休息。分手时要将下次联系的时间、地点、联系方式等告诉客人。

2. 针对本地客人

对于来访的本地客人,接待人员可根据情况到大门口或是公司楼下迎接。对于经常见面的客人，有关人员在双方见面的会议室见面等候即可；若来宾人数较多，则应多安排几位公关人员在楼下入口处迎接；若来宾中有级别较高或身份重要的人，东道主的高级领导应该亲自到门口迎接。

迎接客人时，应提前到达迎接地点，看到来宾的车辆时，接待人员应微笑挥手致意，车停稳后，要快步上前，同来宾握手、寒暄，表示欢迎。

思 考

如何彬彬有礼地接待临时访客？

1. 推销员

推销员这类的访客我们可能遇到得最多，这时候最好先打电话给相关部门，如果相关部门有意愿或是事先有约，再指引他们过去。如果没有预约，而推销人员又坚持要见相关领导，没必要黑脸拒绝，可以委婉地让他们把资料留下，回头请领导过目，如果领导感兴趣，再及时、主动地和他们联系。

2. 不速之客

遇到这种情况，应态度和蔼地请对方报上姓名、单位、来访目的等基本资料后，请示领导，由领导决定是否会见。

（四）引导礼仪

1. 引导的手势

引导时注意手势的正确，五指并拢伸直，指引方向时，抬起手臂，视线要随手而动，明确地告诉客人正确的方向；开始走动时，手就要放下，否则一直伸着手会显得生硬不自然，还可能碰到其他路过的人。等到要转弯、上下楼梯的时候可再次打个手势提醒客人（如图 4-1）。

2. 引导的站位

引导客人时，应遵循“以右为尊”的原则，站在客人左前方一米处引领。在引导客人看橱窗或是展板时，应面对橱窗，让客人站在靠近橱窗的一侧，方便客人观看，切勿站在橱窗前面对客人，用身体挡住橱窗上的内容（如图 4-2）。在引导的过程中，与同事迎面相遇时，点头或挥手都是礼貌的行为，不可视而不见，这样客人会觉得公司同事的关系冷漠，也不可停下来聊天，将客人晾在一旁。

3. 引导上下楼梯

在引导客人上下楼梯时，根据接待者的性别和客人的性别，有所差别。

通常，女性在引导客人上下楼时，由于穿着裙装不太方便，通常请客人走在前

图 4-1　引导手势

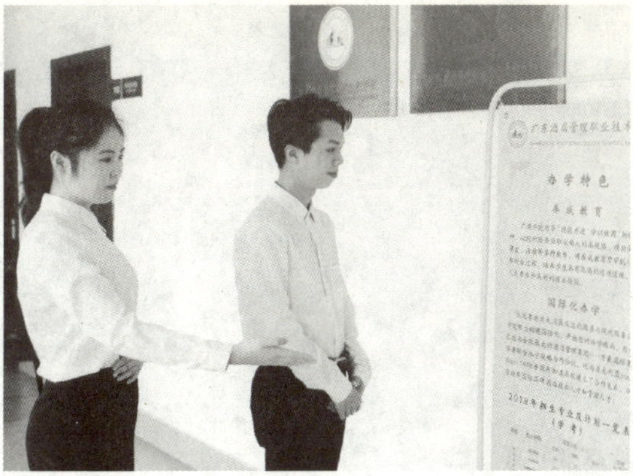

图 4-2　参观讲解手势

面，特别是引导男宾客时，不要自告奋勇地在前面引路，为了让客人清楚接下来的方向，可以提醒“您先请，上楼以后请右转”；男士在引领女宾客上下楼时，男士应该走在前面；男士引领男宾客上楼时，应请男宾客走在前面，下楼时，引领者应走在前面。不论引领者是男性还是女性，客人都应该走在楼梯里侧，引导者走在中间，边走边注意客人，以免踩空或绊倒，发生意外（如图 4-3）。

4. 乘坐电梯

陪同客人或长辈到电梯门前，先按电梯控制呼叫按钮，电梯门打开后，若接待的客人只有一位，则可以扶住电梯门，请客人先进电梯；若同行的客人是多人，则自己可先进入电梯，一手按住“开门”按钮，另一手拦住电梯侧门，礼貌地说：“请进。”（如图 4-4）

进入电梯之后，接待人员应站在电梯控制面板一侧，请客人站在中间的位置，电梯到达以后，无论客人人数的多少，都应请客人先出电梯，所有客人全部出去后自己再出电梯，注意全程控制好电梯门，防止客人被门夹到。

5. 进出办公室

办公室或是会议室的门一般分为内开门和外开门，在带领客人来到办公室门口时，要先敲门通报，如“张总，我带王经理过来了”，提醒办公室内的领导起身迎接，在得到许可后，开门请客人进入。在打开内开的门时，应先进入，不要着急把手放开，手应固定在门边，以免碰到后面的客人；如果要打开外开的门，要注意宾客与门的距离，注意不要伤到客人，开门时，要用身体倚住门板，并做一个“请”的动作，当客人进入后，再随手关门（如图4-5）。

（五）就座礼仪

客人进入办公室或会议室后，应将客人引至上座的位子。引导入座时，长沙

图 4-3 上下楼梯引导

图 4-4 电梯引导礼仪

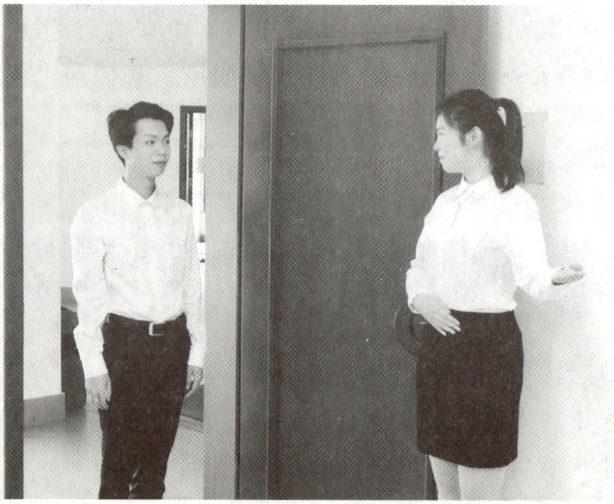

图 4-5 进出引导礼仪

发优于单人沙发，沙发椅优于普通椅子，较高的椅子优于较矮的椅子，面门为上，以远为佳（如图4-6）。

（六）奉茶礼仪

待客时，应该为客人准备茶水、咖啡或饮料等。斟茶的时候要注意以下几点。

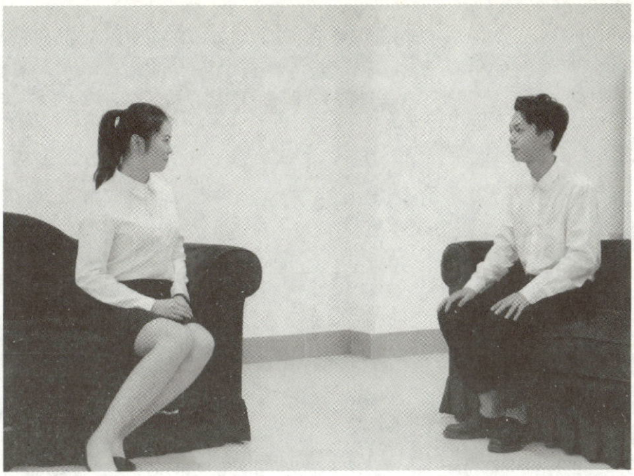

图 4-6　就座礼仪

1. 茶具清洁

冲茶之前，要将茶具清洗干净，尤其是许久未用的茶具，一定要细心冲洗。在冲茶前，最好用开水烫一下茶具消毒。广东人喜欢喝工夫茶，在斟茶之前也一定要清洗或煮烫茶具，这样既讲究卫生，又显得彬彬有礼。不洁净的茶具冲泡的茶水，任何人看到都是没有胃口的，也不愿意喝泡出来的茶水。现在许多公司待客时会用一次性的纸杯，但注意要给客人套上杯托，以免茶水烫手。

2. 茶水适量

斟茶时，茶叶不宜过多或者过少，如果客人有喝浓茶或淡茶的习惯，就按照客人的喜好来进行冲泡。除了茶的浓度，斟茶时还要把握茶水的量，中国人讲究“茶七酒八”，即茶倒七分满。茶倒得太满容易溢出来，把桌子、椅子弄湿，客人也不方便取用。当然，茶水也不可太少，否则会显得缺乏诚意，装模作样。

3. 奉茶次序

当客人较多时，应该先客人、后主人，先主宾、后次宾，先长辈、后晚辈，先女士、后男士，先职位高者、后职位低者。因此，在商务接待时，应先给拜访者奉茶，再给本公司人员奉茶，顺序由职位高者到职位低者。

4. 奉茶得当

奉茶应在主人与客人未正式交谈之前，奉茶时应双手端茶从客人的右后侧方，右手拿茶杯的中部，左手托杯底，杯耳朝向客人，同时说：“请用茶！”上完茶水后，应说声“我先失陪了”，然后离开，大约 30 分钟后，可以进来续茶，续茶水时，要注意不要打扰到宾客交谈，但不能等到茶叶见底了再续水。茶壶中的茶叶浸泡 3～4 次后，应该更换新茶，客人散去后才能收茶。

知识链接

六大茶类及其饮用特点

(1)黑茶中性偏温,因其降脂消减、降血糖、降血脂功效显著,适合三高人群、减肥人群、脾胃虚弱的人群,适当存放后再喝,口感和功效更佳。所以才有"历经八木春,茶味更香浓"一说。以安化黑茶为代表的黑茶,冲泡时也要用 100 ℃的沸水。第一次冲泡黑茶时,要用 10～20 秒快速洗茶,即先把茶叶放入杯中,倒入开水,过一会儿把水倒掉,再倒入开水,盖上杯盖。这样不仅滤去了茶叶的杂质,而且使泡出的茶汤更香醇。后续冲泡时间常为 2～3 分钟。黑茶一般用专业的茶具来泡,紫砂壶、盖碗杯都可以,投放量一般是绿茶的 2 倍。

适合绝大部分体质的人饮用。

不适合低血糖、低血脂人群饮用(这类人群,不适合喝茶,易茶醉)。

(2)红茶性暖,适合在冬天饮用。泡红茶最好用刚煮沸的水,用水量与绿茶相当,冲泡时间以 3～5 分钟为佳,高档工夫红条茶可冲泡 3～4 次,红碎茶则可冲泡 1～2 次。红茶最好用盖碗和紫砂,用盖碗,能泡出它原味的口感,各方面层次分明,所以在试茶样时,都是用盖碗,方便闻香,能够准确地评出一杯茶的优缺点,但保温性没有紫砂好。如果有心情、有情趣养壶就用紫砂。

适合胃寒、手脚发凉、体弱、年龄偏大者饮用,加牛奶、蜂蜜口味更好。

不适合体质燥热型的人群饮用。

(3)乌龙茶中性偏寒,是半发酵茶,如铁观音、大红袍等。泡乌龙茶最好用专业的紫砂壶或盖碗杯,并且一定要用 95 ℃的沸水,乌龙茶的投叶量比较大,茶叶基本是所用壶或盖碗的一半或更多,泡后加盖。

不适合低血糖、低血脂人群饮用(这类人群,不适合喝茶,易茶醉)。

(4)黄茶性寒,功效和绿茶大致相似,不同点在于口感的区别,绿茶清爽、黄茶醇厚。黄茶属于轻发酵茶,蒙顶黄芽、君山银针、沩山毛尖等都属于黄茶。其茶质细嫩,水温太高会把茶叶烫熟,所以冲泡温度最好在 85 ℃～90 ℃之间为宜。冲泡黄茶,按照茶具容量放入四分之一黄茶茶叶,也可以依据自己的口味进行斟酌增减。第一泡的最佳冲泡时间为 30 秒,第二泡延伸到 60 秒,第三泡再延伸至大概 2 分钟,这么泡出来的茶汤口感更佳。用玻璃杯或瓷杯,尤以玻璃杯泡君山银针为最佳,可欣赏茶叶似群笋破土,缓缓升降,堆绿叠翠,有"三起三落"的妙趣奇观。

脾胃虚弱的人应少喝或不喝。

(5)白茶性凉,适用人群和绿茶相似,不同点在于"绿茶的陈茶是草,白茶的陈茶是宝”,陈放的白茶另外有去邪扶正的功效。白茶冲泡要选择一芽二叶初展,干茶翠绿鲜活略带金黄色,香气清高鲜爽,外形细秀、匀整的优质白茶。白茶冲泡选用上好的水是最重要的,由于白茶冲泡要求原料细嫩,叶张较薄,所以冲泡时水温不宜太高,一般掌握在85 ℃~90 ℃为宜。

脾胃虚弱的人应少喝或不喝。

(6)绿茶性寒,适合夏天饮用,可以消暑降温。这类茶比较细嫩,不适合滚烫的沸水冲泡,水温以80 ℃~85 ℃为宜,茶水比例以1∶50为佳,冲泡时间为2~3分钟,泡出来的茶,汤色青翠碧绿而透明清澈,最好现泡现饮。

适合体质偏热、胃火旺、精力充沛的人饮用。

因刺激性大,寒性体质人群和脾胃较弱的人应少喝或不喝。

(七)陪访礼仪

陪访也是接待的一项重要工作,在陪同客人参观、访问、游览时应注意:

首先,接待者要事先做好准备,熟悉情况,以便给客人详细介绍。

其次,陪同时要遵守时间约定,衣着整洁,安排好交通事宜。

再次,陪同要热情、主动。掌握分寸,既不要过度殷勤,也不要冷淡沉默,谈论的话题要把握好分寸,不要涉及客人的隐私。

最后,在参观、游览、用餐时,要注意客人的安全,费用尽量由接待方支付。

(八)送行礼仪

在客人告辞离开时,要起身将客人送到门口,礼貌地说“感谢您的光临”等用语。送客人上车时,应为客人关上车门并道别,挥手示意,热情地说“旅途愉快,一路平安”“再见,欢迎再来”等礼貌用语。车开走后,不要马上转身离开,应目送客人远去后再离开(如图4-7)。

如果是远道而来的客人,要帮助外地客人办好返程的手续,要准确掌握外地客人离开的时间,以及所乘交通工具的意向,为其安排,做好返程准备。若需要将客人送到车站、机场或是码头,送客的时间一定要严格掌握。送客人员到达的时间要恰当,要给客人留出收拾东西、打点行李的时间。来得太早,不但会影响客人收拾行李,还有赶他们走的嫌疑;来得太晚,可能会错过飞机或是火车的开点,让人着急。送行时,一定要提前掌握路程中所需耗费的时间及交通状况,安排合理的路线,以免出现特殊情况,耽误行程。

图 4-7　挥手道别

经典案例

1962 年，周恩来总理到西郊机场为西哈努克亲王和夫人送行。亲王的飞机刚起飞，我国参加欢送的人群便自行散开，各自找车准备返回，而周总理这时却依然笔直地站在原地未动，并要工作人员立即把那些登车的同志请回来。这次周总理发了脾气，他严厉起来了，狠狠地批评："你们怎么搞的，没有一点礼貌！各国外交使节还在那里，飞机还没有飞远，客人还没有走，你们倒先走了。大国这样对小国客人，不是搞大国主义吗？"当天下午，周总理就把外交部礼宾司和国务院机关事务管理局的负责同志找去，要他们立即在《礼宾工作条例》上加上一条，即今后到机场为贵宾送行，须等到飞机起飞，绕场一周，双翼摆动三次表示谢意后，送行者方可离开。

任务三　馈赠礼仪

中国自古以来都是礼仪之邦，相互馈赠礼物，是人们在社会交往中的一个重要活动，《礼记》说："礼尚往来，往而不来，非礼也；来而不往，亦非礼也。"礼的内涵，除了表达尊敬的态度、言语、动作、仪式外，还有一层重要的含义，就是礼物。礼品是人们往来的有效媒介和桥梁，更重要的是通过这种方式体现了人与人之间真诚的关爱。向他人馈赠礼品或是收受礼品时，如何做到双方都满意高兴，使所送的礼物既实用又不造成浪费，是一门大学问。

一、礼品的选择

（一）价格适宜

在人际交往中，真正的朋友看重的是“千里送鹅毛，礼轻情意重”，绝不是以金钱和礼品堆砌而成的“虚情假意”。以送礼为手段，拉关系、套近乎、走后门，是我们不提倡的做法。

在一般性的交际应酬中，例如去他人家中拜访、赴约，带点物美价廉的小礼品就可以了，一束鲜花、一盒糖果、一点特产、一瓶红酒等都是不错的选择。如果对方是家人或是挚友，并且彼此间常来常往，那么什么都不带也不算失礼。

如适逢亲友的大喜之日，例如做寿、结婚、生子等，应选择一些较为高档、精美的礼品送给对方，借以表达自己的心意。

礼物的物质价值不可过高或是过低。过低，则无法较好地表现情谊或是发挥馈赠的社交作用；过高，则会使受赠者受之有愧。

（二）注重效用

决定送礼之后，第一步要做的就是精心挑选礼物的品种，不可到时候着急地胡乱挑选一件。受赠者的性别、年龄、教养、嗜好、经济条件等都是我们参考的因素，每个人对礼物的需求都是不同的。

一般而言，所有礼品根据保存的期限来划分，大致分为两类。一类是“一次性”礼品，它是指保存时间较短，只能使用一次的礼品，例如鲜花、糖果、电影票等。另一类是“永久性”礼品，指那些保质期较长，可反复使用的产品，例如书画、首饰、图书、工艺品等。前者经济适用，后者礼重意深，两者各有所长，可根据受赠者的实际情况挑选。一般而言，经济状况较好或是文化程度较高的人偏好欣赏价值较高或纪念意义较强的礼品；经济状况较差或文化程度较低的人更偏爱实用的礼品。

小贴士

不同受赠对象的礼品选择

结婚礼物：可选择床上用品、餐饮用具等，也可用礼金代替。

生子礼物：可选择婴儿用品，也可选择产妇滋补营养品。

生日礼物：长辈可送寿桃、营养品等；配偶可送鲜花、饰品或衣物等；朋友可送贺卡、对方喜欢的小物件等。

节日礼物：春节可送红包、端午节可送粽子、中秋节可送月饼、情人节可送玫瑰等。

乔迁礼物：可送花卉盆景、对联、工艺品、装饰品等。

病丧礼物：探病可以送滋补品、水果或是鲜花；吊唁可送花圈、挽联、香烛纸钱等。

(三)投好避忌

在挑选礼物的时候，一定要对受礼者的民族、宗教信仰、生活经历、生活习惯、性格、爱好等有一定了解，投其所好，避其禁忌，以免产生误会或是不快。

1.与文化习俗相关的禁忌

例如：对老年人不能送钟表和鞋子；对恋人不能送雨伞和梨子；对友人不能送刀剪或药品。因为钟和鞋与“终”和“邪”谐音；伞和梨与“散”和“离”谐音；送人剪刀意味着一刀两断。这些都是中国人的传统规矩，我们应当注意避免。

孔雀和仙鹤在中国是喜庆、长寿的象征，但是孔雀在英国是祸鸟，仙鹤在法国和东南亚一些国家是淫荡的同义词，这些背道而驰的寓意在于文化习俗的不同，对此，我们应当遵守和尊重他人的习俗，不要将自己的意愿强加于人。

香港同胞喜爱红木制作的小型棺材摆件，隐喻“升官发财”之意。内地人却并不太能接受送棺材作为礼物。

2.与受赠者本人情况有关的禁忌

不能把耳机、音响等送给失聪者；不能把望远镜送给盲人。这个道理是显而易见的。除此以外，在送礼物时，应注意照顾到受礼者的心情。如果对方独身，就不宜送情侣衫、双人枕头等充满家庭情调的礼物，以免对方产生反感或抵触的情绪。对待普通关系的异性朋友，既要打破“男女授受不亲”的封建思想，又要在交往过程中留有分寸，以免产生误会。

3.与数目、色彩有关的禁忌

在礼品的数量上，各国都有自己的讲究。中国人讲究“好事成双”，送喜礼时常常送双数，丧礼则宜送单数。在日本却刚好相反，他们认为单数幸福吉祥，对双数却不感兴趣。

对中国人而言，最吉利的数字应该是“6”和“8”，他们的发音类似“顺”和“发”。“4”却是和“死”谐音，因此对“4”都采取避之而不及的态度。在西方国家，“13”“666”等数字是不幸的象征，它们也为人们所忌讳。

在中国，红色代表喜庆，黄色代表高贵，白色代表哀悼，这是自古以来的习俗。但是红色在北非代表死亡，黄色在巴西和埃塞俄比亚代表凶丧，黑色在西方表示哀悼，白色则代表纯洁。若我们对此一无所知，在交往中就会触及对方的禁忌而不自知。

(四)把握分寸

作为女性，不宜把领带、围巾、腰带和贴身用品当作礼品送给关系一般的异性。因为领带、腰带都有“拴住”之意，只能送给自己的先生或是男朋友。至于贴身物品不可轻易送给异性的原因，也是不言自明的。对于男士而言，有时候难以避免和自己夫人或是女友以外的女士打交道，此时若想避免嫌疑，不妨挑选礼物送给对方的先生、子女或是双亲，这样能避免一些不必要的误会。

二、礼品的馈赠

(一)送礼的场合

赠送礼物应在适合的时机和场合，及时、适宜是最重要的。正所谓“雨中送伞”“雪中送炭”才更显珍贵。礼物并不是在人际交往中无时无刻存在的东西，也不是什么时候都得送、见谁都得送。那样的话，礼品的意义就被曲解化和庸俗化了。根据送礼场合的不同，礼物可分为以下几类。

1. 喜礼

每逢亲友结婚、生子、乔迁、升学、晋升、出国深造等值得恭喜的场合，此时送上礼物，聊表心意，称为喜礼。

2. 贺礼

公司开张、大厦落成、周年庆典、个人做寿、演出成功、元旦、春节、中秋等良辰吉日，都值得庆贺，这些场合赠送的礼品，称为贺礼。

3. 见面礼

此处的见面礼，与同他人见面时所要行的见面礼有所不同，它是指与人初次见面时赠送的纪念性礼品，或是久未谋面的亲友会面时互赠的礼物。

4. 慰问性礼品

亲朋好友生病了，我们理应去探望；至交过世，也应前去慰问其亲属。这两种场合送的礼品，称为慰问性礼品。

5. 鼓励性礼品

对于先进模范，应当表彰、奖励；对于遭受挫折和困难的同事应该表示理解、支持；对于取得一定成绩的晚辈，应该勉励其再接再厉。送给他们的礼物，都可称为鼓励性礼品。

送礼的具体方式，大致分为亲自赠送、托人转赠、邮寄赠送等。如果没有特殊原因，还是亲自赠送比较好。

(二)礼物的包装

赠送礼物时，应该选择适合的包装对礼品略加修饰，使礼品看上去显得更加精致、高雅。精心包装的礼品无疑可以使受赠者感受到自己所受到的重视，而包装本身也可以与礼品相得益彰。

在国外许多地方，人们在礼品包装上的花费往往要占送礼总支出的三分之一，由此可见礼品包装在人们心中所占的重要地位。以往，国人往往忽略了包装的重要性，认为“重在内容，不重形式”。其实包装除了表达诚意、美化礼品之外，还能让礼物保持一点“神秘感”。试想一下，一件精美的工艺品摆件，就用一张报纸随便包裹一下，受赠者会对这件礼品感到失望，甚至会低估它的真实价值。若是不用包装，直接装在袋子里或是拿在手上，受赠人拆礼物的喜悦感和期待感也会降低，因此，礼品的包装是必不可少的(如图 4-8)。

图 4-8　礼品的包装

需要注意的是，在日常交往中，礼品的包装不必过分奢侈，包装纸的颜色和丝带应该相得益彰；包装前，要去掉礼品上的价格标签；托人转赠礼品或是邮寄礼品，应该亲自撰写一份致辞，以表达自己的心意。

(三)送礼的时间

亲自赠送礼品，应该在与受赠者会面之初，即在刚刚进入受赠者客厅或是约定场所时呈递。在社交场合，若是两对夫妻或是情侣会面，赠送和接受应在两位女士间进行。不要等到告辞时再将礼品送出，或是一言不发地留下礼品离开，这两种做法都难以发挥礼物的效用，甚至会引起受赠人的误会。

赠送礼物时，应恭敬地用双手把礼物递给受赠者，若受赠者是外宾，则应该以右手，尽量避免用“不洁”的左手，以免触犯某些禁忌。送礼时，应当向受赠者送上几句关于祝贺、问候、安慰等送礼缘由之类的话，必要时，可以说明礼品的含义、特色和用途等。

(四)国际交往中的馈赠常识

1. 欧美国家

(1)英国。在这里应尽量避免感情的外露，因此，应送较轻的礼品，因为花费不多就不会被误认为是一种贿赂。合宜的送礼时机应定在晚上，请人在上等饭馆用完晚餐或剧院看完戏之后。英国人也像其他大多数欧洲人一样喜欢高级巧克力、名酒和鲜花。对于饰有客人所属公司标记的礼品，他们大多数并不欣赏，除非主人对这种礼品事前有周密的考虑。

(2)法国。初次结识一个法国人时就送礼是很不恰当的，送礼时机应为下次相逢时。礼品应该表达出对对方智慧的赞美，但不要显得过于亲密。法国人很浪漫，喜欢知识性、艺术性的礼物，如画片、艺术相册或小工艺品等。应邀到法国人家里用餐时，应带上几支不加捆扎的鲜花。但菊花是不能随便赠送的，在法国只有在葬礼上才用菊花。

(3)德国。礼貌是至关重要的，故在此赠送礼品的适当与否要特别注意，包装更要尽善尽美。玫瑰是为情人准备的，绝不能送给主顾。德国人喜欢应邀郊游，但主人在出发前必须做好细致周密的安排。

(4)美国。美国人很讲究实用，故一瓶上好葡萄酒或烈性酒、一件高雅的名牌礼物、一起看一场音乐会，都是合适的。与其他欧洲国家一样，给美国人送礼应在此次交往结束时。

2. 亚洲国家

(1)日本。日本人有送礼的癖好，因此给日本人送礼，往往采取这样的做法：即送对其本人毫无用途的物品以便收礼的人可以再转送给别人，那个人还可以再转送下去。日本人对装饰着狐狸和獾的图案的东西甚为反感。狐狸是贪婪的象征，獾则代表狡诈。到日本人家里做客，携带的菊花不能有16片花瓣，因为只有皇室徽章上才有16瓣的菊花。另外，选择礼物时，要选购“名牌”礼物，日本人认为礼品的包装同礼品本身一样重要，因此要让懂行的人把礼物包装好。

(2)韩国。韩国人喜欢本土出产的东西，因此送礼者通常准备一份本国、本民族、本地区的特产为好。韩国的商人对初次来访的客人常常会赠送当地出产的手工艺品，他们往往要等客人先拿出礼物来，然后再回赠他们本国产的礼品。

(3)阿拉伯国家。在初次见面时送礼可能会被视为行贿；切勿把用旧的物品赠给他人；不能把酒作为礼品；要送在办公室里可以用得上的东西。一直盯住阿拉伯主人的某件物品看是很失礼的举动，因为这位阿拉伯人一定会认为你喜欢它，并一定会劝你收下这件物品。阿拉伯商人一般都会赠送贵重的礼物，同时也希望收到同样贵重的回礼。因为阿拉伯人认为来而不往是有失尊严的问题，不让他们表示自己的慷慨大方是不恭的，也会危害到双方的关系。他们喜欢丰富多彩的礼物，喜欢“名牌货”，而不喜欢不起眼的古董；喜欢知识性和艺术性的礼品，不喜欢纯实用性的东西。忌讳烈性酒和带有动物图案的礼品（因为这些动物可能代表着不吉祥）。送礼物给阿拉伯人的妻子被认为是对其隐私的侵犯，送给孩子则总是受欢迎的。

3. 拉丁美洲国家

黑和紫是忌讳的颜色，这两种颜色使人联想到四旬斋。刀剑应排除在礼品之外，因为它们暗示友情的结束。手帕也不能作为礼品，因为它与眼泪是联系在一起的。可送些小型家用电器，例如一只小小的烤面包炉。在拉美国家，征税很高的物品极受欢迎，只要不是奢侈品。

三、受赠的礼仪

作为受赠者，在接受礼品时，同样要讲究礼仪规范，不可以无视他人赠送的礼品，也不宜在接受礼仪时行为失当。

（一）接受礼品

一般情况下，对他人赠送的礼品是却之不恭的，不宜拒绝。在接受礼物时，应注意五个细节，不可疏忽大意。

1. 神情专注

当他人向自己赠送礼物时，无论自己正在干什么，都应该立即中止，起身站立，面向对方，以便有所准备。当对方拿出礼物时，应保持风度，不应伸手去抢，或是双眼紧盯不放。此时应神情专注，更要显得稳重大方。

2. 双手捧接

在对方递过礼物时，尽可能双手迎接，不要一只手，更不可用左手去接礼物。若接下来需要继续应酬，可将礼物暂时放下，但不要随手乱丢，不到万不得已，不要将礼物放在地上。

3. 认真道谢

接过礼物后，应该真诚地向对方表示感谢。不要在对方递上礼物时毫无反应，好似对方在“进贡”，也不要虚情假意，反复推辞。

4. 当面拆封

如果现场条件允许，且时间充裕，应当尽量当着对方的面，将礼物的包装拆开，这种做法在国际交往中是非常普遍的，如果接过就放在一旁，是对礼物的“轻视”，也是对送礼人的冷落。当然，在国内，我们可以先征求一下送礼人的意见：“我可以现在打开吗？”若对方比较含蓄羞涩，不希望现在拆开，我们也应当尊重。

5. 表示欣赏

拆开包装以后，要采取适当的语言动作，表达自己对礼品的欣赏之意。例如，对方赠送了一束鲜花，可以将鲜花捧在身前轻嗅花香，随后插在花瓶内，摆放在显眼的位置。切不可再三声明获赠之物不适合自己，这样会让赠送人感到不悦。

(二)拒收礼品

通常我们不宜拒绝他人的礼物，但是，由于种种原因，我们不能收或受之有愧时，受赠人可以礼貌地拒绝。礼貌拒绝他人礼品的方式有以下三种。

1. 婉言相告法

用委婉的方式向对方暗示自己不能接受。例如对方送你一款昂贵的手表，你可以对他说：“谢谢你的好意，但是我平时不习惯戴手表。”

2. 直言缘由法

直截了当地向赠送者说明自己不能收的原因。在公务交往中，这种方法尤为合适。例如：“按照公司规定，我不能接受您送的这件礼物。”

3. 事后退还法

有时在大庭广众下拒收对方的礼品，会让赠送者感到难堪，遇到这种情况可以事后退还；又或者事后拆开发现礼物过于贵重，则应尽快退还，通常要在 24 小时内，退还时，要说明原因，并再次表示感谢。

(三)回赠礼品

中国人讲究礼尚往来，在接受他人的礼物后，一般会准备回礼。回赠礼品时应该注意以下几点。

1. 选择合适的礼品

回赠的礼品可以是有形的，也可以是无形之物。回礼大体分为以下三种。

(1)回赠实物。这种形式适合接受厚礼之后，例如结婚、生子之后向送礼者回赠喜糖、喜蛋就是典型的回礼。回赠实物时，要注意避免与对方所赠的礼物同种或是同样，在价格上不可明显超过对方礼品的价格，避免给人攀比之感。送完全等值的礼物也不太合适，有划清界限之嫌。

(2)回赠感激。接受礼品后，应抽时间专门写一封信，向送礼者表达自己的谢意，这种表示会让送礼者感到欣慰，这也算是一种回礼。

(3)回赠不忘。即与送礼者再度见面时，有意识地摆出或是使用其所赠礼品，就是所谓的回赠以“不忘”。例如美国前总统里根的夫人南希在访华时收到了中国政府送她的一件金丝绒旗袍，她不仅当下就穿上参加国宴，而且在她回国后每次会见中国大使时，都要穿上它。从某种意义上来说，这是一种最高级的回礼。

2. 选择合适的时机

回赠礼品应当找一个合适的机会进行。例如：在节日典礼上受赠礼品时，可以在离别时立即回赠；在生日婚庆时受礼，一般应在对方有类似情形时再回礼；对于以酬谢为目的的馈赠，受赠者可不用回礼。

四、赠花的礼仪

（一）鲜花的品种

人们对特定的鲜花赋予了不同的理解和含义，或是用它表达爱情，或是歌颂友谊。所谓花语，就是人们借用鲜花来表达自己的某种情感或愿望。在选择赠送他人的鲜花时，花语往往是第一位应予考虑的问题。

小贴士

常见鲜花的花语

玫瑰：表示爱情
康乃馨：表示母爱
薰衣草：等待爱情、安静、坚贞
百合花：心想事成、纯洁
向日葵：沉默的爱、信念
郁金香：爱的表白、永恒的祝福
风信子：燃生命之火，浓烈
栀子花：永恒的爱与约定
雏菊：纯洁、快乐、你爱不爱我
紫罗兰：诚实、质朴、永恒的美
满天星：清纯、关怀、纯洁美好的心灵
桔梗花：永恒的爱，无悔、无望的爱
勿忘我：不变的心、永远的回忆
马蹄莲：忠贞不渝、永结同心
鸢尾花：热情、优美
蔷薇花：爱情和爱的思念

梨花：纯真的爱、一辈子的守候

木兰花：高尚的灵魂

桃花：爱情的俘虏

有些花应当慎送，即送给一些人可以，送给另外一些人却不可以，故应该谨慎行事。例如：玫瑰象征爱情之花，不能乱送；康乃馨寓意拒绝。向对自己示爱的人送一枝康乃馨，意为婉拒对方的爱情。香港同胞对谐音字讲究颇深，去看望病人时，忌送剑兰和扶桑，因为两者分别与“见难”“服丧”谐音，病人对之往往避之而不及。送桃花给南方的生意人，能令其喜笑颜开，而送梅花或者茉莉花则会使之感到不大吉利。

对某些人而言，有的鲜花是忌送的，即是万万送不得的。如在欧洲，人们把菊花当作一种妖花，或称为“葬礼之花”；在国外，杜鹃花通常被视为“廉价之花”，以之送人是看不起对方的意思，还不如什么都不送；莲花“出淤泥而不染，濯清涟而不妖”，但是在日本，莲花是专门用于祭奠的；花朵呈钟形的铃兰，在西方人看来亦是忌讳之花，它不仅不能被带入室内，也不能送给友人，否则便意味着绝交。

（二）鲜花的品种

总体来说，深色的鲜花象征着坚毅，浅色的鲜花象征着温柔。

红色代表炽热的爱情和旺盛的生命力；粉色代表友谊、好感和浪漫忠诚的爱情；黄色代表嫉妒和轻蔑；橙黄色代表朝气蓬勃和充满希望；紫色代表充满敬意和良好的祝愿；白色代表纯真或死亡。

在国外，鲜红的鲜花多用于恋人之间表达爱情。通常情况下，白色的鲜花是不能用来送人的，西方人尤其忌讳把白百合和白山楂花带入室内。不过，在生日派对上，白色的鲜花则是常见的礼品。至于在婚礼上，向新娘赠送成束的白色鲜花，更是一种惯例。

在西方，最晦气的是卧病住院时被探访者送以红白相间的鲜花。这预示着该病人所在的病房将有人死去。送给西方病人的鲜花，可以是清一色的红色、紫色、橙黄色的鲜花，因为它们寓意着吉祥。

涉外交际活动，切忌用黄色的鲜花送人。紫色在一些讲拉丁语的国家，多被用于葬礼，也不可以将其送人。

（三）鲜花的数量

给他人赠送鲜花，重在表达心意。从某种意义上来说，它重在寓意，不重数量。只要心意能准确地传达，送几枝花与送几束花完全可以被同等看待。

中国人讲究双数吉祥，多多益善。西方人认为，只要意思到了，不在乎多少。在一些国家，男士送鲜花给关系普通的女士时，数目宜单，但注意要避开“13”这个数目，否则便是指望与人“成双成对”“比翼齐飞”了。

(四)鲜花的包装

若以成束的鲜花送人，要想显得认真和正式，务必在购买的同时，请人用专门的包装纸精心搭配，修剪鲜花包好，并系以丝带(如图4-9)。

图4-9　鲜花的包装

如果是夫妻二人或情侣二人同往亲友家中做客，送给对方鲜花可在双方会面时由男士双手送给女主人。女主人应双手接过鲜花，然后把鲜花放在花瓶里，并摆在送花人可以看到的客厅的显眼位置。千万不要一言不发，或是“头”朝下像拎菜一样拎着，或是马上扔到不起眼的角落。

(五)受赠对象

送花给其他人时，对方的年龄、性别、文化背景等，都应加以注意。

鲜花最受女士青睐，除非受到嘉奖、殊荣，或是慰问、故去，男士在日常应酬中，很少收到他人赠送的鲜花。送鲜花给孩子或年轻人，以各种色彩搭配在一起的小花为好；送给长者，则以色彩明快大方的大朵鲜花为佳。探病时，不宜送香气过于浓郁使人发晕的鲜花，最好选择香气淡雅的品种。

(六)赠送方式

在国内的社交活动中，以花束的方式赠人鲜花的做法较为常见。它几乎适用于所有场合，也适合送给任何人。除此以外，还有以下三种方式。

1. 花篮

适用于庆祝开业、开幕、演出成功以及拜寿和祝贺新婚。

2. 盆花

它可以是家养的心爱之物，也可以是买来的珍稀品种。以之送给长辈、至交或用来祝贺朋友乔迁。

3. 襟花

适用于喜庆活动或晚宴、舞会，特别讲究与衣饰的色彩搭配（如图 4-10）。

图 4-10　襟花

项目总结

本项目主要介绍了社会交往中的几种重要礼仪，具体包括拜访礼仪、接待礼仪、馈赠礼仪、受赠礼仪和赠花礼仪。

拜访礼仪是到私人住所或是办公地点进行拜会的基本礼仪，要求我们提前预约，不可唐突。在拜访的过程中注意自己的行为举止，礼貌的拜访是建立良好人际关系和业务合作顺利开展的前提。接待礼仪同样要求主人用心准备，照顾周到，促进彼此的友好交往。

馈赠礼仪要准确地把握馈赠时机和方式，选择合适的礼物，并注意馈赠时的禁忌。受赠时应注意行为大方得体，如要拒绝，应礼貌委婉地拒绝，退还礼物要尽快。赠送鲜花时要注意鲜花的花语、颜色和是否与受赠的对象相匹配，不可越界或令人产生误解。

课后练习

一、填空题

1. 拜访的程序为________、准时赴约、________、拜访、谈话、告辞。
2. 常见的接待规格分为：________、________和________。
3. 进电梯时的顺序应该是________先行，下车时是尊者________。

4. 为客人斟倒茶水应适量，通常斟倒________分满为宜。

5. 礼品选择的原则是价格适宜、________、________和把握分寸。

二、选择题

1. 引导客人时，应站在客人(　　)一米处。

A. 右前方　　B. 左前方　　C. 右后方　　D. 左后方

2. 奉茶顺序正确的是(　　)。

A. 先为主人倒，再为客人倒　　B. 先为长辈倒，再为晚辈倒

C. 先为下属倒，再为上司倒　　D. 先为男士倒，再为女士倒

3. 下列符合接待礼仪的是(　　)。

A. 客人到站后，主动为其拿公文包

B. 专职司机开车迎接客人时，主人方的秘书将前排副驾驶座位安排给客人

C. 主人亲自开车时，客人将前排副驾驶空出来，坐到后排座位上

D. 下楼时，男主人走在前面，让客人走在后面

4. 不符合送客礼仪的是(　　)。

A. 在客人提出告辞但还未起身时，便起身准备送客

B. 送客时，客人首先伸出手与主人相握，才能伸手相握

C. 在客人说“请留步”时，就转身返回

D. 送客时，客人走远了再转身关门

5. 符合礼品受赠的是(　　)。

A. 接受西方人的礼品时，不可当场拆开

B. 他人赠送的礼品过于贵重时，应当众拒收礼品并对赠送者加以批评

C. 女主人在收到宾客送的鲜花后，可将鲜花倒提着拿进客厅

D. 事后拆开礼物发现礼物过于贵重，可在 24 小时内将礼物退还给赠送者

6. 不符合拜访礼仪的是(　　)。

A. 拜访他人时，发现房门是开的，可以自行进入到对方的家里

B. 在主人有其他客人来访时，应主动提出告辞

C. 进门问候过主人之后，可自行脱鞋进入客厅找座位坐下

D. 主人的房间可以随意参观

三、简答题

送什么礼物给外宾、长辈、伴侣、异性、小孩比较合适呢？请各列举出 3 种适合的礼品。

模拟训练

实训一:接待礼仪训练

1. 实训目标

通过实训使学生了解引导客人行进、参观、搭乘电梯、进出房间、奉茶、告别的礼仪及相关注意事项,能够在日常生活中熟练、得体地接待客人。

2. 实训内容

学生进行角色扮演,A同学是昌明酒店集团的总经理助理,接到上级指派,接待前来公司拜访的两位客户B和C(一位男经理和他的女秘书)。要求包括以下内容:引导客人参观公司、陪乘电梯、进出总经理办公室、给客户上茶、与客户告别。

3. 实训检测

老师和同学们根据所学的接待礼仪的要求和注意事项进行点评。

项目五 公共礼仪

项目目标

★ 掌握在道路行走、上下楼梯、搭乘电梯时应遵循的礼仪规范
★ 掌握驾车礼仪和乘坐轿车、公交车、火车、轮船、飞机的相关礼仪规范
★ 掌握在影剧院、酒店、医院、购物场所、观赛和舞会时需注意的礼仪规范
★ 掌握外出旅游的礼仪规范

案例导入

小张乘船

有一年小张去三峡玩，这是他第一次乘船，兴奋得不得了。小张说他们几个人站在甲板上高兴得又蹦又跳，当时有一艘船远远地开过来，小张他们几个无聊，就拿起脱下来的外衣又晃又跳希望引起那艘船的注意。一开始，那艘船上根本没人搭理他们，但是不多会儿就有几个人上了甲板，又过了一会儿，竟然有人拿起旗子冲着他们挥舞。小张他们一看有人打招呼，都乐坏了，更是使劲摇晃手上的衣服。小张哪里知道，他们正在给大家添麻烦！

问题：

请分析一下小张做错了什么？

任务一 行路礼仪

行走是我们日常活动的基本方式，在行走时应自尊自爱、以礼待人，自觉遵守

相应的礼仪规范，才能体现出个人的礼貌和修养。行路礼仪主要包括在道路行走、上下楼梯、搭乘电梯时应遵循的礼仪规范。

一、道路行走

1. 注意安全

步行要走人行道，不要与自行车或机动车抢道，还应让出专用的盲道。无人行道时，应尽量选择走路边。按照惯例自觉走在右侧，不可逆行，以免扰乱交通秩序，造成交通事故。横穿马路时要走斑马线，一定要等绿灯亮后，观察两边无车时才能通过，不可低头猛跑，更不可翻越栏杆。

2. 行路文明

四人或多人行走时，不要依仗人多而无所顾忌，高声说笑或横占半条马路，以致影响他人行走，最好前后两两并行。男女同行时，应体现“女士优先”的原则，男士应礼让女士进出大门和走廊。上下车时，男士要主动为女士打开车门。

路遇熟人和朋友要主动打招呼，但不必高声大喊。若要与朋友停下交谈，应站在不阻碍行人的地方，不可站在马路中间影响他人行走。在拥挤狭窄的路上行走时，应自觉礼让，尤其是遇到年老体弱者一定要主动让路。

行走时以中速为宜，不可过慢或过快。如果不小心碰到别人或踩了别人的脚，要主动向对方道声“对不起”，即使对方态度不好，也不要与其发生口角。别人撞了自己或踩了自己的脚，应宽容大度，不要口出怨言。

不要边走路边吃东西，这样既不卫生，又不雅观，如果确实是肚子饿或口渴了，可以停下来，在路边找个适当的地方，吃完后再赶路。走路时要注意爱护环境卫生，不要随地吐痰、随手抛弃垃圾。

3. 问路礼貌

问路时应选择合适的对象，最好不要去问正在急走或交谈的人。如果民警正在指挥车辆，也应尽量不去打扰，可以另找比较悠闲的人打听。问路时要礼貌地称呼对方，可根据对方年龄、性别和当地的习惯来称呼，绝不能用“喂”“哎”等一些不礼貌的语气呼叫对方。当别人给予回答后，要诚恳地表示感谢，若对方不知道，也应礼貌地说声“没关系，再见”。若有人向自己问路时，应尽力相助，必要时还可为之带路，不要不耐烦或不予理睬。

4. 保持距离

行路多在公共场合进行，故而应当注意随时与他人保持适当的距离。通常人与人之间的距离大体可以分为以下四种类型，行走时应正确地加以运用。

■ 私人距离：当两人相距在 0.5 米之内时，即为私人距离，仅适用于亲朋好友之间。与一般关系者，尤其是陌生人、异性共处时，应避免采用。

■ 社交距离：当两人相距在 0.5～1.5 米之间时，即为社交距离。这一距离，主要适用于交际应酬，人们在人际交往中采用最多，故又称常规距离。

■ 礼仪距离：当两人相距在 1.5～3 米之间时，即为礼仪距离，主要适用于向交往对象表示特有的敬重，或用于举行会议、庆典、仪式。

■ 公共距离：当两人相距在 3 米以外时，即为公共距离。主要适用于与自己不相识的人。

在排队时，人与人之间最好保持 0.5～1 米的间隔，不能紧挨着他人，让人不舒服。在自动存取款机上存取钱时，应主动保持 1 米的距离，以表示对他人隐私的尊重。

5.注意次序

行走次序是指人们在步行中的位次排列顺序。商务人员经常陪同领导、宾客，要特别注意这个问题，不可违反，否则有不礼貌之嫌。行走原则一般有以下几条。

■ 两人行：若为前后行，前为尊后为次；若为左右行，右为上左为下；若沿路行，内侧为上，外侧为下。

■ 三人并行：中为尊，右为次，左为下。

■ 男女同行：女士在右、男士在左或者是女士在内侧、男士在外侧。

■ 主客同行：主人应让客人走在内侧，主人走在外侧；若路况不好或路灯不明时，主人应走在客人前面，照顾、提醒客人。

二、上下楼梯

上下楼梯时应靠右行走，左侧留给有急事的人快速通过。多人同行时应单排行走，不应并排走妨碍后面的人通行。为人带路上下楼梯时，带路者应走在前面。上下楼梯时不应停在楼梯口或拐弯处进行交谈。

若同行者是长者、宾客或女士，上楼梯时，应让对方走在前面，自己走在后面。下楼梯时，自己则应主动走在前面，以防身后之人有所闪失。上下楼梯时，既要注意楼梯，又要注意与身前、身后的人保持一定的距离，以防碰撞。不管自己有多么紧急的事情，都不应推挤他人，也不要快速奔跑。

三、搭乘电梯

搭乘电梯时，需要注意以下几个方面。

(1)要注意安全。当电梯关门时，不要扒门或是强行挤入。在电梯人数超载时，不要心存侥幸，非挤进去不可。当电梯在升降途中因故暂停时，应立即通知检修人员检修并耐心等候，不要惊慌失措或冒险行动。

(2)要出入有序。与不相识者同乘电梯，进入时要讲先来后到，出来时则应由外而内依次而出，不可争先恐后。与熟人同乘电梯，尤其是与尊长、宾客、女士同乘电梯时，为了方便控制电梯，应先进后出。遇有残疾人同时搭乘电梯时，应给予帮助，让他们先进。

(3)进入电梯后，应面朝电梯口，以免造成面对面的尴尬。尽量站成“凹”字形，挪出空间，以便让后进入者有地方站。若站在电梯开关处，应为后面的人按住开门按钮，防止电梯门关闭，并主动为他人提供方便，按下他们要去的楼层。上电梯后，如果有人帮你按住开门按钮，要说声“谢谢”。按楼层时可请靠近按钮的乘客帮忙，如“请帮忙按一下第 8 层，谢谢”，不要伸长胳膊越过他人去按。

(4)在电梯里尽量不要攀谈，以免打扰到别人。若有人和你聊天，应使用适中的音量。在电梯里不要吸烟或乱扔垃圾。

(5)在地铁、商场、机场或娱乐场所乘自动扶梯时，要自觉站在右侧，给有急事的人留出一条通道。

任务二　交通工具的礼仪

人们在快节奏的现代生活中，往往需要开车或乘坐公交车、火车、飞机等交通工具。由于乘坐的交通工具类型不同，因此需要注意的事项也有所差异。下面主要介绍驾车礼仪和乘坐轿车、公交车、火车、轮船、飞机的相关礼仪规范。

一、驾车礼仪

汽车越来越成为我们生活中密不可分的一部分。在驾车时，每个驾驶者在遵守交通规则的同时，还应注意提高自身的素质，从礼仪的角度来完善自己，做到文明驾车。驾驶者在驾车时须注意以下几个方面。

(一)安全行驶

在驾驶汽车外出时，无论为了自己还是他人，都必须始终牢记安全第一。上车后一定要系好安全带。在驾驶期间，切记没有休息好不要开车、喝了酒不要开车、情绪不佳不要开车、打电话时不要开车。要严格遵守红绿指示灯，如果遇到红灯，即使没有行人在过马路，也不能闯过去。而且驾驶员应该在斑马线外减速，最后将车停在距离斑马线 1 米之外，而不能停在斑马线上。

此外，切忌抢占应急车道或利用其超车，致使救援等执行紧急任务的车辆受阻。在行车途中，不要随意往车窗外丢弃烟头或其他废弃物，不仅给环境带来污染，还可能对其他驾驶人或行人造成伤害。

（二）礼让他人

驾驶员在行车中，经常会遇到违章行驶、占道抢行、强行超车等不文明的行为。此时，驾驶员应宽容、大度和注意礼让，保持冷静的心态，尽量避免引起事端。与别人发生争执时，应耐心分辨，理智处理，不要带着情绪开车。

对待行人，尤其是老人、孩子、残障人士，一定要予以照顾，适当地避让、减速和停车。在经过积水路面时，应注意减速慢行，以免积水飞溅到道路两侧的行人身上。

（三）正确使用喇叭

行车中按喇叭能够警告行人和引起其他车辆的注意，起到催行、传递信号的作用，避免行车过程中发生碰撞等交通事故。司机在开车时应正确地使用喇叭，不要不分场合、频繁地按喇叭而使人反感，也不要在应该使用喇叭时却不用，结果引发交通事故。驾驶员在以下情况或地方应尽量少按喇叭。

1. 前方堵车或有行人

造成前方堵车的原因，一般有以下几种：车流量超过了道路的运载负担；交通事故导致道路处于半运行或者全瘫状态；信号灯故障；个别加塞现象导致有序的行车顺序被打乱。无论哪种因素导致的堵车，都不是靠多按或长按几声喇叭就能解决的，相反，在这种情况下按喇叭可能还会造成其他人情绪上的反感或者群体性的焦躁氛围。道路上如果遇到行人在前，也应尽量少按喇叭催促，尤其是对年老体弱者，要耐心礼让。

2. 小区、学校和医院

在中午或晚上的休息时间段开车进小区时，应尽量避免按喇叭，以免打扰他人休息。此外，一般在学校或医院附近都会有警示牌，提醒减速行驶、禁止鸣笛等。安静的环境有利于学生集中精力学习，也有利于病患充分休息，如果此时按喇叭，就可能会影响到学生和病患。因此驾驶员即便没有看到禁止鸣笛的标志，在经过学校或医院时，也应自觉减速慢行，不按喇叭。

3. 前车掉头或倒车

在前车掉头或倒车时，切不可为了省事只减速不停车，通过按喇叭催促，寄希望于对方能够快点让出道路，这样做反而会激怒前方开车的司机，或造成其心理上的紧张，加长掉头或倒车的时间。

(四)合理使用灯光

汽车上有夜行照明灯、夜行示宽灯、转向灯、刹车灯、紧急信号灯、雾灯等，各种灯具有不同的用途，使用很讲究，它们的使用直接关系到行车的安全。

■ 夜行照明灯：又称“大灯”。大灯有远光灯、近光灯两种。在市区有路灯的道路上应用近光灯，在无路灯道路或高速公路行驶时开远光灯。会车时，应关闭远光灯换成近光灯。

■ 夜行示宽灯：又称“小灯”。此灯是用来在夜幕降临、视线不明时显示车身宽度和长度的，以保证晚上行驶的安全。

■ 转向灯：此灯是最常用的信号灯，当车辆需要转向时开启。需要注意的是，开启转向灯的时间应在距转弯路口 30～100 米左右时，而不是已经到路口才打开，让尾随车辆措手不及造成追尾。

■ 刹车灯：此灯亮度较强，用来告知后车，前车要减速或停车。此灯如果使用不当极易造成追尾事故。

■ 紧急信号灯(双闪)：该灯在车辆发生故障需要临时停车等紧急情况下使用，在遇到能见度较低的恶劣天气时也应打开双闪，紧急信号灯与行车安全息息相关，要时常检查该灯是否正常。

■ 雾灯：它可以帮助驾驶员在能见度受天气影响较大的情况下，如雾天、雨天，让其他车辆看见本车，以防车辆碰撞事故的发生。所以雾天开车时司机一定要开雾灯，不能用小灯代替。如果非雾天气打开后雾灯，对后车司机来说是非常刺眼的。

(五)规范停车

驾驶员只能在允许停车的地方停车，不要堵住行人、自行车的通道，或堵在小区出入口。停车时应当注意其他车辆，清楚前后左右的情况，要按规矩停车，不要占用两个停车位，也不要把车停在挡住其他车辆出入的地方。如果和其他车辆一起找停车的地方时，要采取礼让的态度，不可争抢。

二、乘坐轿车的礼仪

在交际中，乘坐轿车已成为大家日常生活的一个组成部分。乘车时间虽短暂，但仍要保持风度、以礼待人。乘坐轿车时，应当遵守的礼仪规范主要涉及座次、举止、上下车的顺序三个方面。

(一)座次礼仪

在比较正规的场合,乘坐轿车时一定要分清座次的尊卑,在适当的座位上就座。轿车上座次的尊卑,一般以长者、客人、女士为尊,主要分为以下两种情况。

1. 主人驾驶

由主人亲自开车时,副驾驶座为上座,以示对主人的尊重。后排的座位遵循“右高左低、后高前低”的原则(如图 5-1)。双排五人座轿车、三排七人座轿车(中排为折叠座)的座次排列分别见图 5-1 左图、中图。在三排九人座轿车中,座次排列居中为上,第二排座尊于第三排座(如图 5-1 右图)。

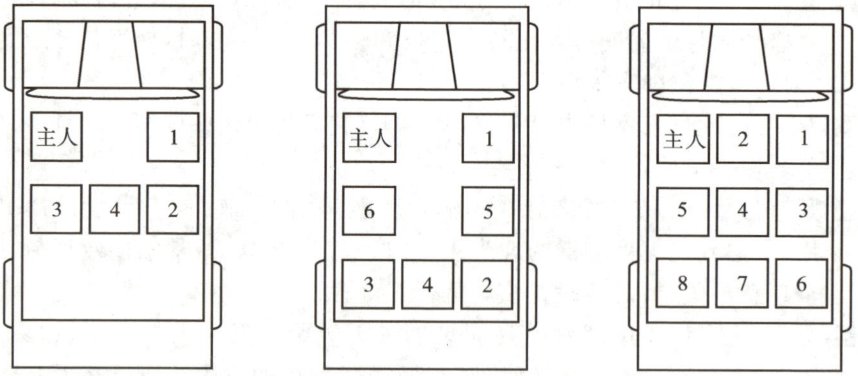

图 5-1　主人驾驶的轿车座次排列

2. 专职司机驾驶

由专职司机驾驶轿车时,仍讲究右尊左卑、后高前低,但上座由副驾驶座变为后排右座(如图 5-2)。双排五人座轿车、三排七人座轿车(中排为折叠座)、三排九人座轿车的座次排列分别见图 5-2 左图、中图、右图。

(二)坐车举止礼仪

坐在副驾驶座上时,应全程系好安全带。在轿车行驶过程中,乘车人之间可以适当交谈,但不宜过多地与驾驶者说话,以免其走神。在车上要注意举止,不要吸烟、吃东西,或往车外乱扔东西、吐痰。不要在车内脱鞋赤脚,或用脚踩座位,更不要将手或脚伸出窗外。

(三)上下车礼仪

1. 上下车的顺序

上下轿车的先后顺序也有礼可循,其基本要求是:尊长、女士、来宾先上车,后

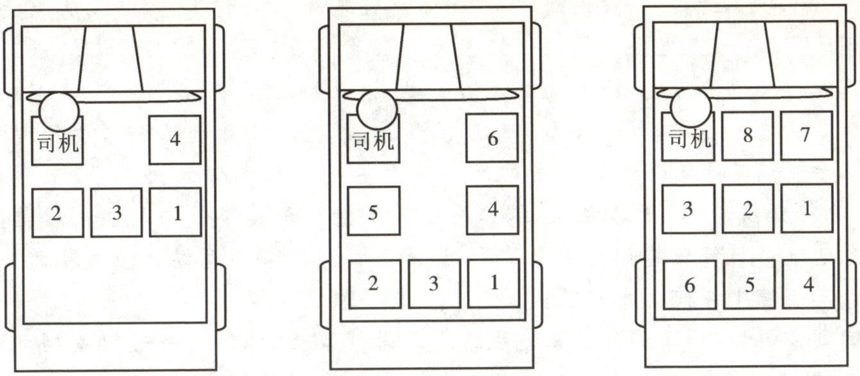

双排五人座轿车座次排列　　三排七人座轿车座次排列　　三排九人座轿车座次排列

图 5-2　专职司机驾驶的轿车座次排列

下车，具体操作如下：乘坐由专职司机驾驶的双排座轿车时，应请长者、上司、女士或嘉宾从右侧车门先上车，自己再从车后绕到左侧车门后上车。下车时，则应自己先从左侧下车，再从车后绕过来帮助对方。若车停在闹市，左侧车门不宜开启，则从右门上车时，应当里座先上、外座后上。下车时，则应外座先下，里座后下。总之，以方便易行为宜。

乘坐多排座轿车时，通常应以距离车门的远近为序。上车时，距车门最远者先上，其他人随后由远及近依次而上。下车时，距车门最近者先下，其他人则随后由近及远依次而下。

在开、关车门时，不要弄出较大声响或夹伤他人。在封顶时，应一手拉开车门，一手挡住车门门框上端，以防止其碰到他人。

案例分析

某公司的王先生年轻肯干，点子又多，很快引起了总经理的注意并拟提拔为营销部经理。为了慎重起见，管理层决定再进行一次考查。恰巧总经理要去省城参加一个商品交易会，需要带两名助手，于是总经理选择了公关部杜经理和王先生。王先生自然同样看重这次机会，也想寻机好好表现一下。

出发前，由于司机小王乘火车先行到省城安排一些事务，还没回来，所以他们临时改为搭乘董事长驾驶的车一同前往。上车时，王先生很麻利地打开了前车门，坐在驾车的董事长旁边的位子上，董事长看了他一眼，但王先生并没有在意。

车上路后，董事长驾车很少说话，总经理好像也没有兴致，似在闭目养神。为活跃气氛，王先生寻了一个话题："董事长驾车的技术不错，有机会教教我吧。"董事长专注地开车，不置可否，其他人均无应和，王先生感到没趣，便也不再说话。

一路上，除董事长向总经理询问了几件事，总经理简单地回答后，车内再也无人说话。到达省城后，王先生悄悄问杜经理为什么董事长和总经理好像都有点不太高兴？杜经理告诉他原委，他才恍然大悟："噢，原来如此。"

会后从省城返回，车子改由司机小王驾驶，杜经理由于还有些事要处理，需在省城多住一天，同车返回的还是四人。这次不能再犯类似的错误了，王先生想。于是，他打开前车门，请总经理上车，总经理坚持要与董事长一起坐在后排，王先生诚恳地说："总经理您如果不坐前面，就是不肯原谅来的时候我的失礼之处。"并坚持让总经理坐在前排才肯上车。

回到公司后，同事们知道王先生这次是同董事长、总经理一起出差，猜测着肯定提拔他，都纷纷向他祝贺，然而，提拔之事却一直没有人提及。

问题：王先生为何错过了晋升的机会？

2. 上下车的举止

要注意上下轿车的举止，尤其是穿裙子的女士，最好采用背入式和正出式。进车时，应双腿并拢，半蹲捋整裙摆，背对车门坐下后，再收入双腿，略调整身体位置，坐端正后关上车门(如图 5-3)。

(a) (b) (c)

图 5-3　上车时的举止

下车时应正面面对车门，双脚膝盖并拢着地，一手撑座位，一手轻靠门框，身体移出车外(如图 5-4)。

(a) (b) (c)

图 5-4　下车时的举止

三、乘坐公交车的礼仪

乘坐公交车应遵循以下礼仪规范。

(一)排队上车

候车时要按顺序在站台排队,车辆进站后,要待车停稳后依次上车。若有老人、残障人士、孕妇、儿童,要礼让他们先上车,并视实际需要,适当进行搀扶。如果车辆处于满员或拥挤状态而不能上车,应耐心等待下一辆车,绝不能扒门、硬挤,或吊挂在车门上。

(二)主动购票

上车后应主动买票、刷卡或投币。上车前要事先准备好零钱或公交卡,以免当场再找耽误时间。投币时不能少投或不投。路途较长的公共汽车,一般按座售票,应对号入座。乘坐这种车时,不要乱坐其他人的座位,也尽量不要找他人换座位。

(三)注意文明

上车后,不要与人争抢座位。途中若有老人、病人、残障人士、孕妇或怀抱婴儿的人上车,要主动招呼让座。如果别人为自己让座,应立即道谢。没有坐到座位,应尽可能地往车厢里面站,并拉好扶手站稳。若车内不拥挤,应与其他乘客保持适当的空间距离,不要靠得太近。如果车内确实拥挤,乘客间稍有碰撞、踩踏,要互相体谅。不慎碰撞、踩踏了别人,应马上道歉。别人向自己道歉时,应大度地表示"没关系",予以谅解,不要小题大做。

乘客在车上不能随地吐痰和乱扔杂物,不要将头、手等探出窗外。上了公共汽车后,应将随身携带的物品放到适当的位置,不要让它占座、挡路。不要携带有碍安全的物品上车,若携带重、尖、硬、易碎物品上车时,要妥善包裹,并安放好以免伤害他人的身体。不要把腿伸在过道上,人为地设置路障。有人通过身前时,应主动避让。下雨天上车后,雨伞的尖顶部分应朝下,以免戳伤别人。

(四)有序下车

下车要提前准备,在车辆到站前应向车门靠近。进行下车的准备时,如需他人让路,应有礼貌地先打一声招呼,如"麻烦借过一下""劳驾"或"请您让一下"。不要默不作声地向外挤,更不要发脾气或出言不逊。如果自己暂时不下车,应主动为下车的乘客让路。车到站后,应依次下车并照顾、礼让老弱病残孕。

四、乘坐火车的礼仪

乘坐火车的礼仪，主要由候车、寻位、休息、用餐、交际、下车等几个方面的礼仪规范组成。

（一）候车

乘客在候车厅等待时，要爱护候车室的公共设施，不要大声喧哗，携带的物品要放在座位下方或前部，不抢占座位或多占座位，更不要躺在座位上使别人无法休息。要保持候车室的卫生，瓜果皮核等废弃物要主动扔到果皮箱里，不要随地吐痰。检票时应自觉排队，不要拥挤、推搡。

（二）寻位

上车后要持票对号就座，不要见座就坐。如果有人提前坐在你的位子上了，也不要盛气凌人地把人赶开，可以礼貌地告诉他："对不起，这是我的座位，请让一下。"如果你买的是无座票，上车寻位时更应注意礼貌，如"请问，这个座位有人吗？"或"我可以坐这吗？"

旅客上车后，应迅速将携带的物品放到行李架上，不要放在过道上或小桌上，也不要独占太多的空间。当移动别人行李时应征得同意。自己的行李要摆放整齐，尽量不要压在别人的行李上，如果不得不压也应征得他人的同意。往行李架上放行李时，不要穿鞋直接踩踏座位，行李安放好后，应礼貌地向邻座的乘客打招呼或点头示意。

（三）休息

在座位上休息时，不要东倒西歪，不要卧倒在座位上，不要靠在他人身上，或把鞋脱掉，脚放到对面的座位上。在卧铺车厢里，旅客需要脱掉鞋子休息，如果双脚不干净，空气中就会弥漫着脚臭味，影响其他乘客休息。因此，旅客应提前为乘坐火车时脱鞋做好准备，如换上干净的袜子和鞋子。此外，不要注视他人的睡前准备和睡相，自己脱衣就寝时，应背对其他乘客。

带孩子的乘客，一定要管好孩子，不要让其随地大小便、大声哭闹或到处乱跑，以免影响他人休息。不要让孩子乱动他人物品，或纠缠他人。

（四）用餐

去餐车用餐时，如果人数过多，应耐心排队等候。在用餐时，应节省时间，不要大吃大喝、猜拳行令。用餐完毕应立即离开，不要赖着不走，借以休息、聊天。

若不去餐车，则可在座位上享用自己所带的食物，或购买服务员送来的盒饭。尽量不要在车上吃气味刺鼻的食物，吃剩的东西不要扔到过道上或投出窗外。在小桌上也不要过多地堆放自己的食物。当乘务员来打扫卫生和提供其他旅途服务时，应主动予以配合，并表示谢意。

(五)交际

上车之后，应主动向邻座的乘客打招呼问好。在交谈时，不要打听对方的隐私，不要冒失地索要对方地址、电话，也不要旁若无人地嬉笑打闹。与他人交谈时，要注意分寸，不要自以为是、夸夸其谈。当他人兴致不高或准备休息时，应马上结束谈话。有人主动找自己交谈时，应予以应答，不要置之不理。交谈时要注意降低音量，不要影响他人休息。

在火车上，大家虽然萍水相逢，但也应互相照顾。别人行李拿不动时，应援之以手。有人前去用餐或方便时，可代为看管行李。有人晕车或生病时，要多加体谅。若他人帮助了自己，要多加感谢。

(六)下车

下火车前要提前准备，若人较多，应自觉排队等候，不要往前硬挤或踩在座椅上抢行。

五、乘坐轮船的礼仪

在乘船时，乘客应自觉遵守以下几个方面的乘船礼仪规范。

(一)上下船

乘船时不得随身携带易燃品、易爆品、易腐蚀物品、枪支弹药、腐烂性物品、家畜动物以及其他一切违禁品。登船时应积极配合有关人员对人体和行李进行安全检查。所带行李的重量要符合有关规定，不要超过标准。

上下客轮时，要按先后次序排队，不要拥挤、插队。如果与长者、女士、孩子同行，上船时应请其走在自己前面，下船时则应请其走在自己身后，或以手相扶，以免对方有所闪失，自己无法照应。上下船若不是通过舷梯，而是走跳板或借助于小船时，要小心翼翼，切勿乱蹦乱跳，以免落水或影响他人。

乘船时要对号入座，不要争抢、占据不属于自己的座位，也不要随便与不相识者调换座号或铺号。若自己所买的是不对号的散席船票，应听从船员的安排，不要任意挪动或自己选择地方。

(二)室内外活动

在轮船上进行室外活动时,处处以安全为重,切勿存有侥幸心理。不要去不安全的地方,如轮机舱、救生艇或桅杆之上。一些没有扶手的甲板,也最好敬而远之。当风浪较大或夜深人静的时候,尽量不要一人在甲板上徘徊。未经允许,不论自己水性多好,都不要擅自下水游泳。带孩子的乘客要看住自己的孩子。不要在船头挥动丝巾或晚上拿手电筒乱晃,以免被其他船只误认为是旗语或信号灯。

在船舱内可自行安排活动,但切莫妨碍他人。不要打扰他人休息,或是因此而给别人带来不便,否则应立刻停止。需要他人参加自己的自娱活动时,一定要别人心甘情愿,不要勉强。对要求参加活动的人应表示欢迎。如有必要,在进行活动前,应征得周围人的同意,免得影响到对方。此外,要注意船上的忌讳,如不要谈及翻船、撞船之类的话题,不要在吃鱼时将其翻身等。

(三)注意卫生

应自觉维护环境卫生,不要随地吐痰或乱扔废弃物。与他人同住一个客舱时,不要吸烟。如果因晕船发生呕吐事件时,千万不要直接吐在地上,应当去洗手间进行处理,或是吐在呕吐袋内。万一不小心吐到地上,应立即将其打扫干净。若自己周围的人晕船、生病,要给予对方力所能及的帮助,不要对其另眼相看或有意躲开。客舱的空间较为狭小,因此要注意及时漱口、洗澡,以消除异味。

(四)紧急事件

乘船旅行途中,若发生了难以预料的天灾人祸,如沉船、撞船、台风等,应保持冷静,听从指挥,不要惊慌失措、急不择路或是跳水逃走。

六、乘坐飞机的礼仪

乘坐飞机的礼仪主要涉及前期准备、登机手续、乘机期间和飞机降落四个方面。

(一)前期准备

不同的航空公司对随身携带行李、托运行李有不同重量和规格的规定。在收拾行李时,要对此充分了解并比照办理,以防届时手忙脚乱,因行李不合规定而耽误行程。乘客不得托运枪支、匕首、毒害品、易燃易爆品、腐蚀性物品、放射性物品、有强烈刺激性气味的物品等,需要注意的是榴莲是不能托运的。

乘坐飞机要求提前到达机场。一般来说,乘坐国内航班应提前 90 分钟到达机场，乘坐国际航班应提前 120 分钟到达机场，以便办理登机手续。

（二）登机手续

换取好登机牌后须接受安全检查。在传送带前排队安检时应提前做好准备，在前面还有 1～2 个人的时候，可将手机、充电器和笔记本电脑等物品放在容易拿取的地方。安检结束后，不要在出口处整理衣物和行李，应拿好随身物品，走到没人的地方再整理，给其他人让出地方取他们的物品。

登机前要自觉排队检票。进入机舱时，当乘务人员站在机舱的门口迎送，并热情问候时，乘客应予以友善的回应，点头致意或问好。

（三）乘机期间

登机坐下来后就应把安全带系好，遵从安全规定，自觉关闭电子设备，并配合乘务员的安全检查。根据民航的相关规定，飞机起飞后 20 分钟和落地前 30 分钟内乘务员要完成所有的客舱服务程序，因此乘客在这个时间段应尽量减少或避免呼叫乘务员。

飞机平飞后，娱乐系统正常开启，使用娱乐设备时，音量大小以不影响他人休息为宜。在机舱内说话声音不可过高，尤其是其他乘客闭目养神或阅读书报时，不要喧哗。不要在飞机起飞或降落时使用卫生间，进入前应先敲门询问是否有人，使用完毕后要及时冲水，并将垃圾投入专用的垃圾箱内。不要在飞机上吸烟，所有垃圾，包括飞机上毛毯的外包装袋，应妥善安放，也可置于座椅前方的清洁袋内。

调节座椅靠背时，应注意观察后方乘客的状态，如查看对方是否在用餐或使用电脑等。休息时，要注意自己的坐姿和躺姿，不要把腿伸到通道上，或是别人的座位上。不得当众更换衣服或脱去鞋袜。

此外，对乘务员要礼貌，空姐送来食物、礼品时，应按自己的需要取用，并主动向对方说一声“谢谢”。遇到飞机晚点、停飞、返航或改降其他机场时，应从大局出发，不能向乘务人员发脾气、拦截飞机起飞或飞机降落后拒绝下飞机，甚至使用武力。

（四）飞机降落

飞机降落后要听从空乘人员的提示再起身整理行李，切忌飞机降落过程尚未完毕，就站立起来，这样极易造成伤害。取行李时应让靠走道和中间的乘客先拿。下飞机时有序同行，互相礼让，不可推搡。

经典案例

一次坐飞机的经历让小陈至今说起来都牙根痒痒。“从西安到北京的飞机,我坐在窗边,旁边坐了两位中年男子。”小陈称,刚一上飞机这两个人的嗓门就让她有点儿震惊,但是想着当时大伙都在放行李比较乱,就没在意。没想到飞机起飞以后,两个人开始在旁边高谈阔论,声音丝毫不比一开始小。“原本想在飞机上小睡一会儿,结果根本没法睡。”小陈说,这还不算,两人吃完东西之后准备睡觉,其中一人竟然脱掉了鞋子,“我在他们的鼾声、脚臭中度过了一个多小时。现在想起来都觉得太让人气愤了。”

任务三　特定公共场所礼仪

特定公共场所礼仪是指具体某一场所或场合所需遵守的礼仪规范,下面主要介绍在影剧院、酒店、医院、购物场所、观赛和舞会时需注意的礼仪规范。

一、影剧院礼仪

到影剧院看电影、戏剧或文艺演出,是一种高尚的娱乐和美的享受,观众在观看的过程中应当遵守影剧院内的公共秩序,讲究文明礼貌。

(一)入场

应根据演出的规格,穿着不同的服装。例如,观看高雅、高规格的演出、话剧时,应做到仪表整洁得体,穿着正装。而观看一般电影时,对服装不做过多要求。

观看电影、戏剧或文艺演出时,要提前到场,对号入座。若迟到,可在幕间休息时入场。如果没有幕间休息,应由服务员引导悄悄入座。穿过座位时姿势要低,脚步要轻,应与让座者正面相对,切勿让自己的臀部正对着他人,同时向被打扰的周围观众轻声致歉,并对起身礼让的观众致谢。

如果是专场演出,一般是普通观众先入场,嘉宾在开幕前由主人陪同入场,此时,其他观众应礼貌地起立鼓掌表示欢迎。

(二)观看

入座后不要左右晃动,影响他人视线。观看节目时应自觉遵守场内规则,不吃零食、不随地吐痰、不吸烟或乱扔杂物。看电影时吃东西要尽量不发出声响。观看期间应将手机关闭或调成静音状态，若有规定不能摄影，应按规定行事。

观看节目时要保持安静，不要大声谈笑、窃窃私语、附唱、以手拍击，或在演出、放映过程中解说和品评。当演出到精彩之处时，可以通过鼓掌、喝彩等形式向演员表示敬意，但应注意把握好分寸。不宜用吹口哨、怪叫等方式宣泄情感。若演出中出现一些故障或特殊情况，应采取谅解的态度，不应喧闹或喝倒彩。

在节目演出、影片放映过程中，不应随便退场，中途不得已必须退场时应慢步轻声，并尽可能在幕间休息时退出。演出快结束时，不抢先离座出场。

(三)退场

演出结束后，观众应起立热烈鼓掌，对演员的劳动和精彩演出表示感谢，等待演员谢幕后再行退场。在离去的过程中，应按顺序退场，不得拥挤，更不得停留，以免造成踩踏事故。

二、酒店礼仪

在出差或旅行的时候，我们需要入住酒店，这时，应注意以下入住酒店的相关礼仪规范。

(一)尊重服务员

在与酒店的服务员相处时，应平等相待，尊重其人格。出入酒店时，门童为自己开启大门或向自己问好，应予以回应或表示感谢。在前台办理入住或咨询问题时，不能颐指气使，咄咄逼人，也不必低声下气，当得到对方帮助后应表示感谢。搭乘有人服务的电梯，应清晰地报出自己要去的楼层，并向服务人员致谢，不要无视对方的存在，自己按钮操作。

当客房服务员需要进入客房打扫卫生时，应表示欢迎并道谢。若不方便其进入，可事先在门外把手上悬挂“请勿打扰”的告示牌，或开启“请勿打扰”的指示灯。但离开房间时，应取下此牌或关闭此灯。在走廊上遇见服务员，尤其是对方首先向自己打招呼时，应向对方问好。

在酒店餐厅用餐时，对服务员应谦和有礼。当服务员忙不过来时，应耐心等待，不可敲击桌碗或喊叫。对于服务员工作上的失误，应善意提出，不可冷言冷语，加以讽刺。

(二)与他人和睦相处

有时因为出差、跟团旅行或其他原因，我们需要和他人同住一个房间，这时应主动与对方打招呼，相互适应，互谅互让，不因自己的原因而妨碍对方休息。若与相识的人同住一家酒店，应注意不在休息的时间拜访对方。有必要前去时，应预先打好招呼，到达后轻轻敲门，得到允许后方可进入，即使房间门虚掩着也不能不敲门就直接进入。在走廊交谈或在房间收看电视时声音不要太大，以免影响别人休息。

在酒店的公共场所，如大厅、走廊、电梯等，应注意自身的形象，不要穿着拖鞋、背心、浴衣、睡衣等转来转去或到餐厅用餐，也不要大声说话或吵闹。

(三)爱护客房物品

酒店客房内供住客生活使用的各种物品，如桌椅、灯具、电视、空调等，使用时应予以爱护，不要故意破坏。入住时要注意文明，不要随地吐痰，或在墙上乱涂乱画。入住吸烟房时，不要乱弹烟灰、乱抛烟头，以免烧坏地毯或家具，甚至引起火灾。住客对入住房间的态度和行为，可以体现出个人的人品和文化修养。

创建节能、环保的绿色酒店是酒店业发展的趋势，作为住客也应有节能的意识。客房内暂时不用的电器、水龙头要及时关闭。

(四)文明离店

在准备退房前，可以先给前台打个电话通告一声，如果行李很多，可以请他们安排行李员来帮忙提行李。退房时不要随意从客房拿走毛巾、睡衣或其他属于酒店的物品。如果拿走酒店的物品，不仅会导致令自己尴尬的局面出现，而且到最后还要为此付款。

如果不小心弄坏了酒店的物品，要主动声明，不要隐瞒抵赖，要勇于承担责任并加以赔付。结完账时，应礼貌地致谢，并友好地与酒店工作人员道别。

三、医院礼仪

医院是救死扶伤的地方，也是一个特殊的公共场所。人们去医院看病或看望病人时，应注意相关的礼仪规范。

(一)就诊礼仪

去医院就诊时，要自觉遵守医院的规定。不要在医院内吸烟，不随地吐痰，不乱扔垃圾，不高声大叫、哭闹，不争抢插队，应按先后次序就诊。若患上了感冒或其他流行性传染病，就诊时要自觉戴上口罩，打喷嚏或咳嗽时要用纸巾捂住口鼻，并回避他人。

他人在接受诊治时，不要围观或站在诊室门口倾听别人的检查结果，也不要偷窥他人的处方或化验单，更不要随意询问陌生人的病情。因病住院的人员要自觉保持病房的卫生，严格遵守作息时间和病房的各项规定，与其他病友友好相处。

如果对医生的诊断有怀疑，可以委婉礼貌地向医生说明原因，请医生再作考虑。如果认为医生对疾病做了不当处理，应认真询问处理依据，不可纠集亲友聚众闹事，而应通过法律的途径来解决问题。

（二）探望礼仪

探望病人时要做到有礼有节，才能对病人的康复有好处。在看望病人时要注意以下几个方面的礼仪规范。

1. 探望的时机

探望病人应选好时间，在医院允许的探视时间内进行。要事先了解病人的病情和接受治疗的安排情况，不要在病人刚住院或刚做完手术便去探望，以免影响病人的治疗和休息。此外，不要在清晨、中午、深夜以及用餐时间前往探望。

探望时长应根据病人的身体状况来定，不可在病房逗留过久。长时间的交谈，容易使病人劳累，若病人已在康复中，并有较高兴致希望与人交谈时，那么探望者可与之多谈些时候，但要控制时间，适时告辞。探望时间一般以十几分钟为宜，最多不超过半个小时。

2. 探望的礼品

探望病人时应携带合适的礼品，如鲜花、水果或滋补品等。但要考虑病人的病情和礼品的寓意，不可盲目。例如，有呼吸疾病的人对花粉或花香比较敏感，送鲜花就要注意。有些营养品不适合某些疾病，如糖尿病病人忌用含糖量高的食品等。

3. 探望的言谈举止

人在患病期间对他人的言谈举止非常敏感，容易产生伤感或不快的情绪。因此探望者要注意细节，不要因自己的行为让病人产生心理负担。具体注意以下几点。

■ 不大惊小怪：探望时如果看见病人周围的管子、瓶子等医疗器械时，不要大惊小怪。探望时应神态自然、亲切、乐观，不要故作沉重，更不要在病人面前落泪，使病人误解自己的病情。

■ 动作要轻：探望时举止要稳重，走路脚步放轻，轻声关门。不要在病房高声说笑、指手画脚。

■ 话题轻松：和病人交谈时应多谈一些轻松的话题，如时下有趣的新闻、生活趣事等，以转移病人的注意力。不要把工作或生活中的困难说给患者听，也应避免过于详细地向病人询问病情，或当着病人的面向医生或病人的亲属询问病症。

四、购物场所礼仪

购物是我们生活中极为普通的事情，作为顾客，在购物的过程中也应注意自己的文明举止，自觉遵守以下几个方面的礼仪规范。

(一)挑选商品

在挑选、比较商品时，看完后应放回原位，不要随便摆放，对易碎商品则应轻拿轻放。如果不慎将商品损坏，应主动赔偿。对尚未付款的商品不要随便拆开包装。若手有污渍，应避免触摸商品，尤其不可触摸食品。试穿衣物时，女士应避免将唇膏、睫毛膏等蹭在衣物上。

当需要向营业员咨询时，要礼貌地向其招呼，不要“喂喂”地乱叫，也不要用命令的语气说话。如果售货员正在为别的顾客服务，可在旁边耐心等待，不要急于插话。

(二)购物环境

在购物场所不要吸烟，不随地吐痰或乱扔垃圾，浏览商品时要保持安静，不要嬉戏打闹、快跑。使用商场手推车时，要避免碰撞他人或商品。注意停放位置，不要堵塞通道，用完应停放在指定的位置。

(三)帮助他人

购物时应主动向有困难的人提供帮助，如搀扶、拎提物品等，但要在征得对方同意后才能施以援手。对于老弱病残及妇女儿童，应有礼让精神。

(四)结账离开

结账时要按照次序排队，并保持间距。购物完毕后，应礼貌地向营业员致谢。营业员出现差错时，应耐心指出，善意提醒，不可得理不饶人。

由于某些原因需调换已购买的商品时，应耐心地向营业员说明情况。理由正当而遭拒绝，可向商店经理反映，不要与营业员争吵。

五、观赛礼仪

观众在观看比赛时，应自觉维护赛场秩序，遵循以下礼仪。

（一）按时入场

观看体育比赛时应尽量提前或准时入场，并在入口处主动出示票证配合工作人员检验，进场后对号入座。

（二）文明观赛

观看比赛时要文明宣泄情绪，为运动员加油助威的标语、口号，内容应健康。观赛者可以在比赛中为自己喜爱、支持的运动员或运动队欢呼呐喊，但不要对对方运动员和啦啦队使用不文明的语言和手势，甚至向运动员投掷物品。若运动员表现反常，没有发挥应有水平，也要予以热情鼓励，不能起哄、吹口哨、喝倒彩，甚至辱骂运动员。不要因情绪激动而用脚踩着座位观看，也不要频繁进出赛场购买饮料、如厕等，以免影响其他观众。

拍照时不要使用闪光灯，因为闪烁的灯光会分散运动员的注意力，甚至可能造成运动员比赛失误或者受伤。此外，近距离观看某些项目的比赛，如射击、羽毛球、网球等，要将手机关闭或调成振动。

观看比赛时，要自觉维护体育场内的卫生，不随地吐痰或吸烟，不乱扔果皮、饮料瓶等废弃物，不可翻越栏杆。

经典案例

在 2004 年 5 月 30 日国际女子网球挑战赛女单决赛的赛场上，曾经出现过这样的一幕。主裁判在开赛前就向现场观众呼吁：“请各位关掉手机或者调为振动，谢谢合作！”但是比赛开始后，手机铃声仍然此起彼伏，主裁判好几次因此而不得不中断比赛。正在参赛的李娜实在忍无可忍，冲着观众发火：“能不能把手机关上？”现场确实安静了很多。但是好景不长，才过了一会，手机再次响起，并且一呼百应，这种情况一直持续到比赛结束。

第五届春兰杯三番棋决赛的最终决胜局，在前两局战成平局的情况下，中韩两位“佛爷”都使出了全身法力。在裁判长陈祖德宣布完比赛规则并要求在场所有人关闭手机后，比赛正式开始。突然间，人群中响起了手机的铃声，在安静的对局室中犹如一颗炸弹爆起，所有人都为之一惊。此时，周鹤洋正准备落子，听到手机铃声，他抬起头，目光在人群中扫视了一遍后马上将全部注意力集中到棋盘上。陈祖德显得非常生气，事后向相熟的记者打听刚刚那个惊扰了棋手的手机是谁的，但由于当时所有人都将注意力放在两位对局者身上，谁也没有注意到那个手机的主人。

在其他赛场上，类似现象也是屡见不鲜。悉尼奥运会期间，在需要绝对安静的射击场内，手机铃声还是不合时宜地响起。尽管为了防止手机铃声干扰选手，场内贴有醒目的“请勿打开手机”的警示，但还是时不时有手机铃声响起。正当运动员屏住呼吸静气凝神瞄准的那一刻，一声刺耳的手机铃声响了起来。有位外国观众皱着眉头小声地嘟哝了一句：“一定是中国人！”结果，真的是一位中国人拿出手机，旁若无人地讲起电话……

(三)礼貌退场

比赛中若要提前退场，应在不打扰他人的情况下尽快离开。比赛结束时，应按座位顺序退场，不要互相拥挤，也不要尾追、堵截体育明星。

六、舞会礼仪

舞会是以跳交际舞为主要活动方式的一种轻松愉快的文娱性活动，是现代社会中一种高雅而又重要的交际联谊活动。参加舞会时，应注意以下几点。

(一)仪容仪表

舞会是比较正式的场合，因此需要穿着较为正式的服装，做到整洁大方。男士应着西装，女士应选择华丽、色彩稍鲜艳的服装。舞会上不应当众脱掉外衣。参加舞会时还应进行适度的化妆。女士妆面应稍浓一些，但也要讲究自然、美观，男士头发要梳整齐，面部保持干净。

参加舞会前不得吃葱、蒜、醋等带有强烈刺激气味的食品，不喝烈性酒，不大汗淋漓或疲惫不堪地进入舞场，患有感冒者最好也不要进入舞场。

(二)邀请舞伴

在舞会上邀请舞伴时，一般由男士邀请女士。男士应主动走到女士面前，含笑致意，然后彬彬有礼地邀请：“我可以请你跳舞吗？”或“能否有幸请你跳个舞？”舞会上，一般讲究第一支舞曲和最后一支舞曲要和自己同来的舞伴共舞。从第二支曲子开始，就需要交换舞伴去扩大自己的交际圈。舞会上，一对舞伴只宜共舞一支舞曲。

一般情况下，不宜对邀请者表示拒绝。如果出于某种原因，不想接受他人的邀请，要委婉措辞，如“对不起，这首舞曲我不太会跳”“对不起，我累了，想休息一下”等，以免伤害对方的自尊心。一旦拒绝邀请，这首舞曲就不宜再接受其他人的邀请了。

（三）跳舞过程

跳舞时要注意上下场的礼仪，给舞伴应有的尊重。上场时，男士应主动跟在女士身后，让对方来选择跳舞地点，一曲终了，方可停舞。下场时，男士应将女士送至席位，并致谢意，女士则应点头还礼。

跳舞时姿态要端庄、大方，身体保持平、正、直、稳，掌握好重心，不要摇晃。不小心踩到舞伴的脚或冲撞到他人时，应礼貌道歉。跳舞时男女双方不应目不转睛地凝视对方，也不要表情不自然。男士不要把女士的手捏得太紧，不可把整个手掌全贴在女士的腰上，也不要在旋转时把女士拖来扯去。女士则不应把双手套在男士的脖子上，也不要把头部俯靠在对方的肩上。

任务四　外出旅游礼仪

旅游文明素质是一个国家和地区公民整体文明素质和社会整体文明程度的反映和体现，因此无论是境内还是境外旅游，都应掌握旅行相关的礼仪知识。

一、爱护旅游资源

游客在旅游观光时应爱护旅游景区的公共设施、花草树木，不能在柱、墙、碑等建筑物上面乱写、乱画、乱刻。不可用手触摸珍贵的文物展品和宗教圣物，或攀爬雕塑作品。

在公共场所拍照时要注意有无禁止拍照的规定，不践踏草坪，对古玩、字画、壁画等进行拍照时，应尽量不使用闪光灯，以免对这些文物造成损害。如果是进入山林旅游，要特别注意不吸烟、不用火，严防发生森林火灾。

二、保持环境卫生

要注意保持旅游景区的环境卫生和宁静气氛。景区内不大声喧哗，嬉笑打闹。不随地吐痰和吐口香糖，不乱扔废弃物，不在禁烟场所吸烟。如果是带孩子旅游，要事先教育孩子不能随地大小便。野餐野炊后一定要将瓜皮果壳连同包装材料收拾干净。

三、礼让照顾他人

在旅游中要礼让和照顾他人，遇到购票或某一景点的人较多时，要自觉排队，不前拥后挤，制造混乱。在景点拍照时，要互相谦让，不要争抢。在等候拍照的游人较多的地方，应抓紧时间尽快结束，不让后面游客长时间等候。

在狭窄路段要主动给老幼妇孺让行，不要推搡。在景点设置的长椅长凳，不可一个人长时间占用。如果是跟团旅游，一定要听从导游的安排，不随意离队，也不要因玩得过于投入而误了归队时间，让团队其他成员长时间等候。在上车时，应让长者、尊者、小孩先上车。

四、尊重当地习俗

在出发前应对旅游目的地的风俗习惯、礼仪和禁忌有一定的了解，做到入乡随俗。例如，在一些国家旅游时要注意付小费，以表示对服务人员所付出劳动的尊重和肯定。当面付小费时要表现得若无其事，不可大呼小叫、轻视傲慢，忌付硬币。在伊斯兰教国家旅游时女士要尽量注意穿长袖上衣和长裤，不要太暴露。斋月期间在日出后和日落前，不要在公共场所和大街上喝水、吸烟和吃东西。

项目总结

本项目主要介绍了行进礼仪、交通工具礼仪、特定公共场所礼仪和外出旅游礼仪。行路礼仪主要介绍了在道路行走、上下楼梯和搭乘电梯时应遵循的礼仪规范。交通工具礼仪主要介绍了驾车礼仪、乘坐轿车礼仪、乘坐公交车礼仪、乘坐火车礼仪、乘坐轮船礼仪和乘坐飞机礼仪。特定公共场所礼仪主要介绍了影剧院礼仪、酒店礼仪、医院礼仪、购物场所礼仪、观赛礼仪和舞会礼仪。外出旅游礼仪的基本要求是爱护旅游资源、保持环境卫生、礼让照顾他人和尊重当地习俗。

课后练习

一、判断题

1.走路时不要吃东西，这既不卫生，又不雅观。 （ ）

2.上楼梯时，应让长者、宾客或女士走在后面，下楼梯时则应让他们走在前面。 （ ）

3. 问路时应选择合适的对象，最好不要去问正在急走或交谈的人。（　　）

4. 乘坐电梯时可以伸长胳膊越过他人去按自己想去的楼层。（　　）

5. 乘坐公交车时要事先准备好零钱或公交卡，以免当场再找耽误时间。（　　）

6. 下雨天上车后，雨伞的尖顶部分应朝上。（　　）

7. 乘坐火车时，可穿鞋踩在座位上往行李架上放行李。（　　）

8. 乘坐轮船不要在吃鱼时将其翻身。（　　）

9. 探望病人时选择的礼品要考虑病人的病情和礼品的寓意，不可盲目。（　　）

10. 斋月期间在伊斯兰教国家旅游时，可随时在公共场所喝水和吃东西。（　　）

二、不定项选择题

1. 在商场、机场或娱乐场所乘自动扶梯时，要自觉站在（　　）。

A. 左侧　　B. 右侧　　C. 中间　　D. 随意

2. 以下哪些情况不宜开车？（　　）

A. 没有休息好　　B. 喝了酒　　C. 情绪不佳　　D. 打电话

3. 以下关于驾车礼仪的说法，哪些是正确的？（　　）

A. 抢占应急车道或利用其超车

B. 在经过积水路面时保持快速前行

C. 在经过学校或医院时应自觉减速慢行，不按喇叭

D. 停车时不要把车停在挡住其他车辆出入的地方

4. 客人来访时，我们要为客人打开房门，当房门向外打开时，下面说法正确的是（　　）。

A. 客人先进　　B. 我们先进　　C. 同时进门　　D. 不确定

5. 在医院探望病人的时间应控制在（　　）。

A. 10 分钟　　B. 1 个小时　　C. 半个小时　　D. 2 个小时

6. 关于乘坐飞机的礼仪，以下哪些说法是正确的？（　　）

A. 榴莲是可以托运的

B. 在传送带前排队安检时应提前做好准备

C. 飞机起飞或降落时可以使用卫生间

D. 对乘务员要礼貌，空姐送来食物、礼品时，应按自己的需要取用，并主动致谢

三、填空题

1. 在道路上行走时应在________侧通行。

2. 一般来说，乘坐国内航班应提前________分钟到达机场，乘坐国际航班应提前________分钟到达，以便办理登机手续。

3. 在排队时，人与人之间最好要保持________的间隔。

4. 主客同行时，主人应让客人走在________，主人走在________。

5. 驾驶员应在斑马线外减速，最后将车停在距离斑马线________之外，不能停在斑马线上。

模拟训练

实训一：乘车礼仪训练

1. 实训目标

通过实训使学生掌握乘车座次礼仪和上下车的礼仪规范。

2. 实训内容

(1)小刘是某公司的经理秘书，某天和上司陈总和陈太太一起乘车，驾驶员是陈总。

(2)小刘陪同陈总到外地出差，对方公司的司机和秘书来接机。

(3)合作公司的张总携两位助理前来观察项目的进展情况，小刘和司机前去接机。

3. 实训方法

将全班同学分为若干小组对上述实训内容进行演练，然后老师进行评分。演练时要注意座次的尊卑和上下车的顺序、举止。

实训二：讨论公共场所的不文明行为

1. 实训目标

通过实训使学生懂得公共礼仪在公共场所活动中的重要性，掌握不同公共场所礼仪的基本内容和要求。

2. 实训方法

请学生回忆自己在公共场所所遇到的不文明行为，并提出自己对这些现象的看法，在课堂上展开讨论。

项目六　沟通礼仪

项目目标

★ 了解交谈礼仪，能恰当地选择交谈话题，自然得体地与人进行交谈

★ 掌握一般书信和专用书信的格式，能灵活应用通信技巧，并注意其中的礼仪规范

★ 熟悉拨打、接听电话的礼仪，能礼貌地接听和拨打电话

★ 掌握网络礼仪，能礼貌地收发电子邮件和使用微信

案例导入

苦恼的小王

小王进入新单位以后，一直非常苦恼，因为他发现同事们都躲着自己，也不喜欢和他多说话。有一次见了同事小赵，小王第一句话就问："哥们儿，最近又交往什么女孩了吧？还是原来那个女朋友吗？"小赵的脸当时就变了颜色。

还有一次，小王在街上遇到一个多年未见的大学老师，小王热情地走上前对老师说："您是韩老师吧？您不记得我了？"韩老师一时想不起来，小王笑哈哈地说："老师真是贵人多忘事啊！都不记得我这个学生了，真是让人伤心啊！"本以为开玩笑的话能让老师喜欢，没想到老师和自己寒暄几句后就匆匆离去了。

问题：

请帮小王分析一下他得不到朋友喜欢的原因。

任务一　交谈礼仪

美国前哈佛大学校长伊立特曾说："在造就一个有修养的人的教育中，有一种训练必不可少，那就是优美、高雅的谈吐。"交谈是人们进行日常交往的基本形式之一，也是人们表达思想和交流情感的重要途径。谈话的得体与否，常常决定着办事是否顺利，甚至成败。因此，在交谈中要遵从一定的礼仪规范。交谈礼仪主要包括交谈的语言、话题、态度和技巧。

一、交谈的语言

英国喜剧作家本·琼生曾经说过："语言最能表现一个人，你只要一张口，我就能了解你。"语言是交谈的载体，语言的运用直接影响到交谈的效果。在与人交谈时，语言应达到文明和准确的要求。

（一）文明

交谈中使用文明用语，是人类文明的标志。知礼会为你营造一个和谐愉快的氛围，为成功的交谈奠定基础。在日常交谈中，使用礼貌用语时需要注意以下两点。

首先，在交谈中，要善于使用一些约定俗成的礼貌用语，如"请""您""谢谢""对不起""再见"等。一句简短的礼貌用语有时会产生意想不到的效果，例如一声及时的"对不起"可以减小对方生气的火焰，让大事化小，小事化了。交谈中如有争执，也应不失风度，切不可说上一句"我就是认为我对"等。

知识链接

日常礼貌用语

问候语：您好；早上好；中午好；下午好；晚上好。

欢迎语：欢迎您；见到您很高兴；再次见到您很愉快。

回敬语：谢谢；多谢；非常感谢。

致歉语：抱歉；对不起；请原谅；"打扰您了，先生"；"真抱歉，让您久等了"。

祝贺语：祝您节日愉快；祝您生日快乐；祝贺您；恭喜恭喜；祝您成功。

道别语：再见；回头见；明天见；走好；慢走；保重。

请托语：请；拜托；劳驾；请多关照。

慰问语：辛苦了；您受累了；麻烦您了；让您费心了。

其次，交谈中应尽量避免一些不文雅的语句和说法，切忌说粗话、脏话、怪话、荤话等，不宜言明的事情可以用委婉的词句来表达。例如想要上厕所时，宜说“对不起，我去一下洗手间”或“不好意思，失陪一下”等。

做到文明礼貌，既要注意谈话内容，又要讲究谈话方式；既要注意言谈本身的问题，又要注意伴随言谈的表情动作。

知识链接

常用客套话和谦辞

初次见面，说“久仰”；好久不见，说“久违”。
询问姓名，说“贵姓”；自称姓名，说“敝姓”。
询问年龄，说“贵庚”；自称年龄，说“虚度”。
他人住处，说“尊寓”；自称住处，说“寒舍”。
赞人见解，说“高见”；自称见解，说“愚见”。
欢迎他人，说“光临”；没有亲迎，说“失迎”。
探望他人，说“拜望”；起身作别，说“告辞”。
中途先走，说“失陪”；等待他人，说“恭候”。
送别他人，说“慢走”；请人别送，说“留步”。
请人饶恕，说“恕宥”；自责不周，说“失敬”。
请人批评，说“指教”；请人指点，说“赐教”。
打断别人，说“打扰”；请人原谅，说“包涵”。
请人帮忙，说“劳驾”；托人办事，说“拜托”。
求人解答，说“请问”；佩服他人，说“拜服”。
劝告他人，说“奉劝”；告诉他人，说“奉告”。
归还东西，说“奉还”；赠送东西，说“奉送”。

(二)准确

在交谈时如果词不达意，前言不搭后语，很容易被人误解，达不到交际的目的。因此，在表达思想感情时，应做到以下几点。

1.发音准确

发音准确包括发音标准、发音清晰和音量适中。与人交谈时，应尽量讲普通话，不能读错音、念错字。其次发音要清晰，不能含含糊糊、口齿不清。最后，交谈时音量要适中，以在座者都能听清为好，音量过高令人有震耳欲聋之感，过低则让人听起来比较费劲，都不太合适。

2. 语速适度

语速指讲话的速度。在讲话时，应对其加以控制，使之保持匀速，快慢适中。在交谈时，语速过快、过慢或忽快忽慢，都会影响效果。

3. 简洁易懂

与他人交谈时，应力求言简意赅，简单明了，少讲废话，切忌啰哩啰唆、不着边际或短话长说。语言准确流畅还表现在让人听懂，因此用语应当通俗易懂，不可晦涩难懂、有歧义或堆砌辞藻，言谈时尽量不用书面语或专业术语，因为这样的谈吐让人感到太正规、受拘束或是理解困难。古时有一个笑话说的是，有一个书生，突然被蝎子蜇了，便对妻子喊道："贤妻，速燃银烛，你夫为虫所袭！"他的妻子没听明白，书生更着急了："身如琵琶，尾似钢锥，叫声贤妻，打个亮来，看看是什么东西！"妻子仍不明白，书生疼痛难熬，不得不大声吼道："快点灯，我被蝎子蜇了！"

4. 少用方言

交谈对象若不是家人、乡亲，最好别在交谈中采用对方可能听不懂的方言和土语。如果这么做，可能会让对方觉得不被尊重。在多方交谈中，即便只有一个人听不懂，也不要用方言土语交谈，以免使其产生被排挤、受冷落之感。

5. 慎用外语

在一般的交谈中，应当讲中文，并且要讲普通话。如无外宾在场，最好不用外语，与国人交谈时使用外语，非但不能证明自己外语水平高，反而有卖弄之嫌。

二、交谈的话题

（一）选择话题的原则

所谓话题，是指人们在交谈中所涉及的题目范围和谈话内容。一般在交际中，第一次交谈是最不容易的，因为双方不熟悉，不了解对方的性格、兴趣和爱好，受时间的限制，又不容许进行过多的了解。但是交谈的内容和话题又往往决定着交谈的成败，人们所选择的交谈内容，往往被视为一个人品味、志趣、教养和阅历的集中体现，因此，在选择交谈话题时需注意以下两点。

1. 符合交谈情景

交谈情景是指交谈者交谈时所处的客观现场环境，包括时间、地点、目的以及交谈双方的身份等。说话要顾及场合，否则，再好的话题，再优美的话语，也不会产生好的效果，有时甚至会适得其反。例如，在婚宴场合，不应谈令人丧气的话题；在别人悲痛的时候，切忌谈逗乐的话题；当众演说、做报告时，应当讲严肃的话题，而且中心思想要明确。如果是聊天，则可以不断转换话题。在什么场合说什么话，这是人们在长期交往实践中总结出来的经验。

所以，“话随境迁”的艺术，最应重视的就是说话的场合。谈话双方对于话题的选择与理解、某个观念的形成与改变、谈话的心理反应以及交谈结果，无不与场合有着直接的联系。所以，在谈话时，应考虑场合影响，有意识地巧妙利用场合效应。

2. 遵循因人而异的原则

交谈时要根据交谈对象的不同而选择不同的交谈内容。谈话的本质是一种交流与合作，因此在选择交谈内容时，就应当多为谈话对象着想，根据对方的性别、年龄、性格、民族、阅历、职业、地位而选择适宜的话题。如果完全不考虑这些因素，交谈就难以引起对方的共鸣，难以达到沟通和交流的目的，甚至出现对立的情况。

正是由于交谈各方往往有着不同的性别、年龄阅历和职业等主观条件，交谈中经常会发现彼此有不同的兴趣爱好、关注话题等。遇到此种情况，应当本着求同存异的原则，选择大家都感兴趣的话题作为谈话内容，使各方在交谈过程中有来有往、彼此呼应、热情参与、皆大欢喜。如果选择了双方都不感兴趣或者只有一方感兴趣的话题，交谈只能不欢而散。因此，交谈必须求同。

如果交谈各方在交谈中对某一问题产生了意见或观点的分歧，不妨进行适度的辩论。但这种辩论是建立在理性基础上的，如果谁也不能说服对方，就应当克制自己的情绪，保留歧见。切不可为了强行说服别人而争得面红耳赤，导致不欢而散。因此，交谈必须存异。

(二)宜选的话题

具体而言，交谈中宜选的话题主要包括以下几种。

1. 既定的话题

既定的话题即交谈各方已约定或是其中一方事先准备好的话题。例如，征求意见、讨论问题、传递信息、研究工作等。既定的话题最好由各方商定，若由一方确定，则至少应得到其他各方的认可。一般而言，既定的话题适用于正式交谈。

2. 擅长的话题

擅长的话题即交谈对象有研究、感兴趣或熟知的话题。比如，青年人对于健身、流行歌曲、电影电视的话题较多关注，而老年人则对饮食文化、养身之类的话题较为熟悉。

选择自己所擅长的内容，就会在交谈中驾轻就熟、得心应手，并令对方感到自己谈吐不俗，对自己刮目相看。选择对方所擅长的内容，则既可以给对方发挥长处的机会，调动其交谈的积极性，也可以借机向对方表达自己的谦恭之意，并可取人之长，补己之短。应当注意的是，无论是选择自己擅长的内容，还是选择对方擅长的话题，都不应当涉及另一方一无所知的内容。否则便会使对方感到尴尬难堪，或者令自己贻笑大方。

3. 轻松的话题

轻松的话题即谈论起来令人轻松愉悦、身心放松、不觉疲累的话题，如电视电影、旅游观光、烹饪小吃、流行时尚等。这类话题有利于创造融洽的交谈氛围，常适用于一般的社交场合。

4. 高雅的话题

高雅的话题即内容文明、格调高雅的话题，如文学、艺术、哲学、地理、建筑等。这类话题可以体现交谈者的见识和修养，但切忌不懂装懂或班门弄斧。

(三)禁忌的话题

在各种交谈之中，有以下四类话题理应忌谈。

1. 个人隐私

个人隐私即个人不希望他人了解的事，包括年龄、收入、婚恋情况、家庭、健康、经历等。若双方是初交，应尽量回避这类话题。

知识链接

各国交谈话题禁忌

与新加坡人交谈时，切忌议论政治得失、种族摩擦、宗教是非和配偶情况等。在新加坡，公开表露幽默感的人较少，而且不是所有的笑料都能为人们所欣赏，因此在不太了解别人之前，最好少开玩笑。

日本人在交谈时，忌讳询问对方的年龄、收入、婚恋等个人隐私。忌讳谈论对方身体胖瘦、个子高矮之类的话题。

在美国，询问他人收入、年龄、婚恋、学历、种族、星座、联系方式等都是不礼貌的。美国人大都认定“胖人穷，瘦人富”，所以他不愿意别人说自己“长胖了”。与美国黑人交谈时，要少提“黑”这个字，万一有必要提到美国黑种人或黄种人，则最好称之为“非裔美国人”或“亚裔美国人”，以回避对其肤色的具体涉及。

与法国人交谈时，忌讳询问他们的政治倾向、工资待遇以及个人私事。称呼老年妇女为“老太太”被视为一种侮辱的语言。

与英国人交谈时，切勿涉及王室、教会及英国各地区之间的矛盾，特别是不要对女王、王位继承、英美关系和北爱尔兰独立问题说三道四。

与德国人交谈时，不宜涉及纳粹、宗教、两德统一、党派之争、德法与德美关系等问题。

2. 捉弄对方

在交谈中，切不可对交谈对象尖酸刻薄或乱开玩笑，切忌挖苦对方短处。我们自以为幽默的言辞，有可能会伤害他人。每个人的接受程度不一样，都有自己的禁忌，即使是朋友，也不应在任何场合，自以为是地开不着边际的玩笑。

3. 非议旁人

有人惯于在交谈中传播闲言碎语，非议其他不在场的人士。宁在人前骂人，不在人后说人。别人有缺点，有不足之处，我们可以当面指出，令他改正，但是千万不要当面不说，背后乱说。这种行为，不仅会令被说者讨厌，同样也会令听者讨厌，甚至事情可能往更坏的方向发展。

经典案例

2010 年 4 月 28 日上午，英国工党领袖布朗来到了大曼彻斯特区罗奇代尔市同当地支持工党的选民进行交谈，为工党拉票。此时，一位 66 岁的自称支持工党的退休女性选民达菲走上前问布朗将如何处理英国空前的赤字规模、来自东欧的移民、大学学费及反社会行为等问题。对此布朗一一做出了解答，两人交谈了数分钟之久。

道别之后，布朗准备前往下一站继续为工党拉票。不料，布朗本人此时并没有意识到自己身上还戴着天空电视台的无线麦克风。于是，布朗在背后说别人的“坏话”就这么被直播出去了。在对话中，布朗向自己的助手抱怨道：“不应该安排让我和那个女人交谈。谁安排的？简直是荒唐……她就是那种偏执的女人，还说她过去也是工党成员，简直可笑。”

英国广播公司(BBC)立即就此和布朗的竞选团队进行了联系，并把录音放给他听，布朗这才意识到问题的严重性，随后布朗马上打电话给达菲，为自己的言辞不当进行道歉。然而，达菲本人在听到布朗事后对她的形容时表示说：“我感到很失望。”达菲还告诉媒体，她们一家祖祖辈辈都是工党的支持者，她早已填好了选票，而现在她决定放弃投票。

在 3 次道歉未果后，布朗再次来到了达菲的家里登门道歉。为表达诚意，他还带着夫人一起来到了达菲的家中负荆请罪。据悉，两人谈了大约 40 分钟，最终似乎取得了达菲的理解。

4. 令人反感

这类话题常见的有死亡、惨案、疾病、灾祸、淫秽等。若不慎谈及，应立即转移话题，必要时向对方道歉，千万不要没有眼色、将错就错、一意孤行。

三、交谈的态度

社交者在与他人交谈时，应持诚恳、谦虚、谨慎、热情的态度，切不可虚情假意、自以为是或敷衍了事。具体而言，良好的交谈态度可通过以下几个方面体现出来。

(一)表情自然

在交谈中表情应当自然、和谐，并与交谈内容相配合。倾听时应该与说话人交流目光，让你的眼神和表情，譬如眉毛、嘴、面部神态上的变化来表示出你在专心听，你的态度是认真的，而且一定要聚精会神地注视对方，传递出你“很欣赏、有同感”的信息。但需要注意的是，不要自始至终盯着对方的眼睛。要想给对方留下美好的印象，应在交谈过程中微笑地看着对方，因为微笑会向对方传递“听你说话我很快乐、很高兴见到你”等信息。与多人交谈时，应不时地用目光与众人交流，以示彼此平等。

值得一提的是，场合不同，目光注视的部位也不同。一般分为公务凝视、社交凝视和亲密凝视。

■ 公务凝视：一般适用于洽谈、磋商、谈判等严肃场合，目光给人一种严肃、认真的感觉。注视的位置在对方双眼或双眼与额头之间的区域。

■ 社交凝视：是指在各种社交场合使用的注视方式。注视的位置在对方唇心到双眼之间的三角区域。

■ 亲密凝视：是亲人、恋人、家庭成员之间使用的注视方式。凝视的位置在对方双眼到胸之间。

(二)举止得体

人们在交谈时往往会做出一些有意无意的肢体动作，这些动作通常是谈话者对谈话内容和谈话对象真实态度的反映，因而必须规范、得体。

具体而言，谈话者可以用适度的动作来补充说明谈话内容，如谈话者可用点头来传达“我在注意听”或“我赞同”的信息，可用手势来传递直观信息，或将身体微微前倾来表示对对方的话题感兴趣。切忌做出过分或不雅的动作，如拉拉扯扯、打哈欠、伸懒腰、手舞足蹈等。在与别人交谈时，如果我们的后背靠在椅子上或者沙发上，跷着二郎腿，那么在对方眼中我们的姿态是不谦虚、不严肃的。

(三)善于倾听

人长着一张嘴巴，两只耳朵，就是为了少说多听。与人交谈不但要善于表达自己的意思，还要善于聆听对方说话，这在社会交往活动中是不可忽视的问题。

美国著名人际关系学大师卡耐基就曾说："对和你谈话的那个人来说，他的需要和他自己的事情永远比你的事重要得多。在他的生活中，他要是牙痛，要比发生天灾数百万人伤亡的事情还更重大；他对自己头上小疮的在意，要比对一起大地震的关注还要多。"所以，我们要善于利用我们的耳朵，做个懂得倾听的人，成为一个忠实的听众，如此一来，对方会觉得自己受到了重视，从而对我们产生好感，愿意同我们建立人际关系；相反，当别人说话时，我们不用心听或抢着说，就会使对方失去说话的兴趣，以后也不愿意再和我们交谈了。

经典案例

听出竞争力

连续10年蝉联中国台湾地区奔驰车销售前三名的超级业务员邱次雪因为懂得听，10年卖出500辆奔驰车。她说："每个顾客都像一本书，你要用心听才能读得懂。"20年前，邱次雪还是一个蹩脚的业务员。客人上门，3句话后她就不离"车"，业绩总是挂零。直到有一次，一位顾客要她先闭嘴，对她来说犹如当头棒喝。"后来，我都要求自己先不要说话。"她说，让客人先说话，才听得到他的需求和考量点，而不是先径自营销。

不久前，一位阔太太下巴抬得高高地走进店里看车。同事亲切地上前问候："您要看车吗？"女客人不悦地回答道："来这里不看车，还能看什么？"这时，邱次雪静静地端上一杯水，不发一语。女客人开口："你们业务员服务态度很差，卖的车又贵。"邱次雪虚心请教："那我们应该如何改善呢？"她挽着对方的手到贵宾室坐下，30分钟后，一笔60万元的订单就到手了。

"在这个过程中我一直都没说什么，只是听她抱怨了20分钟。"原来，这位客人早就锁定了一款车型，但逛了几间车行都没有碰到满意的业务员。邱次雪一边用心地听她抱怨，一边响应，同时也整理自己的思绪。等客户气消后，她开始与对方聊起家庭生活的经验。不过30分钟，交易就完成了。

（四）适当交流

交谈是个双向或多向的过程，需要各方人员的参与。倾听时适当发出"哦""嗯"等应答声，表示自己在很认真地倾听，也进一步激发了对方讲话的兴趣。否则，对方会产生"唱独角戏"的感觉，并怀疑我们是否心不在焉。

对谈话中的要点，我们可以请求对方谈得再仔细一些，来说明我们对交谈的话题很重视，需要进一步了解，引导对方做更进一步的阐述，便于我们获取更多的信息。当谈话没有听清楚或没有听明白的时候，要等到对方讲完以后再询问，不要在中途随意打断对方的话，否则对方会因为思路或兴致被中断而不悦。同时，也可以选择新角度向谈话者提问。通过提问，暗示我们对他的谈话感兴趣，启发对方引出我们感兴趣的话题。我们应当知道并不是人人都一见如故，交谈也有冷场的时候，沉默和尴尬往往使谈话不顺利，这时便可及时提问，寻找新话题。

认真专心的姿态并不等于一言不发，也不是对他人的每一句话都随声附和，不说一个“不”字。从不表达自己的真实意见，会被视为是毫无主见或滑头的人。这样，对方是不会敞开心扉畅所欲言的，在专心倾听的同时，得体诚恳地向对方表达自己的观点和意见，反而会受到对方的欢迎。

四、交谈的技巧

与人交谈时，为了创造美好的交谈氛围，可灵活地利用以下一些技巧。

(一)措辞的技巧

不同的表达方式给人带来的感受是不同的，即使是同样的内容，如果使用高明的措辞，也能把得到肯定回答的可能性提高 2～3 成。例如商场中只剩下最后一件衬衫时，店员对顾客说：“抱歉，这种衬衫只剩这一件了。”听到店员这样说，顾客可能一下子产生“是别人挑剩下的吧”“恐怕有很多人试穿过”的想法，但如果店员换一种说法：“这种衬衫卖得特别快，这是最后一件了。”顾客大概会产生“那么流行，我也想买”“最后一件了，不买就没了”的想法。

又如，一家餐厅里面，很多小孩离开自己的父母到处走动打扰到其他客人，服务生小王上前和母亲们说：“请您让宝宝们坐下，不要随意走动。”妈妈们都不理睬他，继续聊天。过了一会儿，店长过来看到店内的情况，走向妈妈们说道：“现在店里面到处都是汤与开水、瓷碗，请您照看好宝宝，以防宝宝烫着、碰伤。”听完后，妈妈们立即停止了聊天，自己主动离开位子去找自家宝宝。

第二次世界大战结束后，日本许多商店人手奇缺，为减少送货任务，有的商店就将问话顺序进行了调整，将“是您自己拿回去呢，还是给您送回去”改为“是给您送回去呢，还是您自己带回去”，结果大奏奇效，顾客听到后一种问法，大都说：“我自己拿回去吧。”又如，有一家咖啡店卖的可可饮料中可以加鸡蛋。售货员就常问顾客：“要加鸡蛋吗?”后来在一位人际关系专家的建议下改为：“要加一个鸡蛋，还是加两个鸡蛋?”因此，销售额大增。

在一般的交谈中，谈话者可以多用委婉和感谢的措辞把自己的意向传递给他人。

1. 委婉措辞

委婉措辞是指为了策略或礼貌起见，使用温和的、令人愉快的、不伤害人的语言来表达令人厌恶的、伤心的或不宜直说的事。委婉是一种谈话艺术，从心理学的角度来看，委婉含蓄的话，无论是提出自己的看法还是劝说对方，都能比较适应对方心理上的自尊感，使对方容易赞同，接受我们的说法。

例如，“谁”较之于“哪一位”，“不行”较之于“抱歉”，“什么事”较之于“请问您有什么事”，前者太直白，语气很冲，后者语气婉转，让人容易接受。在用餐时要去洗手间，不宜直接说“我去方便一下”，而应说“我有点事，出去一下”或者“我去打个电话”。在来访者停留时间过长影响到本人，需要请其离开时，不宜直接说“你该走了”，而应当说“我不再占用您的宝贵时间了”。请人帮忙搬桌子时，不应使用祈使句“把这张桌子搬走”。明明不是分内之事，却被这样命令着，一般人都会觉得“为什么偏让我做”，如果换成“麻烦您帮忙把这张桌子搬走，好吗”，对方可能很容易就会被说动。以上这些均属委婉语的具体运用。

2. 感谢与认可

一句“谢谢”，可以拉近自己与对方的距离，让对方隐约产生信赖意识，从而难以轻易拒绝。交谈中还可以多使用认可对方的词，因为被认可一方的“尊重需求”得到了满足，做出他人期待的事的可能性也就更大。例如，如果妻子对从不干家务活的丈夫说：“你把窗户擦擦！我忙不过来。”丈夫会产生被迫做麻烦事的感觉，只想立刻逃开。“你能够到高的地方，能把窗户擦得更亮。拜托了！”这样一说，丈夫就会跃跃欲试。

(二)赞美的技巧

赞美能给人带来快乐和信心。在谈话中真诚地赞美他人有利于建立良好的人际关系。常用的赞美技巧有如下几种。

1. 具化赞美

赞美他人应当翔实具体，恰如其分。具体的赞美可以传达出说话人关注对方的信息，赞美因为具体，而显得可信、真诚，也进一步显得自然。例如赞美同事时说“你工作真努力，好勤奋” 和“你每天都提前 15 分钟来上班，又经常加班到晚上八点，真的好勤奋。我一定要好好向您学习”，后一句点明了赞美的原因，相比前一句就显得真诚很多。又如，赞美一位女士，A 说“你今天真漂亮”，B 说“你今天看起来气色很好，真漂亮”，C 说“今天这条红裙子很衬你的肤色，你的脸色看起来更好了，真漂亮”，对比而言，明显 C 的赞美更让人开心。

2. 选对时机

赞美要选对时机，突如其来的夸赞一般会引起对方的警惕，因此赞美应和具体的事件、场景、原因联系起来。例如在对方给予我们帮助的当时，就应该向对方道谢并称赞对方，如果错过了这个时机，再突然称赞对方，对方会觉得我们是不是又有什么事让他帮忙。

3. 直接公开

直接公开的赞美是指在特定的公开场合或众人面前，热情慷慨地赞美他人的优点、观点或特性。这种方式可以传达赞美者的诚意，有很好的激励作用。

4. 间接迂回

间接迂回是指借助第三者的话来表达赞许之意，尤其是这个“第三者”是对方重视的人时，对方更容易相信，也会更开心。例如，赞美一位业务员，可以说：“我常听刘经理提起你，他很欣赏你的做事方法和办事能力，今日一见，果然名不虚传。”这种方式往往具有增强客观可信度的作用，比直截了当的赞美效果更好。

(三)拒绝的技巧

在现实生活中，我们都会遇到他人的请求或要求，其中有些超出了我们的能力范围，或者是我们不愿意接受的。在这个时候，我们要明白，任何人都无法做到有求必应，我们要学会说“不”的技巧，有技巧地拒绝，这样我们才不会陷入进退两难的境地。

1. 先同意后拒绝

有时候，对方提出的要求有一定的合理性，但因自身的条件限制又无法予以满足，可以先表示理解与同情，然后再婉言拒绝。例如，一家公司的经理对另一家工厂的厂长说：“我们两家搞个联营，你看怎样？”对方答：“这个设想不错，只是目前条件还不成熟。”这样既拒绝了对方，又留下了后路。

2. 诱导对方自我否定

通过迂回的方式诱导他人，使其领会暗示的婉拒含义，从而避免尴尬。例如，罗斯福当美国总统之前，曾在海军担任要职。一天，一位朋友问起有关海军的情况，此事涉及保密的内容。罗斯福灵机一动，装模作样地向四周看了看，压低声音问道：“你能保密吗？”朋友说：“当然能！”罗斯福接着说：“我也能。”对方一听便心领神会，不再问了。

3. 推脱、拖延的拒绝

这种方法是指用时间来拖延，也可用某人不在，自己无法决定来推脱。例如，一家酒店举办一场时装秀，请了著名的模特来表演，入场券价位较高。当地的朋友都来向主办方负责人索要门票，他回答：“很遗憾，这次入场券全部掌握在外方领导手中。”又如：“恩，我先想想办法，看能不能办成，然后尽快给你一个回复。”如果过两天再打电话来，我们再表示自己无能为力，至少不是一口回绝，从而也说明我们已经尽心尽力了。有时候，被拒绝的人耿耿于怀的往往是别人回绝时的态度，是盛气凌人或漫不经心。若是别人已经尽心竭力，即使事情没有办成，也不至于牢骚满腹了。

4.假设后果

按他人提出的要求，假设可能产生的后果，让其知难而退。据说，文学家萧伯纳曾被一位电影明星追求。这位明星向他求婚："如果我们结婚，将来生的孩子头脑像你而长相像我，那岂不是件美事！"萧伯纳没有正面回绝而是做了一个假设："要是我们结婚，将来生的孩子头脑像你而长相像我，那岂不是太惨了吗？"这位明星当然不会接受这样的假设而只能接受拒绝。但这种拒绝不是由拒绝者说出来的，而是在拒绝者假设的引导和启发下，由被拒绝者自己得出的结论，因此不至于引起不快。

5.自嘲式婉拒

即在自己身上找一个相关的缺陷或借口，向对方暗示自己不适合答应其请求。例如，"目前我没有完成这件事情的水平啊，如果现在答应了你，就属于无证上岗了"等。

(四)幽默的技巧

幽默是智慧的象征，它能让人感到快乐，而快乐的气氛是超强的润滑剂，对沟通来说至关重要。正如美国著名心理学家特鲁·赫伯所说："幽默是一种最有趣、最有感染力、最具有普遍意义的传递艺术。学会幽默，你便拥有了受大家欢迎的第一大资本！"常用的幽默技巧有如下几种。

1.夸张法

运用丰富的想象，用言过其实的方式表达事物的本质，进而取得幽默的效果。"医生拉开肚皮一瞧，好嘛，剪子忘里面了！"这是夸张，"好家伙，那月饼硬得一摔马路可以砸出俩大坑！"也是夸张。

又如，有一个美国人和一个英国人在一起互相吹牛。美国人说："我们美国人很聪明，发明了一种制造香肠的机器！这种机器真是神奇，只要把一头猪挂在机器的一边，然后转动机器的把手，然后香肠就可以自动地从机器的另一边一条一条地转出来！"英国人一听，不屑地说："这有什么了不起？这种做香肠的机器我们早就有了！你们美国人真是少见多怪！我们早就把这种机器改造得更加神奇了！"美国人问："怎么神奇？"英国人回道："我们新的制作香肠的机器，只要做出来的香肠不符合我们的口味，我们就可以把香肠放在机器的一边，然后'倒转一下'机器的把手，那么，机器的另外一边，就会跑出原来的那一头猪。"

2.倒引法

倒引法即引用对方言论，以其人之语还治其人之身。例如，有一位老师见女学生吵闹不休，便说道："两个女人等于一千只鸭子。"不久，当这位老师的夫人来学校找他时，有一个女生就赶紧向老师报告说："先生，外面有五百只鸭子找您。"

3.避重就轻法

答非所问，回避问题的严重性，故意将人引入歧路，一问一答的效果，风趣幽默。例如，一个顾客发现所喝的酒里漂着一根白头发，便招来服务员指着头发问："这酒里怎么漂着一根白头发？"服务员耸耸肩，微笑着说："可见我们的酒是陈年老窖啊！"

4.误解法

许多词语是多义词，但在具体的语言环境中一个词语一般只有一个确定的意思，如果故意将词义作另一种解释，就会形成意思的反差，幽默性就出来了。此外，一个句子，往往有多个逻辑重点，说者和听者理解的重点不同，同样会因意思的反差而产生幽默的效果。例如，阿牛数学成绩不好，老师为培养他学数学的兴趣，举了一个生活中的例子来做引导："阿牛，如果你哥哥有5个苹果，你拿走了3个，"老师用手比画着，"结果会怎么样？"阿牛脱口而出："他肯定会揍我一顿！"

又如，何大娘对老伴说："邻居韩大爷给他孙子起的名字叫韩金量，高大爷给他孙子起的名字叫高科技，咱们也快有孙子了，你也给起个响亮的名字吧！"何大爷不假思索地说："就叫何武器！"又如，一位男士说："我腿好酸。"他旁边的朋友一脸紧张："怎么了？是不是踩到柠檬了？"

小贴士

不能滥用幽默。幽默是画龙点睛的东西，是语言的调味品，要充分显示它的作用，就要用得少而精。

注意场合和对象。不分场合和对象的幽默，不但不会起到调节气氛的作用，反而会产生适得其反的效果。

杜绝低级趣味、格调低下的幽默。

幽默要适度，不要为幽默而幽默，不要幽默过多或用很牵强的幽默。

任务二　书信礼仪

书信是人们相互交往、联系的一种形式，既要讲究修辞、文法，又要讲究文明礼节、礼貌。平常通信，如果能够熟练使用书信的格式、用语，自然显得高雅、生动、鲜明，给人一种美的享受。

科技不断进步，多种多样的新型联系方式也相继涌现，如传真、电视、电话、手机、电子邮件等，与它们相比，书信可谓既普通，又原始。虽然如此，却不能认为书信可有可无，甚至即将退出历史的舞台，因为在传递信息、交流思想和表达情感等方面，书信所发挥的某些特殊作用，仍是其他新兴的联系方式难以替代的。

相比传真、邮件和手机短信，通信速度太慢，但亲笔给亲戚朋友写信，不仅可以传达自己的思想感情，而且能给收信人以“见字如面”的亲切感。随着社会的发展，人与社会的关系也在进行重新建构，书信的运用除传统用法，即公函私函之外，一个新的发展动向便是出现了因为个人需要而向政府机构、企事业单位、知名学者等个人所发的事务性的信件，这一类信件的使用量逐渐增多。

对现代人来说，在人际交往中适当地巧用书信，并不意味着自己落伍、守旧，与此恰恰相反，掌握必要的通信技巧，并且在人际交往中尽可能地利用书信与他人保持联系，依旧是人人可以做的事情。

书信是一种向特定对象传递信息、交流思想感情的应用文书。通信的礼仪规范甚多，简单地讲，在书信格式、通信技巧和专用书信方面，应该予以更多的关注。

一、书信格式

书信由笺文和封文两部分构成。笺文即写在信笺上的文字，又称信文，也就是寄信人对收信人的招呼、问候、对话、祝颂等。笺文是书信内容的主体，书信的繁简、俗雅及其他方面的风格特征，几乎都由内容主体决定。

封文即写在信封上的文字，也就是收信人的地址、姓名和寄信人的地址、姓名等。封文是写给邮递人员看的，使邮递人员知道信从哪里来，寄往哪里去；万一邮递人员找不到收信人，还能将信件退给寄信人。完整的书信应该是笺文封文俱全，并且将笺文装入写好封文的信封内，然后将口封好付寄的。

（一）笺文

现在通常使用的信笺有横竖两种款式。竖式信笺，又称中式信笺，是我国传统的信笺款式。竖式信笺的选用有日渐减少的趋势，尤其是在青少年中，已较少使用，但是在年长者的书信往来中还常常使用，在港、澳、台等地区及海外侨胞的中文书信中，竖式信笺的使用仍然很普遍。横式信笺，又称“西式”信笺，是今天常用的款式。

笺文实际上是一种书面谈话，既然是谈话，就要先向谈话对象打招呼，打招呼要讲礼貌；接着要说两句向对方表示尊重的话；接下来要有几句应酬语自然地引出谈话的正题；再接下来才是正文；正文结束之后，还要说上几句结束谈话的应酬语；然后向收信人报自称并署名；最后写明谈话的时间。总体来讲，笺文的结构如表 6-1 所示。

表 6-1　笺文结构

首部	1. 称谓语 2. 提称语 3. 思慕语
中部	正文
尾部	1. 结束语 2. 祝福语 3. 落款语 4. 附问与补述

1. 称谓语

称谓语，是寄信人对收信人的称呼，它表示双方的关系，在信笺第一行起首的位置书写。在任何语言中，称谓语都担当着重要的社交礼仪的作用。一般说来，称谓可分为亲属称谓和社交称谓两大类型。

亲属称谓，指的是以本人为中心确定亲族成员和本人关系的名称，如父母、伯、舅、哥、妹等。社交称谓，包括大家、各位、诸位等代词称谓，省长、校长、经理等职衔称谓以及医生、老师、会计、教练等职业称谓，前面加上姓以示尊敬。

值得一提的是，如果收信人有过两种以上的职务，甚至同时身兼数职，这就需要选择一个适当的称呼。选择的原则是视书信内容与收信人的哪个职位关系密切。如收信人从前是寄信人的老师，现在当了局长，而寄信人的书信重点叙师生情谊，那么这封信的称谓就应以表示师生关系为宜。在此需要说明的是，中国人的社交礼仪十分重视师生、同学、同乡等早年的情谊，民间习俗无论对方职位、境遇有何变迁均以早年交情为重点，如上例中的收信人虽然是局长，但因为曾经有过师生关系，写信人哪怕是公事，选用“老师”作为称谓的习俗依然十分流行。

2. 提称语

提称语是用来提高称谓的词语。有的提称语除提高称谓之外，还有请收信人查阅此信的意思，如“王老师尊鉴”。我国传统书信中常用的提称语很多，使用时要特别注意与称谓的配合。在礼仪简化的现代生活中，提称语常常被省略。省略提称语后，在称谓下加冒号“：”，如“王老师：”。

知识链接

常用提称语

用于父母：膝下、膝前、尊前、道鉴

用于长辈：几前、尊前、尊鉴、赐鉴、尊右、道鉴

用于师长：函丈、坛席、讲座、尊鉴、道席、撰席、史席

用于平辈：足下、阁下、台鉴、大鉴、惠鉴

用于同学：砚右、文几、台鉴

用于晚辈：如晤、如面、如握、青览

用于女性：慧鉴、妆鉴、芳鉴、淑览

3. 思慕语

思慕语是在述说正事之前，写几句问候、寒暄之类的话，以导引正事。开头应酬语属客套话，现在大多用“您好”，然后连接正文。现代礼仪简捷明快，却过于单调，传统礼仪虽然繁杂，但自有一番人伦常情。

知识链接

常用思慕语

思念之情：别来良久，甚以为怀。近况如何，念念。

问候病情：闻君欠安，甚为悬念。

顷闻您卧榻数日，心甚系念。特函问候，祝早日康复。

时令问候：春寒料峭，善自珍重。

秋色宜人，望养志和神。

朔风突起，寒潮逼至，想寓中均安。

祝贺之意：欣闻……，谨寄数语，聊表祝贺与希望之心。

喜闻……，由衷快慰，遥祝前程似锦，万事如意。

祝寿之意：×日为先生××大寿，遥祝寿比南山，福如东海。

致谢之意：承蒙惠赠各物，衷心感谢，不胜荣幸。

致歉之意：惠信敬悉，甚感盛情，迟复为歉。

4. 正文

正文是笺文内容的主体，是书信的核心。正文的写作，除要求语言通顺、条理

清晰之外，还须注意措辞得体。依据常规，正文应紧接着写在思慕语后面，并另起一段书写。头一行要空出两格，此后转行顶格书写。一般情况下，正文中每讲一件事情，原则上都应当另起一段，以便层次清晰，使收信人一目了然。

5. 结束语

写信对人叙事论理，说完正事就结束，收得太急，显得不太礼貌，因此要说上一两句客气话，如“临书翘企，敬候佳音”“恕不详叙，望早日面谈”等。结束语的写作需从正文内容引出，要简洁自然。

6. 祝福语

书信中说完正事之后，向对方表示问候与祝颂。常见的问候祝颂语有很多，现代的如“祝身体健康”“此致敬礼”“祝你成功”等。传统的如给长辈写信用“敬请福安”或“敬颂崇棋”；如果给平辈写信，一般则用“此祝康吉”“祝你安好”；假如给晚辈写信，只用“即颂”“顺问”即可。

祝福语一般拆为两行，例如，“此致”紧接正文末尾书写，“敬礼”另起一行顶格书写。如果祝颂语的文字较多，也可独立占行，空两字写起，不必分拆成两部分。祝词应根据具体情况恰当择用。

7. 落款语

落款语包括自称、署名、礼告敬辞及日期四个部分。自称，是对收信人的自称，如给祖父母写信时自称“孙”（或“孙女”），给老师写信时自称“学生”，给哥哥写信时自称“小弟”（或“小妹”）等。一封信中的自称与开头所书收信人的称谓是相呼应的。书信中署名的一般运用规律如下。

■ 直系尊亲给子孙写信时不署名，只写“祖父示”“父（母）字”即可。

■ 给家族中或其他关系中特别亲近的人写信时署名不写姓，只写名或字，如“女儿王芳”“挚友李峰”“愚兄晓林”等。

■ 其他关系用全姓名，如“学生林涛”“同学赵白帆”等。

关于礼告敬辞，如“挚友李峰敬启”“学生赵白帆拜上”“女儿王芳叩”等，其中的“敬启”“拜上”“叩”等，即是所谓的礼告敬辞，礼告敬辞的使用应切合写信人与收信人之间的关系。

日期是书信写作必不可少的内容，按常规，应把写信的时间写在礼告敬辞之下；如果省略掉礼告敬辞，则时间便写在署名之下。

8. 附问与补述

附问语是附带问候的辞令。给亲朋写信时，如果与收信人的家人或身边朋友、同事也有交情，或者写信人的家人及身边朋友、同事也认识收信人，往往在信中附带致以问候，表示思念及之情。如“令尊（堂）大人前，乞请叱名请安”请收信人代为问候长辈，或“家严（慈）嘱笔问候”代长辈问候收信人。附问语的写作应特别注意三点：一是要注意称谓的恰当，二是另行写起，三是力求简练。

补述语，即信写毕之后又要补充说明的话语。补述语一般用“又及：”“又启：”加以提示。补述语不宜过长。

经典例文

尊敬的王方教授：

您好！

您今年8月21日的来信已经收到，内言尽知。

能够收到您的来信，我非常高兴。多谢您对我的理解和鼓励。

您来信索取的那份资料，我将尽快找到，并挂号寄给您。收到希告，免得我惦念。

我省公关协会拟于今年10月2日在省会举办一次谈判理论研讨会。目前虽尚未定出具体计划，但全体理事一致要求，请您百忙之中来为我们做一次有关现代商务谈判理论的主题报告。若蒙应允，我们将深感荣幸。您决定之后，请尽快通知我。

知您日理万机，不多写了。请多多保重。

章一凡会长、李乐乐秘书长附问您安好。

专此敬复，不尽欲言。

敬颂

崇棋！

学生蒋怡上

8月28日

又及：您要的资料已挂号寄出。

(二)封文

我国目前通用的信封有两种款式：一种是竖式（又称“中式”），另一种是横式（又称“西式”）。一般情况下国内以中文书写的信封多为横式。横式信封封文内容分上中下三路横书，上路写收信人的地址，中路写收信人的姓名，下路写发信人的地址、姓名。贴邮票的位置，一般在右上角（如图6-1）。

寄往国外的书信封文写作，除须用寄往国家的文字书写外，还有格式的明显区别，国外一般的规则是：封文左上方依次写发信人的姓名、地址（包括邮政编码）、国名；右下方依次写收信人的姓名、地址（包括邮政编码）、国名；右上角贴邮票（如图6-2）。

邮寄书信封文中的礼貌词语有三部分：一是对收信人的称呼，二是启封词，三是缄封词。

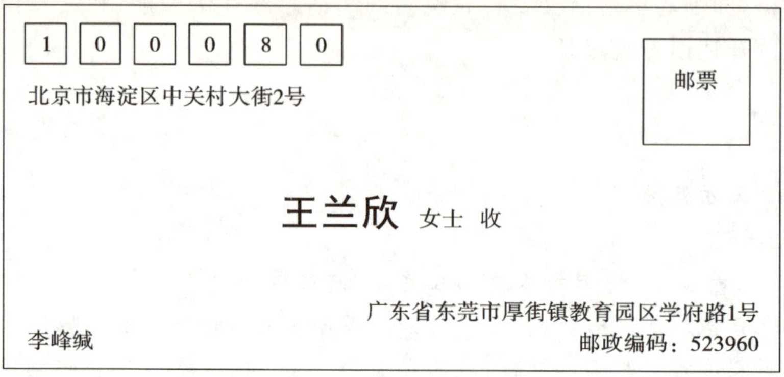

图 6-1　横式信封

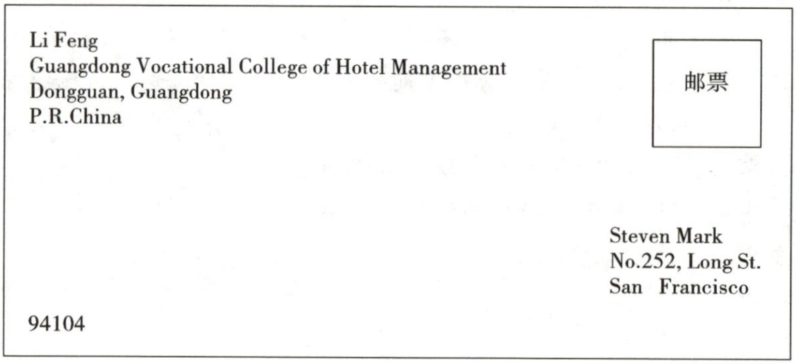

图 6-2　国外横式信封

许多人习惯在收信人的名字之后加上私人关系称谓，如“××× 父亲收”“×××爱妻收”，这是错误的用法。封文中收信人姓名下的称呼不同于笺文中的称谓，它不是发信人对收信人的称呼，而是邮递员对收信人的称呼。常用的对收信人的称呼有“先生”“女士”“同志”等。

启封词是请收信人拆封的礼貌语，它表示发信人对收信人的感情和态度。常用的启封词有“收”“启”“安启”等。收信人姓名、对收信人的称呼和启封词通常在横式信封的正中央书写，后两个部分的内容，有时可以省略。

缄封词表现发信人封信时的感情和态度，通常写于发信人姓名后面，常用的缄封词有“缄”“瑾缄”“手缄”等，现实生活中常用“寄”代替。

有的时候，书信可以请人带交，而不必通过邮局邮寄。在托人带交的信封上，可以不写双方的地址和邮政编码，但需包含托带语、收信人称谓、写信人自署。

托带语是指拜托他人而使用的专用词语。在横式信封上，应将其写在左上方。托带语一般分为两段，前段是发信人向带信人表示拜托之意如“敬请”“敬烦”，后段是发信人嘱托带信人对收信人要做的举动，如“面呈”“带交”。收信人是带信人的长辈时用“呈”，平辈则用“交”。

收信人称谓由收信人姓名、带信人对收信人的称呼以及收件辞三个部分组成，通常在横式信封的正中连成一行书写。收件辞与启封辞书写位置相同，意义相似。之所以用“收”而不用“启”，是因为托人带交的书信一般不封口，对封口的信则应选用启封辞。如果托带信之外有附件，收件辞应写“检收”“查收”；如果没有附件，则在“收”字前适当运用礼貌语加以修饰，对长辈用“赐收”，对平辈用“台收”等，对晚辈用“收”即可。

写信人自署包括写信人姓名、拜托词和交托时间，一般写成一行，位于信封的右下角。拜托词主要依尊卑长幼关系变化，如果带信人为长辈，用“敬托”为宜；如果是平辈，则宜用“拜托”；如果是晚辈，则用“托”即可。交托时间一般字体略小于自署与拜托词，写月日即可（如图 6-3）。

图 6-3　书信封文

二、通信技巧

在通信时，除了发信人在写信时要遵守书信格式外，通信双方在写信、发信以及收信等一系列具体环节上，均有许多技巧和规范应该掌握。

（一）写信

在写信时，写信人应尽可能地使书信礼貌、完整、清楚和简洁。写信人在写信时，要像真正面对收信人一样，礼貌地向对方表达自己的想法。其中一个重要的做法就是要尽量多地使用谦辞和敬语。例如，在笺文前段称呼收信人时，可使用“尊敬的”“敬爱的”等词语。

在写信时，为了避免传输错误信息，书信的基本内容必须完整无误。例如，在笺文中提及收到对方来信，不可一笔带过，而应准确到具体日期。一般要求写明几月几日，必要时还需写明何年何月何日何时。在书写封文时，双方的邮编不可缺少。此外，收信人和发信人的地址要力求完整，不宜采用简称，唯有如此，方能确保书信被及时送达，或是因故被退还时不至于丢失。

书写信函时，字迹应当清楚，切勿潦草、乱涂乱改。在一般情况下，写信应当“有事言事，言罢即止”，讲究言简意赅，切勿无休无止。

（二）发信

写完信后，写信者在准备寄发信件时，还有一系列的事情要做。在发信时，需遵守以下礼仪规范。

1. 折叠

折叠信笺的常规方法主要有以低示己法、外露姓名法、公函折信法和随意折叠法。“以低示己法”意在表示谦恭之意，先将信笺三等分纵向折叠，然后再将其横折，并令其两端一高一低。“外露姓名法”可令收信人产生亲切感，在折叠信笺时，有意将收信人姓名外露。“公函折信法”多用于因公通信，先将信笺纵向对折，随即在折线处再往里卷折 1～2 厘米宽，最后再将其横向对折。“随意折叠法”适用于日常通信，将信笺先横向对折两次，然后再将其纵向折叠到可以装入信封之中的长度。

2. 装入

折好信笺，将其放入信封时，要将其推至信封的顶端，信笺和信封的封口处要留有大约 1 厘米的距离。这样做的好处是，收信人拆阅书信时，信笺不易被撕坏。

3. 附件

如果发信人在信封之内还要装入其他附件，应保持信封的平整，不要装过多附件，而且在笺文中应向收信人交代明确，写明附件数量。

4. 邮资

通过邮局寄发的书信，应自觉地按照规定交付足够的邮资。

（三）收信

接到他人来信后，收信人须注意以下两点。

(1) 在人际交往中，不可扣留、私拆、偷阅他人信件，即使是为了跟别人开玩笑，也是绝对不允许的。

(2) 收到他人来信之后，应当立即回复对方。及时复信，不仅是向对方表示尊重，而且也是做人所应当具备的一种美德。只收不复，或者拖延回复，不但会令发信人担心他的来信是否丢失，而且还有可能延误正事。

三、专用书信

专用书信是指应用于特定场合，有专门作用的书信。专用书信主要用于社会事务交往和社会情感交流，前者具有凭证性质，如介绍信、证明信、申请书等，后者具有示意性质，如感谢信、表扬信、慰问信等。

相对于普通书信，专用信函适用于正式场合，在礼仪方面通常有着更为标准而规范的要求。总体而言，在写专用信函时，应注意言辞礼貌、表达清晰、内容完整、格式正确、行文简洁等五大要点。因为在英文里，礼貌（courteous）、清晰（clear）、完整（complete）、正确（correct）、简洁（concise）等五个单词皆以字母 C 开头，因此，这五大要点亦称作专用信函写作的五 C 法则。

以下，将分别介绍贺信、慰问信、邀请函和感谢信的礼仪规范，以便加深对专用书信的认识。

（一）贺信

贺信是表示庆祝的书信的总称。贺信是指行政机关、企事业单位、社会团体或个人向其他集体单位或个人表示祝贺的一种专用书信。贺信一般由标题、称谓、正文、结尾和落款五个部分构成。在写贺信时，应注意用红纸（或粉色）黑字书写，不能用白纸黑字。

（二）慰问信

慰问信是对他人表示慰藉、问候、鼓励、关切的专用信件，慰问信的内容要根据事件和对象的不同有所区别。如慰问灾区人民，在表示难过或哀痛的心情之后，要着重鼓励对方战胜灾害的勇气。

（三）邀请函

邀请函是邀请亲朋好友或知名人士、专家等参加某项活动时所发出的请约性信函。在日常社交活动中，这类书信使用广泛。邀请函主要由标题、称谓、正文和落款四个部分组成。标题可以直接书写为“邀请函”三个字，或者是“活动名称＋邀请函”。需要注意的是，“邀请函”三字是完整的文种名称，与公文中的“函”是两种不同的文种，因此一般不能拆开书写，如“邀请×××函”。

邀请函称谓的书写有三种情况。发给个人的邀请函，应当写个人姓名，前冠“尊敬的”敬语词，后缀“先生”“女士”“同志”等；发送到单位的邀请函，应当写单位名称。由于邀请函是一种礼仪性文书，称谓中要用单称的写法，不宜用泛称，以示礼貌和尊重；网上或报刊上公开发布的邀请函，由于对象不确定，可省略称谓，或以“敬启者”统称。

正文一般先写明举办活动的背景和目的，然后注明活动时间、地点、名称等，接下来写邀请语，如“特此邀请您参加”。结尾处可写“此致敬礼”，亦可省略。

落款处须注明举办单位名称并盖章，且标注成文时间，写明具体的年、月、日。

经典例文

邀 请 函

尊敬的合作伙伴：

历史即将翻开崭新的一页，我们也将迎来充满希望和更具有挑战性的2018年。在这辞旧迎新之际，首先祝贵公司生意兴隆、万事胜意！同时感谢贵公司一直以来给予我们企业的大力支持与信赖。期待新的一年里我们的友好合作更上一层楼，互利共赢，再创辉煌！

怀着美好的憧憬，带着新年的祝福，我们即将迎来公司一年一度的年会，为表达对您的诚挚谢意，在全体同仁共同联欢的同时也诚邀您参与我们的晚宴，分享我们的快乐！晚会相关安排如下：

晚会时间：2018年1月28日17:30入场，18:00晚会开始。

地点：香江酒店

本次联谊晚会我们准备了丰盛的晚宴和精彩的节目与君共享，还安排了一系列抽奖环节，大奖连连，机会不容错过。让我们欢聚一堂，共同欣赏全体同仁精心编排的精彩节目，一起品尝美酒，共商发展大计。晚会的筹办如能得到您的鼎立赞助，将会更加精彩，热情期待您的参与。

为能提前做好接待安排，方便您的参与，请于2018年1月22日前予以回复。

联系人：张力

联系电话：15621198285

传真：02061888236

再次感谢您的支持与信赖，期待我们在合作中互惠双赢，共同发展！

顺颂

商祺！

雅格电子有限公司

2018年1月15日

(四)感谢信

感谢信是在得到有关单位或个人给予的关心、支持或帮助后，向对方表示感谢的信函。感谢信由标题、称谓、正文、敬语和落款五个部分组成。标题一般有三种写法：第一种即写文种“感谢信”；第二种由收文单位和文种组成，如“致×××的感谢信”；第三种由发文单位、收文单位和文种组成，如“×××公司致×××公司的感谢信”。

称谓写明被感谢的单位名称或个人姓名，后缀“先生/女士”或职务。正文应简述事迹，说明经对方帮助产生的效果，并对其品德做出评价和颂扬，表示感谢。

经典例文

感 谢 信

方正家具有限公司：

2018 年 3 月 5 日下午我公司业务员张力到时代广场购买物品，不慎丢失皮包一个，内有人民币 5000 余元、工作证一张及发票单据若干张。当我们发现并焦急寻找时，贵公司职工李雅女士主动将捡到的皮包送到我公司。她这种拾金不昧的高尚品德，使我们公司员工深受感动，纷纷表示要向李雅女士学习！在此特向贵公司李雅女士和贵公司表示谢意，并建议对李雅女士的高尚行为予以表扬。

此致

敬礼！

雅格电子有限公司

2018 年 3 月 6 日

任务三 电话礼仪

电话是社交活动中不可缺少的信息传递工具。正确的利用电话，不只是熟练地掌握使用电话的技巧，更是自觉维护自己的“电话个人形象”。一个人的“电话形象”主要是由他使用电话时的语言、内容、态度、表情、举止等几个方面构成。正如日本人际传播学家铃木健二所说：“不管是在公司还是在家里，凭这个人在电话里的讲话方式，就可以基本判断出其‘教养’的水准。”要树立良好的电话形象，在拨打、接听电话(指固定电话)和使用手机时应遵守礼仪规范，自觉做到知礼守礼。

经典案例

对方会看到你打电话时的表情

日本有一个特别有名的销售员，有人结合他的经历写了一本书，叫《史上最伟大的推销员》，书中提及了一则关于电话的故事。有一天晚上，这位销售员下班回到家，决定先睡一觉。他定了闹钟，同时告诉他的妻子，晚上十点的时候，一定要把他叫醒，因为他和一个很重要的客户约好在十点半通话。

到十点的时候，不等妻子叫他，他听到闹钟就醒了，然后去洗手间洗漱，接着刮胡子，然后穿衬衫、打领带，还穿上了西装和皮鞋。最后拿了个本子，在电话机旁正襟危坐。一到十点半就准时给对方打电话。他这番怪举动让妻子感到很奇怪：不就一个电话吗？有必要搞得这样隆重，需要大半夜起来精心打扮吗？这位销售员对妻子解释道："如果我很邋遢懒散，对方虽然看不到我的样子，但是我的精神面貌不好，这会通过我的语气变化传达到对方那里。经过这么一番打扮，我看起来正式多了，人也精神多了。虽然看不见对方，我也要尊重对方，我相信，对方一定能感受得到！"

一、电话基本礼仪

无论是拨打接听固定电话，还是使用手机，都应符合以下基本要求。

（一）面带微笑

微笑虽然是一种身体语言，但在电话中是能够听出来的。因此，通话时应面带微笑，就像对方在自己面前一样。

（二）举止得体

接听或挂掉电话时，应轻拿轻放话筒，切忌做出夺、扔、摔等动作。在通话过程中，应该保持端正的姿势，或站或坐，都要保持身体挺直，不要东倒西歪，弯腰驼背。打电话时要全神贯注，切忌边打电话边做其他事情，如吃东西、听音乐或与其他人说话等，也不要对着电话打哈欠。话筒与嘴的距离保持在 3 厘米左右。无论是拨打还是接听电话，都应选择安静的通话环境，切勿在嘈杂、吵闹的环境中进行。此外，若通话内容涉及机密或隐私，还应确保通话环境的保密性。

（三）控制语速语调

通话时应咬字准确、发音清楚、语调温和，语气、语速适中，切忌含糊不清、不知所云。如果说话过程语速太快，则对方会听不清楚，显得应付了事；语速太慢，对方会不耐烦，则显得懒散拖沓；语调太高，则对方听得刺耳不适；语调太低，对方会听得不清楚且吃力。

（四）简明扼要

在通话时讲话要务实，用语要言简意赅，将自己所要讲的事用最简洁明了的语言表达出来。问候完毕，即开宗明义，直言主题，少讲空话，不说废话。

二、打电话礼仪

(一)事先准备

1. 时间准备

时间准备是指选择打电话的适宜时间和把握好通话的时间长度。打电话时，首先要选择合适的通话时间。一般情况下，如果打电话到对方家里，不要选择过早、过晚或对方休息的时间，如早晨7点之前、晚上10点之后、节假日以及午休的时间等，在对方用餐时打电话，也不合适。因紧急事宜不得不在不合适的时间打电话到对方家里时，通话之初应为此说声“对不起”，并说明理由。

如果打电话到对方工作单位，应尽量在工作时间进行，不要在他人的私人时间，尤其是休假期间去麻烦对方。此外，如能有意识地避开对方的通话高峰时间、业务繁忙时间、生理厌倦时间，则打电话的效果更佳。例如，通话时间应选择在工作日的10点左右到下午3点左右，不应在对方刚上班、快下班、午休或快吃午饭时，不识时务地打电话过去。一般情况下，周一上班后的第一个小时没有重要事情不要打电话，因为此时大多数单位要开例会安排一周的工作日程或处理一些重要事务。周五下午下班前也不要打电话，因为临近下班时间人们一般处于疲劳状态，此外，不要因私事打电话到对方单位。如果打电话到海外，还应考虑到此地与彼地的时差问题，不要不分昼夜地去骚扰他人。

其次，发话人应把握恰当的通话时长。一般情况下，每次通话的具体长度均应有所控制，以短为佳。在电话礼仪里，有所谓的“三分钟原则”，即打电话时，发话人应当自觉地将通话时长控制在3分钟之内。倘若通话时间较长，应先征求一下对方意见，或延长通话时间，或另约通话时间，并在结束时略表歉意。

2. 内容准备

通话之前应核对受话人的电话号码、姓名和单位名称等，以免拨错电话。核对受话人的信息时，应了解对方的姓名、性别、年龄、职务等，以便在通话时正确称呼对方。同时，发话人应将谈话内容简单归纳，写在纸上，以免通话时遗漏要点或语无伦次，并准备好在应答中使用的备忘纸和笔，以及必要的资料和文件。此外，还应预先想好对方可能提出的问题及自己即将作答的内容，以便灵活应对。

(二)耐心拨打

拨打电话时，应耐心地等待对方的回应。一般情况下，铃声响过6声或大约半分钟后，还是无人接听，就可挂断电话。切忌在铃响未过3声时就挂断电话，或挂断后重复拨打。若对方一再占线，要表现出应有的耐心，不要骂骂咧咧，或粗暴地拿电话撒气。

(三)礼貌通话

接通电话后，应主动友好地向对方问好、自报家门和证实对方的身份。切勿在电话拨通后生硬地说“喂”，或开口便说自己的事情。具体的介绍语有两种模式可以借鉴。第一，普通社交模式。如“您好！我是××（本人姓名），请问是××（受话人姓名）先生/女士吗？”第二，公务模式。如“您好！我是××公司××部门××（职位）××（本人姓名），我要找××公司××部门××（职位）××（受话人姓名）。”

通话时要坚持用“您好”开头，“请”字在中，“谢谢”收尾，态度温和有礼。若电话由总机转接，应向话务员问好，礼貌地请其代为转接。若受话人不在，可请代接人转告来电事由，并问清对方姓名和道谢，切不可直接挂断电话。即使不要求对方转告，也应该礼貌地说声“谢谢，打扰了”。

此外，如果是直接拨打受话人的电话，在拨通后可在开始谈话前先询问一下对方是否方便通话，倘若对方不方便，可另约时间，届时再把电话打过去。

若拨错了电话号码，应对接听者表示歉意，如“不好意思，我拨错了”。不要一言不发，挂断电话了事，或说诸如“倒霉”“见鬼”之类的话。若通话时电话中断，依礼需由发话人立即再拨，并说明电话中断是由线路故障所致，以免对方误会。

三、接电话礼仪

在通话过程中，接听电话的一方虽然处于被动的位置，但也需要专心致志，彬彬有礼。接电话礼仪根据具体情况主要分为本人受话和代接电话两种。

(一)本人受话礼仪

1. 及时接听

电话铃响后，应及时接听，切忌拖延、不接或直接挂断。在电话礼仪中，有一条“铃响不过三声原则”。接电话的时间以电话铃响第二、三声为宜，如果是响第一声就接会让对方觉得突兀，响过三声后再接则会使对方焦急不安或不耐烦。如果因特殊原因致使铃响过久才接电话时，需在通话之初向发话人表示歉意，如“对不起，让您久等了”等。

拿起电话后，要热情问候对方并主动自报家门，如“您好！我是××”或者是“您好！××公司××部门××（本人姓名），请讲”等。问候对方是礼貌，自报家门则是为了让对方验证是否拨错了电话找错了人。在日常生活中，很多人接听电话的第一句话是“喂，谁啊”或“你找谁啊”，这是不合乎规范的做法。如果对方拨错了电话，要耐心提醒对方。如有可能，还应向对方提供帮助，或代为转接，切忌表露出愤怒或不耐烦的情绪。

2. 积极反馈

作为受话人，在通话过程中，要仔细聆听对方的讲话，并及时作答，给对方以积极的反馈，让对方感受到自己在被倾听，切忌默不作声或轻易打断对方的话。通话中听不清楚或意思不明白时，要马上告诉对方，以免遗漏或弄错重要信息。在电话中接到对方邀请或会议通知时，应热情致谢。

3. 礼貌挂断

通话结束时，应按合乎礼仪的顺序挂断电话。一般情况下，应由发话人先挂断，受话人再放下电话。但是，如果是与上级、长辈、客户等通话，无论你是发话人还是受话人，都最好让对方先挂断。如果自己有重要的事情，不宜继续通话，应该说明原因，并告诉对方"有空时我给您打电话"。若发话人打起电话没完没了，则应采取委婉、含蓄的方式让其适可而止，如"我就不再占用您宝贵的时间了，下次再聊吧"，切忌说"你有完没完"或直接挂断。挂断电话时，应先按扣机键，再放下话筒。

(二)代接电话礼仪

在日常生活中，经常需要为他人代接或代转电话。如果对方请你代转电话，应先礼貌地询问对方姓名和要找的受话人，然后告知对方"稍等片刻"，并迅速转接。如果受话人就在旁边，可先用手轻捂话筒或按保留按钮，将对方所谈内容简明扼要地转告受话人，再移交电话。如果需要将电话转到相关部门处理，应礼貌地告知对方"对不起，这件事是由工程部处理的，我现在帮您转过去，请稍等"。如果受话人不在或不方便接听电话，应向发话人致歉，并建议其留言或稍后再拨。若对方要找的人不在，可先以实相告，再询问对方姓名和来电事由，切勿将二者先后次序颠倒，以免让发话人疑心他要找的人不愿意接听电话。

一般而言，在代接电话时，应遵循以下礼仪规范。

1. 准确记录

对发话人要求转达的具体内容，应认真做好笔录。电话记录的内容一般包括发话人来电时间、发话人姓名、来电事由等。记录完毕后，最好向对方复述一遍，以免遗漏或记错。

案例分析

有一天，办公室的龙经理收到一张留言条，上面是这样写的：

龙经理：

刚才一位姓陈的先生来电，让您晚上8:30在和平餐厅那里等他。

试分析，如上留言有哪些不妥当的地方。

2.及时传达

若发话人要找的人就在附近，应立刻去找，不要拖延。若答应为发话人传话，则应尽快落实，不要拖延时间或置之脑后，以免误事。不到万不得已时，尽量不要把自己代为转达的内容，再托他人转达，这样一则容易使内容走样，二则耽误时间。

3.尊重隐私

代接电话时，不要询问发话人与受话人之间的关系。对于发话人的转告内容，要严守口风，不随意传播，切勿辜负了他人的信任。即使发话人要找的人就在附近，也不要大喊大叫，闹得人人皆知。当别人通话时，要做到不偷听、不旁听，更不要插嘴。

案例分析

应届大学生小林近日在跨国公司化妆品企业华润公司实习，其职位是经理助理，刘助理让小林先负责电话的接打工作。小林觉得这实在是太简单了。这时，电话铃响了。

小林拿起电话，声音圆润地说："您好，华润，请讲。"

"华润吗，你们王总在吗？我有要事找他。"电话里传来对方焦急的声音。

小林一看，王总正在办公室里看文件，立即说："王总在，你稍等。"

小林放下话筒，走到王总身边："王总，你的电话。"

"谁打的电话？"王总问。

"不知道，好像挺着急的。"小林答道。

只见王总一皱眉，拿起了话筒。不一会儿，小林听到王总在电话里和对方吵了起来。王总挂了电话后，生气地对小林说："以后有找我的电话先问问清楚。"小林脸红了，但一副茫然样。

这时，电话铃又响了，小林拿起电话，没精打采地说："您好，华润公司，请讲。"

"请问刘助理在吗？"对方轻声地问道。

小林吸取刚才的教训，问："请问你是哪位？"

"我是她的男朋友。""哦，那请你稍等。"

小林想这个电话肯定要转给刘助理。她看刘助理正在对面的办公室复印资料，于是大声喊道："刘助理，你男朋友的电话，快来接。"只见刘助理一脸不高兴地匆匆赶来，边走边说："轻点，轻点，别大声嚷嚷。"

这时桌上的两部电话同时响了起来，小林拿起一部，没好气地说："你好，华润公司，请讲。"

"我是李昕，请转告刘助理，我明天9点下飞机，叫她派车来接，同时带上编号TG8093的那份合同，我有急用。千万别忘了。"这个电话的声音有些含糊不清，显然是用手机从较远的地方打来的。

另一部电话仍然在响。小林拿起电话："喂？"

"化工公司吗？我找李主任。"

"什么公司？"

"你们是生产肥料的林佳化工公司吗？我找推销部李主任。"

"我们是华润公司，你打错了。"小林说完把电话重重地一挂。

没想到接电话这么烦，小林刚想喘一口气，这时刘助理走过来问：

"小林，李副总有没有来过电话？"

"是叫李昕吗？刚来过。"小林想起了要通知刘助理的那个电话。

"他说了些什么？"刘助理问。

"他说要你接机。好像还要带份文件。"

"哪个航班？几点？哪份文件？"刘助理问道。

"这个，我记不清了。"小林红着脸低下了头。

问题：小林在接电话时存在哪些问题？如果你是小林，你会如何处理这几个电话？

四、手机的使用礼仪

就目前而言，人们所使用的移动通信工具主要是移动电话，即手机。在使用手机时，应注意以下礼仪。

（一）放置到位

在较为正式的场合，手机在不使用时，应放在合乎礼仪的常规位置，如公文包或上衣口袋内，不可有意识地将其展示于人，如把手机握在手中或挂在脖子上。

（二）注意安全

使用手机时，必须牢记"安全至上"原则，切勿有章不循，那样不但害己，而且害人。使用手机时要注意以下几点：不要在开车时使用手机，以防发生车祸；不要在病房、油库等处使用手机，免得手机发出的信号有碍治疗，或引发火灾、爆炸；不要在飞机飞行期间打开手机，以免干扰飞机导航仪引发严重事故。

(三)文明使用

使用手机时，一定要讲究社会公德，以免自己的行为打扰到他人。遵守公共秩序需做到以下几点：不要在公共场合，尤其是楼梯口、路口、人行道等人来人往的地方，旁若无人地使用手机；不要在要求“保持安静”的公共场合，如美术馆、图书馆、电影院等，大声讲电话；在开会、上课、谈判或出席重要的仪式、活动时，应自觉地提前关机或将手机调成静音，以示对他人的尊重；在贴有“禁止拍照”标志的地方，如博物馆、寺庙等，应自觉遵守，不要随意使用手机拍照。

如果更改了手机号码，应及时通知亲朋好友和重要的合作伙伴。在约定的联络时间内，不要随便关机，或使自己的手机一直处于通话状态。与他人相处时，不宜过多地把玩手机以免冷落他人。

(四)铃声恰当

在社交场合，手机铃声应相对传统，切勿过分夸张、怪异，否则容易对他人造成干扰。个性化的铃声为生活增添了色彩，但是过于个性化的铃声应注意使用场合。从铃声内容来说，不能有误导公众的信息或不文明的内容，如“有话快说，有屁快放”，终究显得不雅。

此外，铃声音量应适当。无论是座机还是手机铃声，都不宜调得过大，以离开座位两米可以听见为宜。有些人的铃声就像“凶铃”，在大家埋头干活时突然刺耳地响起，让人心跳加快。在医院、幼儿园等场所，过大的铃声都会成为一种公害。

经典案例

在海口市，曾经发生了这样一件令人啼笑皆非的事情。一位巡警在经过一辆豪华旅游车时，突然听到一阵急迫的呼救声：“抓贼呀，抓贼呀，抓偷手机的贼！”巡逻经过此地的边防官兵听到后，急忙将这辆旅游车拦住，可官兵们上车一看，根本没有偷手机的贼，乘客们全都在呼呼大睡。忽然，“抓贼呀……”的“喊声”再次响起。官兵们循声找去，原来这“呼救”是从一名熟睡乘客的手机里传出的。可想而知，如果这样的铃声到处都是的话，公共秩序一定大乱。

(五)短信礼仪

手机短信是一种便捷的沟通方式，在使用短信时应注意以下几点：短信应做到简单明了、清楚连贯，避免长篇大论；在发送短信前，应检查文法和错别字，尤其是写给长辈、上级和重要客户的短信，更要特别注意；接到短信后，应及时回复，必要时可回电询问；切勿使用短信发送低级趣味或欺骗性信息，更不能用短信骚扰他人。

经典案例

一角钱的作用

几个刚毕业的大学生到一家公司参加面试。这家公司很特别，把面试的地点放在了远离公司的地方。到了面试的时间，工作人员提出了一个奇怪的要求："现在你们都用手机发一条署名的短信给经理，向经理询问公司的地址，经理就会告诉你们是否被录取。"

尽管大家都觉得很奇怪，但还是照做了。他们都用毕恭毕敬的语气给经理发了短信，没过多久大家就收到了经理的回复，上面显示的正是那家公司的地址。有人举起手机问那个工作人员："就是这样吗？"工作人员微笑着说："就是这样，请你们再等会儿，十分钟后经理就会宣布录取结果。"

十分钟以后，工作人员收到了一条手机短信，她抬起头念出一个名字，告诉他被录取了。剩下的几个人感到很奇怪，纷纷询问自己到底哪里做得不好。工作人员告诉他们："如果你们收到回复后，能像他一样，肯多花一角钱，再给经理发一条感谢的短信，或许你们就会被录取了。"

有时，微不足道的一角钱，正代表你对他人的态度。

（六）尊重隐私

在日常生活中，不可随意将手机号码告知他人或随意泄露他人的手机号码。此外，在用手机拍摄他人或要将照片上传到网络时，应该先征得对方的同意。当别人给你看手机照片时，不应自行前后翻看。

任务四　网络礼仪

现代社交中，电子邮件、QQ、微信等网络沟通工具已经成为不可缺少的存在。真实世界中，人与人之间的社交活动有不少约定俗成的礼仪，在网络虚拟世界中，也同样有一套不成文的规定及礼仪，供网络使用者遵守。忽视网络礼仪的后果，可能会对他人造成骚扰，甚至引发网上骂战或抵制等事件，虽然不会像真实世界动武般造成损伤，但对当事人来说也不会是一种愉快的经验。

(一)网络基本礼仪

1. 文明上网

在现实生活中大多数人都遵纪守法,在网上也应该如此。面对着电脑和手机屏幕,人们常常忘了自己是在跟其他人打交道,行为也因此容易变得粗鲁和无礼。上网时要做到文明礼貌,切勿因在网络虚拟世界就降低了道德标准。

2. 理性讨论

在网上讨论或与人争论时,应以理服人,就事论事,不要人身攻击。应尊重他人,不侮辱谩骂;以礼待人,不污言秽语;实事求是,不造谣诽谤。尊重与自己意见不一致的发言者,不妄加揣测他人的动机,不站在道德的制高点上评判他人。

近年来,作为互联网络发展的一种负面产物,网络暴力大有愈演愈烈之势,其中"人肉搜索"、网络谩骂、人身攻击等网络侵权行为占据了较大比重。网络暴力是社会暴力在网络上的延伸,更具有隐蔽性、群体性、伤害性。例如,利用互联网擅自公布他人照片、职业、住址、违章驾驶记录等个人信息,将对热门话题的探讨异化成了践踏他人隐私的集体狂欢,不仅会对他人造成心理甚至身体的创伤,更严重的还可能导致自杀等悲剧。

案例分析

2015 年 5 月,网上一段一名成都男司机将一女司机逼停后当街殴打的视频引起热议,视频内男子多次踢中女司机脸部,导致女司机全身多处受伤。女司机被打新闻一出,舆论一边倒,不少网友对打人者一片谴责。随后男司机行车记录视频被曝光,视频显示女司机数次故意变道、别车、骂脏话,最终激怒了男司机。于是,部分网民开始将矛头转向女司机,对其进行谴责,甚至有网友展开了对女司机的人肉搜索,其身份证信息、历来违规状况、开房记录等信息被公之于众。

问题:请对网民的行为进行分析。

3. 注意网络安全

在网上与人交往,不要随意与网友见面,更不要将自己的个人信息随意泄露给网友,以免上当受骗。同时,在登录一些涉及个人隐私和财产等高敏感度网站前,须核实其域名和安全证书,且尽量避免使用免费 WiFi 接入网络,避免信息泄露。对于一些莫名的网站不要随意点击,或者注册账号。此外,还应警惕各种网络诈骗和网络陷阱,如"二维码"陷阱,在用手机扫码前,应核实其来源,不要扫来源不明的二维码,切勿贸然输入个人账户、资料、银行卡号信息等。

(二)电子邮件礼仪

电子邮件,又称 Email,是一种重要的通信方式,因其方便快捷、费用低廉,深受人们喜爱，尤其是在国际通信交流和大量信息交流方面更显优势。在使用电子邮件时，应注意以下礼仪规范。

1. 书写规范

电子邮件的书写格式与书信一样，称呼、敬语不可少。对收件人的称呼要恰当，可以用职称相称，在不熟识的情况下，可用“先生”“女士”，邮件开头和结尾均要有问候语。电子邮件的正文要言简意赅，行文流畅，写完后检查有无错别字，并核对所用的字体大小。如果字体过小，会让收件人读起来费力；如果字体过大，则显得粗糙不精致。

此外，写邮件时还应在标题栏写明邮件主题，不可发送空白标题的邮件，否则不仅不礼貌，还容易被收件人误以为是垃圾邮件处理掉。如果邮件有附件，应在邮件正文提示收件人查看，附件数目较多时应打包压缩成一个文件发送。

2. 收发讲究

电子邮件发送完毕后，可通过电话等方式询问对方是否收到邮件。如果是收件方，应做到尽快回复，若暂时没有时间，可先简短回复，告诉对方自己已收到邮件，来信处理后会及时给以正式回复。

3. 注意安全

电子邮件是计算机病毒重要的传染源和感染病毒的主要渠道。为了保障邮件的安全，可安装实时病毒监测和网络防火墙。目前一些反病毒软件都有邮件检测功能，在安装这些软件的同时，添加邮件实时监测模块功能，能够提高邮件系统的安全。此外，对来历不明的邮件须谨慎处理，若不确定则最好删除，尤其是陌生邮件中的附件，不可随意点开或下载。

（三）微信礼仪

微信已经成为我们工作、生活必不可少的沟通工具，在微信上会聊天、懂礼仪也成为人们需要掌握的技能和必备素养。微信礼仪主要包括以下几点。

1. 注意联系时间

微信虽然是即时聊天工具，但微信联系，尤其是因公联系，应选择恰当的时间，避开对方休息的时间。除非是双方已约定，否则不应在早晨 7 点前和晚上 10 点后联系，如果是因公联系，晚上 7 点后就应避免再联系。

此外，收到信息应及时回复。如果没能及时回复，也要在方便的时候向对方解释原因，并表示歉意。对于发信息的人来说，如果对方不回，不要连续发送。

2. 注意内容

微信内容编辑完后，应检查是否有错别字，避免出现因输入法中同音字输入错误的情况。信息应尽量以文字而不是语音的形式发送，特别是汇报工作或是有其他重要的事需要和他人沟通时，以免对方在开会或上课，不方便听语音，而文字信息一目了然，节省阅读时间。即使要发语音，也最好提前询问一下对方是否方便。

在微信群里聊天时，要把握好度，不要时不时“狂轰滥炸”一番，不停刷屏。在群里尽量不要发太长、需要几屏才能看完的文字，也不要连续表情包“轰炸”。

3. 文明礼貌

随着越来越多的人使用微信办公，微信礼貌也显得益发重要。使用礼貌用语，在交谈时使用谦辞和敬语，这是容易博取别人好感、赢得别人体谅的一种简单易行的方法。同时，对“五声十字”（您好、请、谢谢、对不起、再见）多加运用，这既是对对方的尊重，也是自身修养的体现。

如果加入了一个微信群，最好先做一个简短的自我介绍“很高兴认识大家，我是×××”。不要随意将别人拉进微信群，除非已征得群主的同意。群交流如果是两个人对话较多，可以加好友私聊，避免扰众。一般情况下，不应随意传播自己与他人的私聊信息。

微信群内不要发没有根据和有伤风化的内容。不造谣、不传谣、不信谣，不煽动他人情绪，坚决远离不良信息。随着网络法律的不断健全，文明使用微信也成为一种守法行为。根据国家互联网信息办公室发布的《互联网群组信息服务管理规定》，微信群主应当履行群组管理责任，即“谁建群谁负责”“谁管理谁负责”，群组成员应当遵守相关法律法规，文明互动、理性表达。

项目总结

本项目主要介绍了沟通礼仪的相关知识，具体包括交谈礼仪、书信礼仪、电话礼仪和网络礼仪。

交谈礼仪重点介绍了交谈的语言、话题、态度和技巧。与他人交谈时，要能够因人而异地选择不同的话题，并力求做到表情自然、举止得体。

书信礼仪主要讲解了一般书信和专用书信的格式，要能灵活应用通信技巧，并注意其中的礼仪规范。

电话礼仪重在掌握拨打和接听电话的技巧，在接听电话时，能够根据对方的情况灵活地做出不同的处理决定。

网络礼仪主要包括收发电子邮件的礼仪和微信礼仪。

课后练习

一、判断题

1. 初次见面可以谈健康问题。（　　）
2. 当别人夸奖自己时越谦虚越好。（　　）
3. 与人交谈时要目不转睛地盯着对方看。（　　）
4. 交谈时应该等对方把话说完，再进行发言。（　　）
5. 交谈时应对他人的每一句话都随声附和，不说一个“不”字。（　　）
6. 在笺文中如提到收到对方来信，需说明具体的收信时间。（　　）
7. 信笺和信封的封口处要留有大约1厘米的距离，以便收信人拆阅。（　　）
8. 收到他人来信之后，应当立即回复对方。（　　）
9. 邀请函标题可写成“邀请李雅女士函”。（　　）
10. 封文的书写中，收信人可写成“王科 父亲收”。（　　）
11. 早上7点前、晚上10点后一般不宜给人打电话。（　　）
12. 接电话应力争在铃响第一声就拿起话筒。（　　）
13. 假如是与上级、长辈、客户等通话，最好让对方先挂断。（　　）
14. 发送电子邮件时可不填标题栏。（　　）
15. 应尽快对收到的微信进行回复。（　　）

二、单项选择题

1. 双方通电话，应由谁挂断电话？（　　）
A. 主叫先挂电话
B. 被叫先挂电话
C. 尊者先挂电话
D. 不做要求，谁先讲完谁先挂，最好同时挂

2. 电话通话过程中，以下说法正确的有（　　）。
A. 为了不影响他人，不使用免提方式拨号或打电话
B. 为了维护自己形象，不能边吃东西边打电话
C. 为了尊重对方，不能边看资料边打电话
D. 以上说法都不正确

3. 在与人交谈时，双方应该注视对方的（　　），才不算失礼。
A. 上半身　　B. 双眉到鼻尖的三角区
C. 颈部　　D. 脚

4.“敬启”“叩”“拜上”等词属于(　　)。

A. 礼告敬辞　B. 祝福词　C. 缄封词　D. 启封词

5. 发话人应将通话时间控制在(　　)分钟内。

A. 10　B. 8　C. 3　D. 15

三、填空题

1. 在与人交谈时，语言应达到________和准确的要求。其中，准确要做到________、________、________、________和________。

2. 宜选的交谈话题包括________、________、________、________，禁忌的话题包括________、________、________、________。

3. 书信由________和________两部分构成。

4. 折叠信笺的常规方法主要有________、________、________和________。

5. 横式信封封文内容分上中下三路横书，上路写________，中路写________，下路写________。贴邮票的位置，一般在右上角。

6. 电话基本礼仪包括________、________、________、________。

模拟训练

实训一：交谈技巧训练

1. 实训目标

掌握交谈开场白的技巧，并学会如何在交谈时倾听他人并得体地表达自己的观点。

2. 实训背景

王岚受邀参加好朋友张波的生日会，其间，张波请王岚帮忙照顾从外市赶来的朋友李峰，并说明李峰性格较为内向，不爱说话，但酷爱音乐。经过交谈，王岚发现李峰喜欢的音乐风格和自己不同，但仍然认真听李峰对音乐的见解。

3. 实训方法

将全班同学分成若干小组，每三人一组，分别扮演王岚、张波和李峰。在模拟三人交谈的情景时，注意运用交谈的技巧，最后老师进行点评。

实训二：书信

1. 实训目标

掌握邀请函的书写格式和技巧。

2. 实训背景

学生会近期举办了一场“校园十大歌手”的比赛，在十进三的环节，学生会决定邀请音乐系的李教授出席并担任评委。

3. 实训方法

请根据以上信息写一份邀请函。

实训三：电话（手机）使用模拟训练

1. 实训目标

掌握使用电话的礼仪。

2. 实训背景

方正公司的王力接到合作公司刘经理的电话，对方想与王力的上级张经理通话，但张经理不在，刘经理说明来电是为了邀请张经理参加一个行业经验交流会，并让王力代为转达。半个小时后，张经理回到公司，王力向其传达信息。

3. 实训方法

将全班同学分成若干小组，每 2～3 人为一组，用固定电话或手机现场表演以上情形的通话，其他同学观摩，表演结束后，由同学们点评，最后老师进行总结。

交谈语言技巧自我测试

请回答以下问题以确定你与他人交流中的优缺点。选择符合的项即得相应的分数。

1. 从不这样　2. 很少这样　3. 有时这样　4. 经常这样　5. 每次都这样

（1）与人交谈时，我发言时间少于一半。

（2）交谈一开始我就能看出对方是轻松还是紧张。

（3）与人交谈时，我会想办法让对方放松下来。

（4）我有意识地提些简单的问题，使对方明白我正在听，对他的话题感兴趣。

（5）与人交谈时，我留意消除引起对方注意力分散的因素。

（6）我有耐心，对方发言时不打断对方。

（7）我的观点与对方不一样时，我会努力理解他的观点。

（8）我不挑起争论，也不卷入争论中。

（9）即使我要纠正对方，我也不会批评他。

（10）对方发问时，我简要回答，不做过多的解释。

（11）我不会突然提出令对方难答的问题。

（12）与人交谈时，开头的 30 秒钟我会把自己的用意说清楚。

（13）对方不明白时，我会把我的意思重复或换句话说一次，或者是总结一下。

（14）我会隔段时间询问对方的反应，以确保他听懂我的意思。

(15)我发现对方不同意我的观点时,会问清楚他的观点。等对方说完我才就他的反对意见,发表我的看法。

将以上各题的得分相加,得出总得分。

60～75分:你与人交谈的技巧很好;

45～59分:你的交谈技巧不错;

35～44分:你与人交谈时表现一般;

35分以下:你的交谈技巧较差。

通过以上测试找出自己交谈的薄弱环节,努力改进自己的谈话技巧,三个月后再进行测试,看有多大的提高。

项目七　宴请礼仪

项目目标

★ 了解宴请的种类，掌握宴请的准备工作、宴会中主人的礼仪和赴宴客人的礼仪

★ 掌握中餐的席位礼仪、上菜礼仪、餐具使用礼仪、就餐礼仪和酒水礼仪

★ 熟悉西餐的席位礼仪、上菜礼仪、餐具使用礼仪、就餐礼仪、酒水礼仪和咖啡礼仪

★ 熟悉自助餐礼仪和鸡尾酒会礼仪

案例导入

老张吃西餐

老张的儿子留学归国，还带了位洋媳妇回来。为了讨好未来的公公，这位洋媳妇一回国就张罗着请老张和老张的老伴到当地最好的餐厅吃西餐。

用餐开始了，老张为在洋媳妇面前显示出自己也很讲究，就用桌上一块“很精致的布”仔细地擦了自己的刀、叉。吃的时候，学着他们的样子使用刀叉，既费劲又辛苦，但他也觉得自己挺得体的，总算没有丢脸。用餐快结束时，吃饭喝惯了汤的老张盛了几勺精致小盒里的“汤”放到自己碗里，然后喝下。洋媳妇一愣，紧跟着也盛着喝了。

问题：

请指出老张不合西餐礼仪之处，并说明正确的做法。

任务一　宴请的基本礼仪

古人云“设宴待嘉宾，无礼不成席”，可见中华宴请礼仪源远流长。在人际交往中，“食”往往占有一席重要之地。宴请作为一种重要的社交活动，不仅可以体现个人的良好修养，还可以向对方传达友善和诚意。在宴请中，无论是主人还是客人，都需遵守一定的礼仪规范，才能取得社交活动的成功，增进双方之间的友情。

一、宴请的种类

根据活动目的、邀请对象以及经费开支等因素，一般将宴请分为宴会、招待会、茶会和工作餐四种形式。了解不同形式宴请的特点，有利于我们根据实际情况安排合适的宴请。

(一)宴会

宴会是一种比较正式的宴请活动，一般规模较小，多在晚间举行，往往有负责人出席。赴宴者按主人安排的席位入席进餐，由服务员按专门设计的菜单上菜。宴会分为国宴、正式宴会、便宴和家宴。

1. 国宴

指国家元首或政府首脑，为国家庆典或为欢迎来访的外国国家元首、政府首脑而举行的一种正式宴会，规格最高。因此，这种宴会的礼仪要求也是最严格的。按国际惯例，宴会厅内要悬挂主办国和参加国的国旗。我国的国宴一般在人民大会堂举行。国宴期间演奏两国国歌和席间音乐。席间音乐通常由两国著名乐曲组成。宴会过程中有致辞、祝酒等程序。

2. 正式宴会

除不挂国旗、不奏国歌以及出席规格不同外，其余安排与国宴大体相同。通常是政府和团体有关部门为欢迎应邀来访的宾客，或来访的宾客答谢主人而举行的宴会。正式宴会是精心安排的大型聚餐活动，一般安排在比较高档的饭店或是其他特定的地点举行。对于到场人数、穿着打扮、席位排列、菜肴数目、音乐演奏、宾主致辞等，往往都有十分严谨的要求。宾、主按餐台上的姓名卡入座。

3. 便宴

即非正式宴会。常见的有午宴、晚宴，亦有个别情况下的早宴。这类宴会通常只安排相关人员参加，不邀请配偶，不安排音乐演奏和宾主致辞，对穿着服装、餐具、席位、布置等也没有严格的要求。便宴形式简便，气氛亲切随意，多见于日常交往。

4. 家宴

顾名思义，家宴就是在家中举行的宴会。相对于正式宴会，家宴最重要的是营造亲切、友好、自然的气氛，使赴宴的宾客轻松、自然、随意，从而增进宾主之间的交流，加深彼此的了解和信任。家宴的特点是主人亲自下厨烹饪，家人共同招待，让客人产生宾至如归的感觉。通常，家宴在礼仪上往往不做特殊要求。

（二）招待会

招待会是指一种不备正餐、较为灵活的宴请形式。相对宴会而言，主人不用花太多的精力去招待客人，一般备有食物、酒水、饮料，由客人根据自己的口味选用。招待会通常不排席位，可以自由活动。常见的招待会有冷餐会和酒会。

1. 冷餐会

又称自助餐，是一种由宾主自选自取的就餐形式。这种形式常用于官方正式活动，以宴请人数众多的宾客，举办时间一般在中午 12 点到下午 2 点，或者是下午 5 点到 7 点。自助餐的特点是灵活方便，不排席位，不安排统一的菜单。

自助餐上主要供应冷菜、热菜、汤、点心、甜品、水果和酒水饮料，同一类型的食物一般集中摆放，连同餐具陈设在菜桌上，供客人自取。客人可自由活动，多次取食。酒水可陈放在桌上，也可由服务员端送。

2. 酒会

又称鸡尾酒会，是以酒水为主招待客人的一种宴请形式，便于广泛接触交谈。举行的时间较为灵活，中午、下午、晚上均可，请柬上往往注明整个活动延续的时间，客人可在其间任何时候到达和退席，来去自由，不受约束。

酒会供应的酒品除鸡尾酒（多种酒和软饮料调制而成的混合饮料）外，还有一些中外名酒、地方特色酒等。酒会略备小吃，如三明治、面包、小香肠等，以牙签取食。不设座椅，仅置小桌或茶几，以便客人随意走动。饮料和食品由招待员用托盘端送，或部分放置在小桌上。

（三）茶会

茶会是一种以茶会友的简便招待形式，举行的时间一般在下午 4 点。茶会通常安排在客厅，内设沙发、茶几和座椅，不排席位，但一般将主、宾安排在一起，其他人随意就座。茶会以茶品为主，略备点心和风味小吃。茶会对茶叶的品种、沏茶的用水和茶具颇为讲究，茶叶要品牌知名、质量上乘，兼顾客人的喜好和习惯。茶具要高雅、卫生，一般采用陶瓷器皿，不宜用玻璃杯和热水瓶。如果有外宾参加，还应准备咖啡和冷饮。

(四)工作餐

工作餐是现代交际中经常采用的一种非正式宴请形式,一般规模较小,主要是业务合作。双方利用进餐的时间,围绕工作中的问题,边吃边谈。通常在中午举行,一般不请与工作无关的人加入。

二、宴请的准备工作

宴请对于宾客而言,是一种礼遇,对于主人而言,准备工作周密与否,将直接影响宴请活动的成败。在宴请前主人应做好以下准备工作。

(一)确定宴请目的

宴请的目的多种多样,可以是表示欢迎、欢送、答谢某个人或单位,也可以是表示庆祝、纪念某个节日或活动。目的清楚后,就可以根据需要确定宴请的对象和形式。

(二)确定宴请对象

确定宴请的对象,须确定宴请哪些人、宴请多少人,并根据宾客的身份、国籍、习俗、爱好等信息来确定宴请的规格、主陪人和形式等。应避免把毫不相干的两批客人合在一起宴请,更不能把平时有芥蒂的客人请到一起吃饭。

(三)确定宴请形式

根据宴请的目的和对象,确定宴请的形式。一般而言,比较正式的、规格高且人数少的宴请以宴会的形式较为适宜;日常交往、友好联谊且人数较多的则以冷餐会或酒会更为合适;群众性节日活动,以茶会形式居多。

(四)确定宴请时间

确定宴请时间应注意遵从民俗惯例,讲究主随客便,并适当控制宴请的时长。在决定具体的时间时,主人要优先考虑宾客的具体情况,并和主宾协商,必要时可提供几种时间上的选择,以显示自己的诚意。提供的日期应避开重大节假日、双方不方便或禁忌的日子,如对信仰基督教的宾客不要选十三号星期五(黑色星期五);伊斯兰教在斋月内白天禁食,宴请应在日落后举行。

对于宴请的时间,有必要加以适当的控制,既不能匆匆忙忙地走过场,也不能拖拖拉拉地耗时间。一般情况下,正式宴会的用餐时间为1.5～2个小时,非正式宴会与家宴的用餐时间为1个小时左右,便餐的用餐时间一般为30分钟。

案例分析

中达贸易有限公司和某日本公司客户在年初举行了新品洽谈会，签下了5000万元的订单。为庆祝此事，中达公司在五星级酒店举办酒会，给日方发了精美的邀请函。邀请时间为2018年4月9日晚上7点。日方给予回函，表示无法参加。

为什么日方回函表示无法参加？

（五）确定宴请地点

在社交聚餐时，用餐地点的选择也是非常重要的。在确定宴请地点时，应考虑以下几点。

1. 宴请的对象

宴请的场所要能容纳所有的出席人员，而且宴请地点应和宾客的身份相符。例如，比较重要的客人，为了表示敬重，宴请的地点可选择在传统名店或星级饭店；比较熟悉的客人，为了显示主客间的情谊，宴请的地点可以安排在主人家中。

2. 交通情况

应充分考虑赴宴者来去交通是否方便，有无公共交通线路通过，有无停车场，是否要为赴宴者预备交通工具等一系列的具体问题。一般采取就近原则，选择附近知名的餐厅。

3. 环境幽雅

宴请不仅仅是为了“吃东西”，也是“吃环境”。如果就餐地点档次过低，环境不好，即使菜肴再有特色，也会使宴请大打折扣。因此，在可能的情况下，一定要争取选择清静、优雅的地点用餐。

4. 卫生良好

如果用餐地点过于脏乱，不仅卫生问题让人担心，而且还会破坏用餐者的食欲。

5. 设备完备

确定用餐地点时，要考虑饭店的设施是否完备，如音箱、话筒、LED显示屏、投影仪等。

（六）发出邀请

邀请的方式分为书面邀请和口头邀请。正式的宴会一般采用书面邀请，如发送请柬或邀请函。请柬又称请帖，一般由正文与封套两部分组成。在日常交往中，大多采用横式请柬。封面通常采用红色，并标有“请柬”二字。请柬内侧，可以同为红色，也可采用其他颜色，但忌讳使用黄色或黑色。

请柬的内容应包括邀请人的姓名或单位名称、被邀请人的姓名及称呼、邀请的形式、地点、时间以及出席邀请的着装要求等。详细的邀请函书写格式可见项目五的任务二。

请柬应提前1～2周,甚至1个月发出,特别重要的客人必须委派专人送达。应先给主宾发请柬,这样可以避免因主宾有特殊原因不能参加而不得不改变宴请时间甚至取消的情况。主人以夫妻名义邀请,则主客、陪客的配偶均可列为邀请的对象;邀请对象若为女性,则其丈夫也应一并邀请;若受邀的夫妻各担任重要职位,可分别给夫妻二人发请柬。

请柬发出后,还应及时落实出席情况,以便安排或调整座位。

(七)确定菜单

根据宴会的规格和形式确定菜肴的数量和品种,在预算标准内进行安排。准备菜单时主要应遵循以下几个原则。

(1)量力而行,追求特色。选菜时应力求不超支、不铺张浪费。宴请并非一定要有山珍海味,有时选用地方特色菜肴反而更受人欢迎。例如,上海的"小绍兴三黄鸡",天津的"狗不理包子",西安的"老孙家羊肉泡馍",云南的"过桥米线"等。

(2)选菜时考虑宾客的喜好、风俗习惯、健康状况和禁忌。例如,伊斯兰教教徒不吃猪肉、不饮酒;大多数欧洲人不喜欢吃动物内脏;高血压、高胆固醇患者,不宜多喝鸡汤;驾驶员工作期间不得喝酒;广东人普遍饮食清淡,不能吃辣;等等。

(3)荤素搭配合理,菜肴口味多样化,以满足不同客人的需求。

经典案例

王永庆批单

被誉为中国台湾地区"经营之神"的王永庆很会把握做事情的分寸,他通过处理单位的宴请单子来管理单位的宴请费用。

一次,销售人员拿着一万元的宴请费用单找王永庆批复。这让王永庆陷入矛盾中,如果批复,则纵容单位人员的"吃喝风",如果不批,则会打击销售人员的工作积极性。最终,他选择批复单子,但在单子上写明"大吃大喝"。

销售人员在报销的时候耍小聪明,把金额一万元的宴请发票开为三张,每张金额三千多元。王永庆同样批了单子,但在上面写明"天天吃"。

从此,销售人员就有所顾忌,为了避免"大吃大喝"和"天天吃",就能不请则不请,能合并一起请就合并一起请,同时在点菜方面进行了适当调整,为公司节约了成本。

(八)安排席位

正式宴会一般都要事先安排好桌次和座位，以便赴宴者井然有序地入席。一般而言，中国习惯于按照职位高低排列，以面对庭院、背向墙壁为上座；西方按男女参差排列，背向壁炉，正中间的座位为女主人，女主人对面的正中座位为男主人，离入口最近的地方为末席。

三、宴会中主人的礼仪

宴会中主人的礼仪主要包括注重仪表、迎接宾客、引领入席、准时开宴、致辞发言、席间用餐和送客话别。

(一)注重仪表

主人应注意自己的仪表。因为如果客人都穿戴整洁，而主人过于随便，不仅相对失色，而且还会显得对客人不够尊重。一般情况下，当客人来到之前，主人应检查一下自己的仪表和衣饰。

(二)迎接宾客

宴会开始前，主人应站立门前笑迎宾客，晚辈在前，长辈居后。对每一位来宾，主人都要迎上前去热情握手，相互问候。待客人大部分到齐之后，再回到宴会场所，分头与客人招呼、应酬。主人对宾客必须热诚恳切，一视同仁，不可只注意应酬一两个人，而忽略了别的客人。

(三)引领入席

宾客到达后，主人应引导宾客按一定顺序入席。通常，应先引导主宾、女宾入席，再引导其他宾客入席。如果宴会规模较大，可先把一般客人引入宴会厅就座，再领主宾进入宴会厅。主人给客人互做介绍，增进交往和交流。如发现客人坐错位子，如无大碍可不做调整。

(四)准时开宴

按约定的时间准时开席，是宴请礼仪的基本要求。主办人必须提前到达，否则会被视为失礼。主办人不能因为个别客人未到场，就将开席时间推迟很久。如果主宾因特殊原因不能及时赶到，主办人应尽快联系，采取相应的措施进行调整，并向已入座的客人说明情况，表示歉意。推迟开席的时间宜控制在10～15分钟以内，最迟不应超过30分钟，否则会让人觉得宴会的组织工作不力，影响宴会效果。

(五)致辞发言

正式宴会,一般均有致辞,通常在主宾入席后、用餐前,由主人致辞,并邀主宾讲话。接着由主人向来宾提议,为某种事由而干杯。致辞内容应注意简练。在主人、主宾致辞时,其他所有在场者应停止用餐或饮酒,保持安静,认真聆听。

(六)席间用餐

主人在席间应不时地提出一些宾主都感兴趣的话题,引导大家畅所欲言,使宴会始终处于热烈、亲切、友好的气氛之中。席间不应谈论政治话题或涉及他人个人信息的敏感性话题。主人还应注意主宾用餐的喜好,掌握用餐的速度。

每当上菜时,主人应主动举筷邀请大家共同品尝,用餐时主人可介绍菜的色香味形等方面的特点和菜名由来的典故等,为宾客助兴佐食。有些具有鲜明地方特色的菜,更需如此。如果客人之间彼此谦让夹菜,主人可用公筷、公匙先为主宾或长者分菜。

(七)以礼送客

宴会结束后,主宾告辞,主人要留意和提醒客人是否有遗留物。随后,主人将客人送至门口,并与客人一一握手话别,可致意说:"非常感谢各位的光临!"对那些在宴请中照顾不多的客人,应说几句抱歉和感谢之类的话。对走在后面的客人,可略为寒暄几句。

案例分析

由于市场竞争激烈,蓝天和创意这两家策划公司对某机电公司即将进行的车展策划都志在必得。于是蓝天公司的李总就约了机电公司的王总在银都酒店三楼中餐厅吃饭。李总和秘书小刘刚到银都酒店三楼中餐厅的一号房间,王总也到了,双方问好就座后,小刘便叫服务员开始点菜。15 分钟后,小刘点好菜对王总说:"王总,我也不知道这些菜合不合你的口味,你看还要再点些其他的吗?"王总说不必了。

在吃饭过程中,小刘为了表示热情就用自己的筷子不停地给王总夹菜,当两位老总因谈话逐渐深入时,小刘把筷子随意地横放在碗上为两位老总添加饮料,由于加饮料时没有给予提示,差点把饮料泼在王总身上。

不久,李总收到了王总发来的邮件,内容是:本来我还在犹豫该选择哪家公司为我公司策划车展,现在我已经决定了,我是不会和一家礼仪如此差的公司合作的。李总有些莫名其妙。

请帮李总分析为什么王总认为他们不懂礼仪。

四、赴宴客人的礼仪

一次成功的宴请，只有主人的努力是不够的，还需要客人的配合。宾客参加宴会，无论是代表公司受邀做客，还是以私人身份出席，都应注重礼节规范，这既是个人素质与修养的体现，又是良好公司形象的展示，更是对主人的尊重。赴宴客人的礼仪主要包括以下几点。

(一)及时回复

接到邀请后，无论是否参加，都应在最短的时间内及时礼貌地给予答复，以便主人掌握出席人数。接受邀请后不宜随意改动，若有特殊原因届时不能出席，应尽早向主人解释、道歉。主宾如果不能如期赴宴，最好亲自登门致歉。应邀出席之前，应核实宴请的主人，活动举办的时间、地点，以及对服饰的要求。如果赴宴人希望带配偶、孩子或其他客人出席，应提前和主人确认。

(二)注重仪表

正式宴会的请柬上一般注有着装要求，赴宴时应按规定穿着。如果未注明，赴宴时可按宴会性质和当地的习俗考虑着装。赴宴前，应适度修饰自己的仪表。女士应认真梳理，适度化妆，男士应梳理头发并剃须。无论男女，都要换好既符合自己在宴请场合的身份又突出自身气质的衣服。另外，对鞋袜的搭配也要给予关注，因为宴会上这些细节常常被人关注。

(三)按时赴宴

适时赴宴是最基本的礼貌。抵达时间过早，主人尚未做好接待准备，容易给人添麻烦；过迟，则会使宴会受到影响，不仅会给主人带来不便，还会使其他宾客感到不悦。一般情况下，抵达的恰当时间，是书面邀请中注明的正点时间或提前3～5分钟。

到达宴会地点后，应向在门口迎客的主人致以问候，表示感谢。若带有礼物(花束、花篮等)，可恭敬献上。宾客先向女主人打招呼，然后问候男主人，不宜在主人身旁停留太久，以免妨碍主人招呼其他来宾。

(四)按位就座

在宴会厅，赴宴者按服务员的指引和主人的安排就座。落座时，可注意桌上席位卡是否写有自己的名字，以免坐错。如果没有排定座位，自己又不是主宾，可自动坐在远离主人的席位上。同桌若有长者、女士或贵宾，应主动帮扶他们，并待其就座后再坐下。

落座时从左侧进入，就座后背要伸直，坐姿端正、自然，双脚踏在本人座位下，不可任意伸直或不停抖动。不要用手托腮，手肘不得靠桌缘或将手放在邻座椅背上。落座后，邻座如不相识，可先自我介绍，热情礼貌地与对方交谈。

若在宴会中迟到，应先向主人打招呼，然后坐下，同时向其他宾客点头问候。

(五)文雅进餐

作为客人，进餐时的心态要愉快平和。无论主人照顾是否周到、菜肴是否可口，都应表现出高兴的神态。进餐时的举止要文明礼貌，表现要自然大方。

(1)进餐速度要与别人保持一致，过快或过慢都不合适。如果狼吞虎咽，就会表现出一副贪婪相，而太慢则有可能吃不饱，因为一般主宾停止用餐时，其他客人也应结束用餐。

(2)适量取菜。取菜时不可一次盛得过多，盘中食物吃完后再取，但不可专用一道菜。若遇本人不能吃或不爱吃的菜肴，当服务员上菜或主人夹菜时，不要拒绝，可取少量放在盘内，并表示“谢谢，够了”。对不合口味的菜，勿显露出难堪的表情。在正式宴会上，表示厌恶某种食物或某一道菜是不礼貌的。

(3)进食避免出声。进餐时闭嘴咀嚼，不要发出声音。喝汤不要啜，吃东西不要发出声音。如汤、菜太热，可稍待凉后再吃，切勿用嘴吹。进食时尽量避免长咳、打喷嚏、打呵欠、擤鼻涕，万一不能抑制，可侧身用手帕或餐巾纸遮挡口鼻，尽量压低声音，并向邻座致歉。若处理需较长时间，则须离座去洗手间进行处理。同席客人尚在咀嚼食物时，避免向其问话。别人问话时，正好自己的口中有食物，可等食物下咽后再回话。

经典案例

刘明是宜佳电子商务公司的一位业务经理。有一次，刘先生因为工作上的需要，设宴招待了一位来自德国的生意伙伴。有意思的是，那一顿饭吃下来，令对方最为欣赏的，倒不是刘先生专门为其所准备的丰盛菜肴，而是刘先生在陪同对方用餐时的一处细小的举止表现。用那位德国客人当时的原话来讲就是：“刘先生，您在用餐时一点儿响声都没有，让我感受到您良好的教养。”

(4)不要在餐桌上挥舞餐具。用餐具敲打发出声音或指向别人，是很不礼貌的。讲到激动时，挥动餐具会令人紧张。

(5)其他礼仪。入席后不可在众人面前补妆、梳理头发、宽衣解带、挽袖口等。

不要用手指或餐具剔牙。席间若失手将餐具掉在地上，不要自己低头去捡，请服务员补上即可。吃剩的菜和用过的餐具，都应放在盘内，勿置于桌上。

若酒水或菜汁溅到邻座身上，要一边道歉，一边将干净的纸巾或手帕递给对方。如果邻座或服务员不慎将酒水、汤水洒在自己身上，弄脏了衣服，应当主动地向对方说声“没关系”，随后自己动手擦干净。

赴宴时如果携带手机，宜将其调为振动或静音，如果需要接听电话，应礼貌地和同桌的客人说一声“对不起，我出去接个电话”，不宜在餐桌上大声地、没完没了地通话。

向服务员表示感谢是应该做的，但没有必要在每次服务后都表示感谢。得体的做法是，偶尔说一声谢谢或微笑待人，必要时可给小费。

宴会进行中，尽量避免中途离席，如果有特殊情况，须向主人说明理由，并表示歉意，不要大张旗鼓地与其他客人一一握手道别，主人也不必离席远送。

经典案例

公司的业务员王小姐和陈先生在某酒店招待客人。上菜时，由于服务员的疏忽，将汤汁溅到王小姐和陈先生的身上。王小姐立即向服务员要了一块餐巾盖在弄脏的地方，处理完后马上向身边的客人致歉，并接着用餐，同时和身边的客人继续交谈。而陈先生非常生气，他大声地斥责服务员，服务员连连道歉，但他仍然不依不饶，使得餐桌上的气氛变得有些紧张。

（六）宴后致谢

等主人示意宴会结束，和主宾离席后，其他客人才能离开。离开餐桌时，应把椅子挪回原处再走。分手时可向主人表示感谢，如“谢谢您的款待”“菜肴丰盛极了”“您真是太好客了”，并向其他客人告别。

任务二　中餐礼仪

在我国，一般采用中式宴请的形式招待客人。中餐礼仪，是中华饮食文化的重要组成部分，是指以中餐待客或品尝中餐时，应自觉遵守的做法和传统习俗。中餐礼仪的内容相当广泛，主要包括中餐的座位礼仪、上菜程序、餐具使用礼仪、就餐礼仪和茶酒礼仪。

一、中餐的席位礼仪

在中餐礼仪中，席位的排列是一项非常重要的内容，这关系到来宾的身份和主人所给予对方的礼遇。中餐席位的排列，在不同情况下，有一定的差异。可以分为桌次排列和座次排列两个方面。

(一)桌次礼仪

中餐宴会一般采用圆桌布置菜肴、酒水，根据参加的人数确定桌数。采用一张以上圆桌安排宴请时，便出现了桌次的尊卑问题。主次桌的排列，大致会遇到以下两种情况。

1. 两桌排列

在安排两桌宴请的桌次时，遵循“面门定位”“以右为上”“以远为上”的原则。两张桌既可横排，也可竖排。两桌横排时，以室内面向正门的视角为基准，桌次以右为尊，以左为卑(如图 7-1)。

两桌竖排时，桌次讲究以远为上，以近为下，这里的远近，是以距离正门的远近而言的(如图 7-2)。

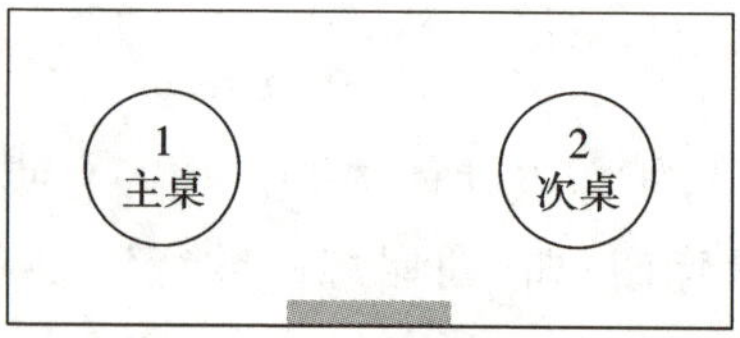

图 7-1　横排桌次

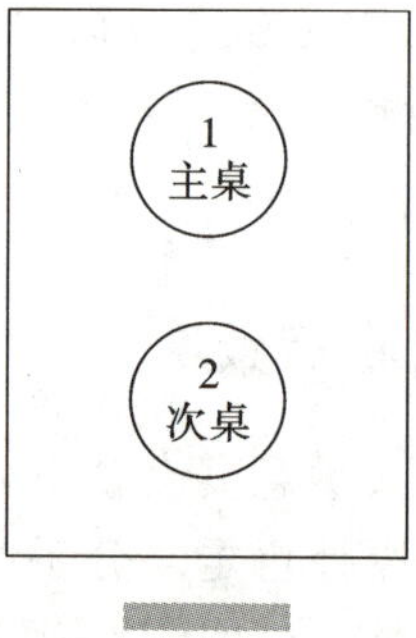

图 7-2　竖排桌次

2. 多桌排列

三桌或三桌以上的桌数所组成的宴请，通常叫作多桌宴请。在安排多桌宴请的桌次时，除了要注意“面门定位”“以右为上”“以远为上”的原则外，还要兼顾其他桌距离主桌的远近。通常，距离主桌越近，桌次越高；距离主桌越远，桌次越低。中餐宴会 3 桌、7 桌和 13 桌的桌次排列分别如图 7-3、图 7-4 和图 7-5。

在安排桌次时，除主桌可略大之外，其他餐桌的大小、形状应保持一致。为了确保在宴请时赴宴者及时准确地找到自己所在的桌次，可采用以下四种方法：在请柬上注明对方所在的桌次；在宴会厅入口悬挂宴会桌次排列示意图；安排专人引导来宾按桌就座；或者在每张餐桌上摆放桌次牌，以阿拉伯数字书写为宜。

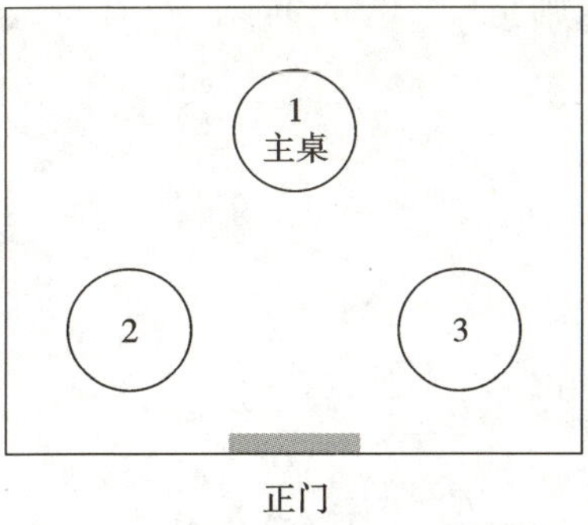

图 7-3　3 张餐桌的桌次排序

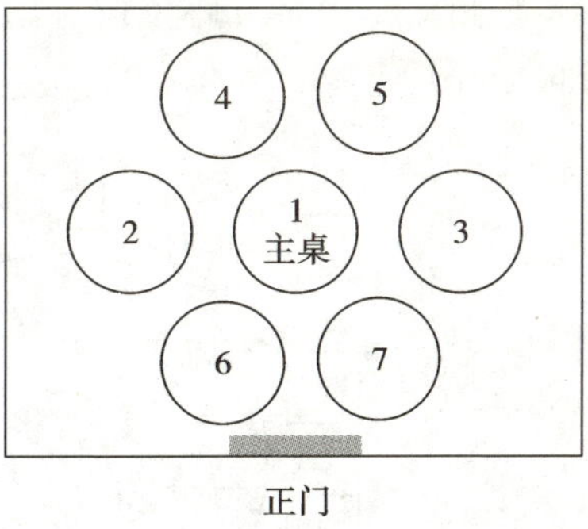

图 7-4　7 张餐桌的桌次排序

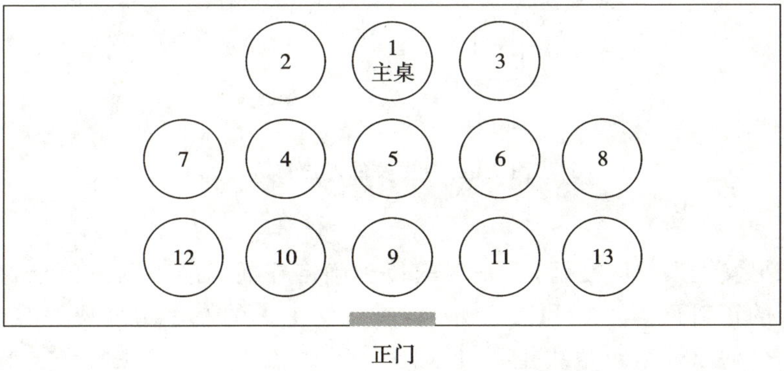

图 7-5　13 张餐桌的桌次排序

(二)座次礼仪

宴请时，每张餐桌上的具体座次也有尊卑的分别。座次的排列主要有以下 4 种基本方法。

- 主人大多应面对正门而坐，并在主桌就座。
- 举行多桌宴请时，每桌都要有一位主人的代表在座。位子一般和主桌主人同向，有时也可以面向主桌主人。
- 各桌座次的尊卑，应根据距离该桌主人的远近而定，以近为上，以远为下。
- 与该桌主人距离相同的座次，讲究以右为尊。也就是说，以该桌主人面向为基准，右为尊，左为卑。

此外，每张餐桌上安排的用餐人数应控制在 10 人之内，并宜为双数，如 8 人或 10 人。人数如果过多，不仅不容易照顾，而且也可能坐不下或是显得拥挤。

具体的圆桌座次排列和主位有关，可以分为以下两种情况。

1. 每桌一个主位的座次排序

当每桌餐桌上只有一个主人时，主人的位子确定在面门居中的主位上，主宾在主人右侧就座。客方座位按“以右为尊”的原则呈“之”字形排列，同时要做到主客相间（如图7-6）。

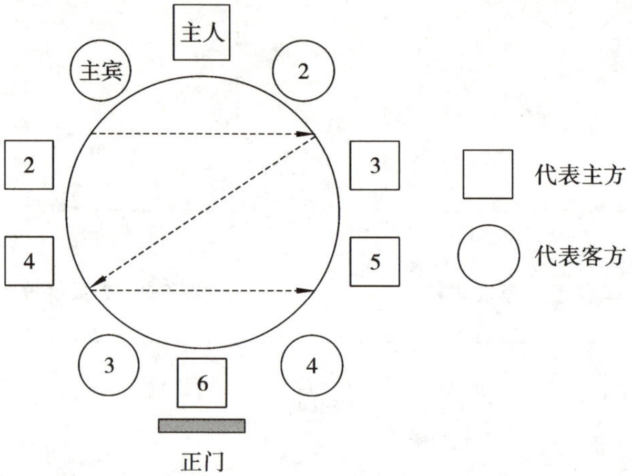

图 7-6　单主位的座次排列

2. 男女主位的座次排序

如果男女主人共同宴请，男主人的位子确定在面门居中的主位上，女主人位于男主人的正对面。主宾和次宾分别在男、女主人的右手边就座。客方座位按“以右为尊”的原则呈对角线排列，同时要做到主客相间。若主宾是夫妇出席，则女主宾坐在主宾的位子，男主宾坐在次宾的位子（如图 7-7）。

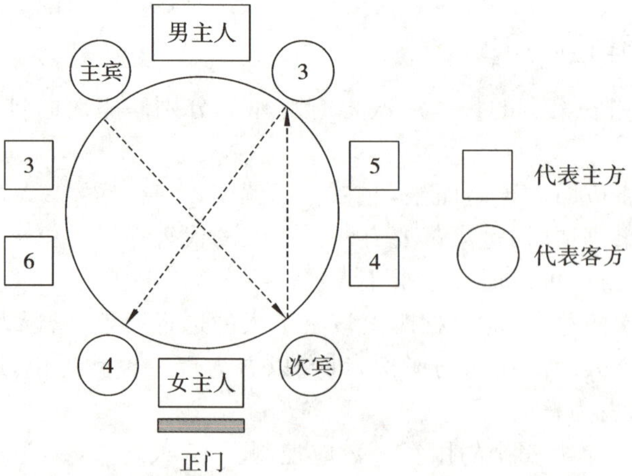

图 7-7　双主位的座次排列

此外，若主宾身份高于主人，为表示尊重，可将其安排在主位上就座，而主人坐在主宾的座位上。为了便于来宾正确无误地在自己的座位上就座，除主人和服务员要及时加以引导外，应在桌面上按座次放置写有客人姓名的座位卡。举行涉外宴请时，座位卡应用中、英文书写。

安排便宴的座次时，若在高档餐厅用餐，其室内外往往有优美的景致或高雅的演出供客人观赏，此时观赏角度最佳之处为上座。若在中低档餐馆用餐，为了防止过往服务员或其他客人的干扰，通常以靠墙之位为上座，以靠过道之位为下座。

二、中餐的上菜礼仪

（一）上菜顺序

在中式宴请中，上菜的一般顺序为：冷盘—热炒—主菜—汤—点心—果盘。

冷盘即凉菜，通常是由四种或四种以上的菜品组成。当冷盘吃到 2/3 时，开始上热炒（现炒的菜肴）。主菜又称大菜或大件，通常有 6 或 8 等偶数道，通常是能体现宴席特色的菜品。汤，分为甜汤和咸汤，一般和点心的甜咸相搭配。宴会上一般不供应米饭，而是以糕点、饼、包子、馒头等点心代替。果盘是各种水果的拼盘，是正餐后的一道清口菜，意在爽口、去油腻。

知识链接

中餐宴席上菜的顺序，因为各地的习俗而稍有不同，大体上有如下四种类型。

◆ 北方型：包括华北、东北、西北等地。北方宴席格局大都比较朴实，菜名一目了然，数量因需而定。上菜程序大体上是第一道冷荤，有时也带果碟等；第二道热菜，以大件带熘炒的形式编排；第三道汤点形式，以面食为主体。

◆ 西南型：包括云南、贵州、四川三省。西南型的酒筵格局往往带有浓厚的民间生活气息，菜品简易醒目，注重乡土风味，突出当地的名特原料，装盘也较丰满。其上菜程序多为：第一道冷菜，彩盘带单碟；第二道热菜，一般是热炒与大菜；第三道小吃；第四道饭菜，以小炒或泡菜为主；第五道水果，多用当地名品。

◆ 华东型：包括上海、江苏、湖北、湖南等地。华东宴席格局比较注重情韵和文采，菜品秀丽，突出鱼米之乡的特点，烹调精细，并时常融注诗情画意与典故传说。其上菜程序一般是：第一道冷碟，大都成双数；第二道热炒，也是双数；第三道大菜，包括头菜、二汤、荤素大菜、甜品和座汤；第四道饭点，米食、面食兼备；第五道茶果。

◆ 华南型：包括广东、广西、福建等地。华南型的酒筵格局与热带气候相适应，菜名艳美，用料珍奇，席面精巧，讲究"吉利"与时序。其上菜程序是：开席汤—冷盘—大菜—热荤—饭点（米食为主，面食为辅）—茶果。

（二）上菜注意事项

若有两桌或两桌以上的宴席，上菜要看主桌，但上菜的数量和时间应大体一致，不可有厚此薄彼之嫌。第一道菜宜在开席前 5 分钟端上。

每上一道菜，都应将其移至主宾面前。如果是分食的菜肴，服务员应遵循先主宾后主人、先女士后男士的原则进行分盘。上菜和撤盘应分别从就餐者的左侧和右侧进行，但应避免在主人和主宾身边操作。如果上鸡、鱼、全羊等有头有尾的菜或椭圆形菜盘，头的一边或椭圆形菜盘的一边，应朝向主宾。

上菜节奏应根据宾客的要求和进餐速度进行灵活把握，以防出现菜品堆积或空盘、空台的现象。

三、中餐餐具的使用礼仪

与西餐相比，中餐的一大特色，就是就餐餐具的不同。一般情况下，中餐的餐具包括筷子、勺子、碗、碟等主餐具和杯子、湿巾、水盂和牙签等辅助餐具。用餐者在使用这些餐具时应遵循以下礼仪规范。

（一）筷子的使用

使用筷子，首先要正确持筷。以拇指、食指、中指三指前部，共同捏住筷子的上部约 1/3 处，筷子的两端要对齐，切忌出现一长一短的情况。通常，筷子须成双使用，不可只用单根。

取菜时，不能用筷子在菜盘里翻找或一次性夹过多的菜，夹菜时不能让菜汁滴落。若遇到其他客人夹菜，应注意避让。筷子上不能残留食物，更不能舔食残留食物或把筷子含在嘴里。

如暂时不用筷子，可将其放在筷子架上，或搭放在自己所用的碗碟边缘上，不可横放在碗、碟上，甚至直接放在餐桌上。切忌将筷子插放在食物上，否则有祭奠或上香之嫌。

与人交谈时，应暂时放下筷子。切不可用筷子敲打碗碟、茶杯，抑或指向其他用餐者。用筷子剔牙、挠痒或梳头等都是不文明的行为。

案例分析

王先生的好朋友李先生从很远的地方来看望他，王先生很隆重地将朋友领到一家很高档的酒店吃饭，又招呼了几个朋友作陪，那几个朋友来后，就把面对正门的位子全坐满了，王先生和李先生只好坐在背对正门的位子。

在席间，王先生为表示客气，一个劲地招呼李先生，在每道菜上来时，还用他的筷子给李先生夹菜，一筷子接着一筷子。王先生用餐时喜欢嘬筷子头，让李先生看得很不舒服。

请对所有用餐者的行为进行分析。

(二)勺子

勺子主要用于舀取菜肴和羹汤。一般情况下，尽量不要使用勺子取菜。以其取食时，不宜过满，以免溢出弄脏餐桌或自己的衣服。必要时，在舀取食物后，可在原处停留片刻，待汤汁不再往下流时再取回享用。

若取用的食物过烫，应将食物放到碗里待其稍凉后再吃，切不可用勺子在食物中来回搅动，或用嘴吹凉。食用勺子里的食物时，不要将勺子和食物全部塞入口中，或反复吮吸、舔食勺子。

暂时不用勺子时，应将其置于自己的碟子上，不可放在餐桌上或插在食物中。

(三)碗、碟

碗主要用来盛放主食和羹汤，在使用时应注意不要端起碗来进食。食用碗内的食物时，应用筷子、勺子从碗内取食，切勿直接用手取用，或直接用嘴吸食。若碗内有剩余食物时，不可将其倒入口中或舔食。

食碟主要用于暂放从公用的菜盘里取回的菜肴，使用时应注意不要一次性取过多的食物，或将多种菜肴堆放在一起，这样容易串味，且极不美观。不宜入口的残渣、骨刺不要吐在地上或桌上，应用筷子夹取并轻放在骨碟上，碟子装满后，可示意服务员更换一个。

(四)杯子

杯子有水杯和酒杯之分，酒杯用于盛酒，水杯用于盛放清水、果汁、可乐等软饮料，二者不可混在一起使用。此外，不可倒扣杯子，或将喝入口中的酒水再吐回杯中。

(五)湿巾

用餐前,通常会为每位用餐者准备一块湿巾,置于毛巾托上。该毛巾只能用于擦手,切勿擦脸、擦嘴或擦汗。擦手之后,应将其放回原处,由服务员拿走。有时,在用餐结束后,服务员会再端上一块湿巾,与前者不同的是,这块湿巾只能用来擦嘴,而不能擦脸或擦汗。

(六)水盂

有时,中餐进食时需要手持食物。餐桌上会摆上一个盛放清水的水盘,供用餐者洗手。水盂中常浮有花瓣或柠檬片,切勿当作饮料饮用。在水盂里洗手时,得体的做法是先将两手轮流沾湿指尖,然后轻轻浸入水中清洗,不要乱甩、乱抖。洗完后应将手置于餐桌下,用纸巾擦干。

(七)牙签

用餐时应尽量避免在众人面前使用牙签,如果实在想用也应用手或纸巾将嘴遮住,剔出的东西不要当众观赏或再次入口,也不要随手乱弹。若需要处理的时间较久,可到卫生间处理。剔牙之后,不要长时间叼着牙签,或用剔过牙的牙签扎取食物。

(八)中餐餐具的摆台

一般而言,中餐餐具的摆放如下:骨碟摆放在餐位正中距桌边 1.5 厘米处。汤碗摆放在骨碟左侧,汤勺放置于碗内,勺柄向左。味碟位于骨碟的正上方。筷架摆在骨碟的右侧,筷子、长柄勺搁摆在筷架上,筷套店徽朝上。牙签位于长柄勺和筷子之间,牙签套正面朝上,底部与长柄勺齐平。葡萄酒杯在味碟正上方,白酒杯摆在葡萄酒杯的右侧,水杯位于葡萄酒杯左侧(如图 7-8)。

四、中餐的就餐礼仪

中餐的用餐过程中,应注意以下几点。

(1)开席时,应等主人邀请、主宾动筷时再拿筷。一道菜上桌后,通常须等主人或长辈动手后再去取食。

(2)进餐时应用公筷取菜,切勿用自己的筷子给他人夹菜。夹菜时不能犹豫不决,如用筷子触碰到一块菜食,不要放弃另行选择。

(3)取菜时应夹取菜盘中接近己方的菜肴部分,尽量不要超越这个范围。取菜时不要站起来或将手伸到别人面前。

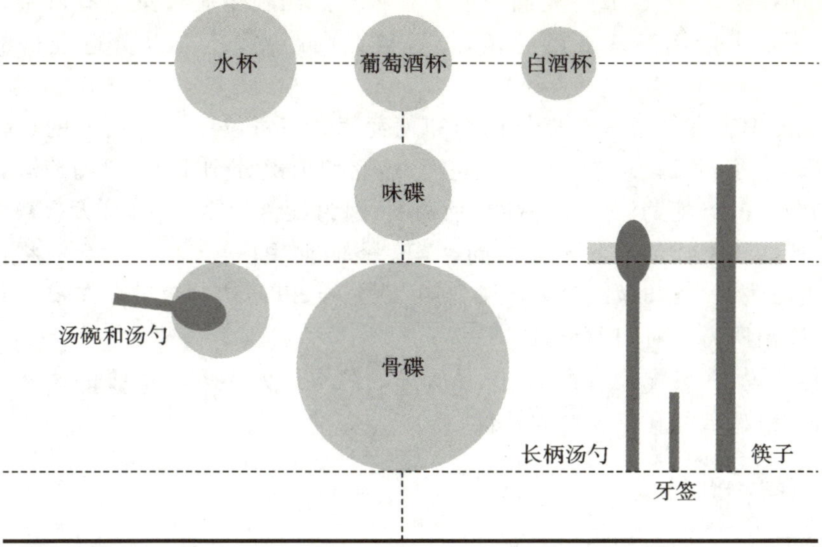

图 7-8　中餐餐具摆台

(4)在其他宾客夹菜时不能转动桌上的旋转台,也不要同时出筷,应耐心地等待他人完成动作。

(5)进餐时应适时地和左右两侧的用餐者交谈,并注意选择愉快的话题。用餐时不可吸烟。

案例分析

一位姓刘的小姐和一位姓张的男士在一家餐厅就餐。主菜上桌后,两人的话匣子也打开了,小张一边听刘小姐聊起童年往事,一边吃着美食,心情愉快极了。

正在陶醉的时候,他发现有根鱼骨头塞在牙缝中,让他很不舒服。小张心想,用手去掏太不文雅,所以就用舌头舔,舔也舔不出来,同时还发出很响亮的声音,好不容易将它舔吐出来,就随手放在纸巾上。之后他在吃虾时又在纸巾上吐了几口虾壳。刘小姐对这些都不太计较。可这时小张想打喷嚏,拿了纸巾遮嘴,用力地打了一声喷嚏后,鱼刺、虾壳随着风势飞出去,正好有一些飞落在刘小姐的碗中,这下刘小姐有些不高兴了。接下来,刘小姐话也少了许多,饭也没怎么吃。

思考:请指出小张的失礼之处。

五、中餐的酒水礼仪

中国自古就有“有宴必有酒,无酒不成宴”的说法,中国酒文化历经数千载而不衰，亲朋往来、逢年过节时人们都要举杯畅饮。酒在中餐餐桌上有着举足轻重的作用，不仅可以沟通双方的感情，拉近彼此的距离，还可以营造轻松的谈话气氛。

正式的中餐宴会通常会提供白酒和葡萄酒。在每位用餐者面前的桌面正前方，排列着大小不等的 3 个杯子，自左而右，它们依次分别是水杯、葡萄酒杯和白酒杯（如图 7-8）。葡萄酒大多是甜红葡萄酒，因为红色代表喜气，且大多数人对口感不甜、微酸的干红葡萄酒不太认同。若就餐时饮用白酒，可在宴会前将白酒放于冰箱内冷藏两个小时，或放入冰酒器中 20 分钟，以便达到最佳的口感。白酒品质愈好，降温所需的时间愈短。

具体来说，在搭配菜肴方面，中餐所选的酒水讲究不多。中餐的酒礼仪主要包括斟酒礼仪、敬酒礼仪和饮酒礼仪。

（一）斟酒礼仪

在宴请中，人们一般会以为他人斟酒来表示敬意。酒具应大小一致，如果是在家中设宴，酒具一定要清洁、无破损，酒瓶应当场打开。

主人或主陪人可先为客人斟酒，斟酒时应站在客人的右侧，酒杯放在餐桌上，瓶口不能与酒杯相碰，酒不宜斟得过满。需要注意的是，白酒和啤酒均可斟满，而其他洋酒则无此讲究。斟酒的顺序是先位高者、年长者、远道而来者，然后顺时针逐个斟酒，切勿只给个别人斟酒。自己的酒杯最后斟。

宾客在主人斟酒时，应端起酒杯致谢，必要时还应起身，以手扶杯或作欲扶杯状，以示感谢或恭敬。在服务员斟酒时，应表示感谢，但不必拿起酒杯。在正式场合，除主人和服务员外，其他宾客一般不要自行给别人斟酒。

（二）敬酒礼仪

敬酒又称祝酒。在宴会开始后，通常由主人向来宾敬酒，说一些祝福的话，提议大家为某个事由饮酒。主人敬酒后，客人们可以互相敬酒。敬酒可以随时在饮酒的过程中进行，频频举杯祝酒会使现场氛围热烈而欢快。一般来说，敬酒者应该把酒喝干，这样才能表达自己的诚意。如果对方的酒量不错，可以提议干杯，但若对方酒量尚浅或不能饮酒，则不必勉强对方喝干，可以说“我干了，您随意”，更不能勉强长者喝酒。

当主桌的主人到其他桌敬酒时，主桌其他陪客人不要同时前去，以免冷落主宾。其他桌上的主人也不要轻易到主桌敬酒。

主人敬酒时，所有用餐者应从座位上站起，上身挺直，右手举起酒杯，面含微笑，目视祝酒的对象。碰杯时，主人和主宾先碰，人多可同时举杯示意，不一定碰杯。饮完后，再目视对方致意。酒量如果尚可，可以回敬主人，回敬酒时应在被敬者开始饮酒后，再把酒送至自己嘴边。

（三）饮酒礼仪

饮酒时不应让别人听到自己的吞咽声，喝酒的速度也尽可能不要超过宴会主人。在宴会上饮酒应严格控制喝酒的量，以避免醉酒失言或失礼。

对于不会喝酒或不打算喝酒的人，可以礼貌地阻止他人的劝酒。例如，说明自己不能饮酒的客观原因，或主动以其他饮料代酒。在他人为自己斟酒时，不可东躲西藏、乱推酒瓶、倒扣酒杯或将杯中的酒悄悄地倒在地上。

经典案例

2018年2月，宝鸡市某区人民法院受理了一起身体权纠纷案件。案件详情是一男子与12名同事一起参加周末聚餐，因气氛热烈，该男子喝下大量白酒，在返回途中突然呼吸心脏骤停，经120送医院紧急抢救也未能挽回性命。

聚餐饮酒过量导致死亡，共同聚餐者具有不可推卸的责任。案件经区人民法院速裁法官主持调解，原、被告双方最终达成意外死亡赔偿协议，12名被告一次性支付原告死亡赔偿金、丧葬补助费、被抚养人生活费、精神抚慰金等共计34万元。

根据《民法通则》《侵权责任法》等法律规定，与人共同喝酒出事，四种情况下需要承担法律责任：一、强迫性劝酒。二、明知对方不能喝酒仍劝其饮酒。三、未将醉酒者安全护送到家。四、酒后驾车未劝阻导致发生车祸等损害。

任务三　西餐礼仪

西餐是对欧美地区菜点的统称，十分讲究礼仪。随着我国对外交往的日益频繁，西餐也离我们越来越近。在社交活动中，为了照顾外国客人的饮食习惯，有时也用西餐来宴请客人。因此，掌握一些西餐礼仪，在必要的场合才会不失风度。根据社交礼仪的规范，要吃好西餐，就必须对西餐的席位礼仪、上菜礼仪、餐具使用礼仪、就餐礼仪和酒水礼仪五个方面的基本规范有一定的了解。

一、西餐的席位礼仪

与中餐相比，西餐的席位排列有许多相同之处，也有许多不同的地方。在绝大多数情况下，西餐的席位排列主要表现为座次的排列，除了非常盛大的宴会，一般较少涉及桌次问题。

(一)座次排列的原则

西餐座次排列主要遵循以下五个原则。

1. 女士优先

在西餐礼仪里，女士处处受尊重。在排定用餐座次时，一般女主人为第一主人，在主位就座，而男主人则退居第二主位。

2. 面门为上

面对餐厅正门的座位，通常在序列上要高于背对餐厅正门的座位。

3. 以右为尊

在排定座次时，以右为尊是基本原则。就某一特定的位子而言，右侧要高于左侧之位。例如，男主宾一般坐在女主人右侧，女主宾坐在男主人右侧。

4. 距离定位

西餐桌上座次的尊卑，是根据其距离主位的远近来决定的。在通常情况下，离主位近的座位高于距主位远的座位。

5. 交叉排列

用中餐时，用餐者经常有可能与熟人，尤其是与恋人、配偶在一起就座，但在用西餐时，男女应当交叉排列，生人与熟人也应当交叉排列。因此，一个用餐者的对面和两侧，往往是异性或不熟悉的人，这样可以广交朋友。不过，这也要求用餐者最好是双数，并且男女人数各半。

(二)座次排列

西式宴请多采用长桌和方桌，有时还会拼成其他各种图案。西餐的座次排列主要分为长桌和方桌两种。

1. 长桌的座次排列

在使用长桌时，一般有两种排列办法。一种是男、女主人在长桌中央相对而坐，餐桌的两端可以坐人，也可以不坐人(如图 7-9)。第二种是男、女主人分别就座于长桌的两端(如图 7-10)。

若用餐者人数较多，可参照以上方法，用长桌拼成图案，以便安排大家一道用餐(如图 7-11)。

2. 方桌的座次排列

用方桌排列时，就座于餐桌四面的人数应相等。一般情况下，一桌共坐 8 人，每侧各坐两人的情况比较多见。在进行排列时，应使男、女主人与男、女主宾对面

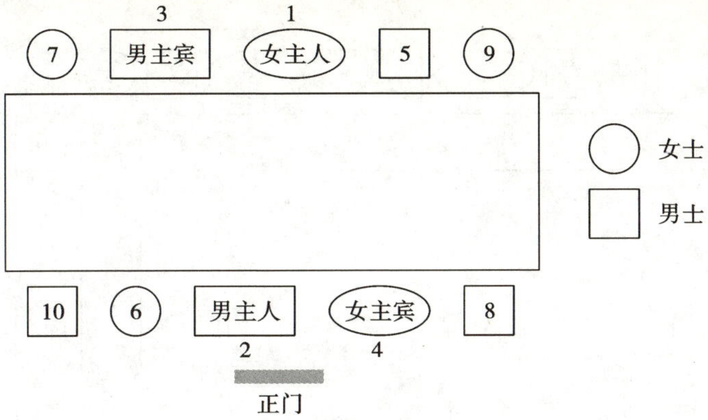

图 7-9　长桌排列方法一

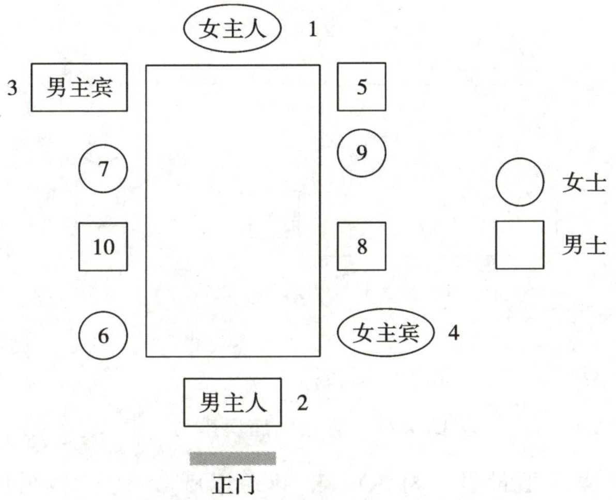

图 7-10　长桌排列方法二

而坐,所有人均各自与自己的恋人或配偶坐成斜对角(如图 7-12)。

二、西餐的上菜礼仪

正式场合的西餐,菜序复杂多样,且非常讲究,一般由“一主六配”构成,按上菜的顺序,吃什么菜用什么餐具,喝什么酒配什么酒杯。一顿完整的正餐,一般要吃上一两个小时。一般而言,西餐宴请中的上菜顺序为开胃菜—汤—副菜—主菜—沙拉—甜品—热饮。

(一)开胃菜

开胃菜又称头盘,一般有冷头盘和热头盘之分。常见的品种有鹅肝酱、鱼子

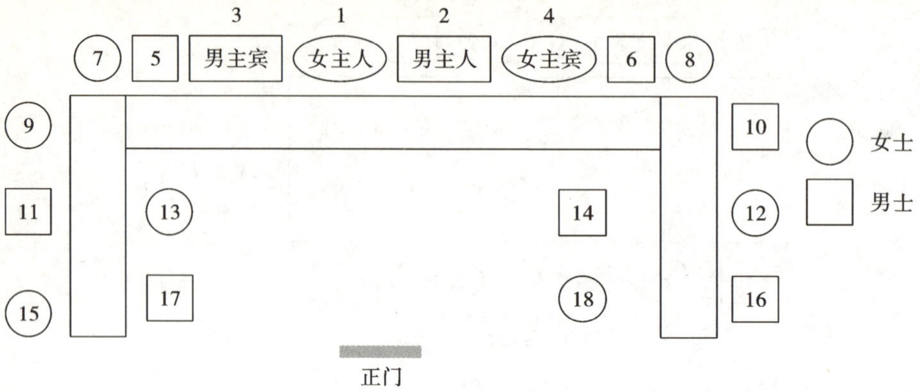

图 7-11 长桌排列方法三

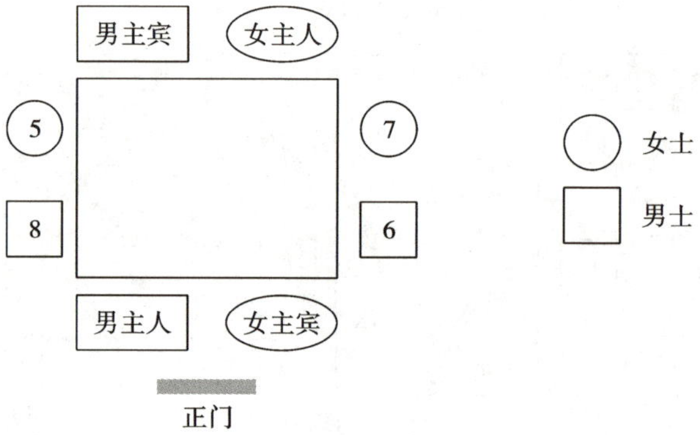

图 7-12 方桌的座次排列

酱、冻子等。开胃菜一般都具有特色风味，味道以咸和酸为主，而且品精量少。

（二）汤

与中餐有极大不同的是，西餐的第二道菜就是汤。汤主要分为清汤、奶油汤、蔬菜汤和冷汤四类。常见的有海鲜汤、奶油蘑菇汤、意式蔬菜汤等，冷汤的品种较少。

（三）副菜

副菜是指水产类、蛋类、面包类、酥盒菜菜品的统称，因其鲜嫩易消化，所以放在主菜前面。在品尝鱼类菜肴时，讲究使用专用的调味汁，如鞑靼汁、荷兰汁、白奶油汁等。在西餐上所供应的面包，大致可分为没有经过烘烤的鲜面包和烤面包，两类面包在具体的吃法上亦有区别。

(四)主菜

肉、禽类菜肴是西餐的主菜，一般为大块。肉类菜肴的原料主要是牛、羊、猪等各个部位的肉，其中最具有代表性的是牛排。肉类菜肴配用的调味汁主要有黑胡椒汁、蘑菇汁、浓烧洋葱汁等。禽类菜肴的原料是鸡、鸭、鹅，通常将兔肉和鹿肉等野味也归入禽类菜肴，常采用煮、炸、烤等方法制作，主要的调味汁有黄肉汁、咖喱汁、奶油汁等。

牛、羊、猪一般统称红肉，因为做熟后呈红色，而鱼肉、海鲜、鸡肉称为白肉，因为做熟后呈白色。红肉味比较浓、厚重，耐饥饿。

(五)沙拉

沙拉即蔬菜类菜肴，可以安排在主菜之后，也可以与主菜同时上桌，所以既可以算为一道菜，又可称之为一种配菜。

沙拉主要分为三种，第一种是生蔬菜沙拉，与主菜搭配食用，一般用生菜、西红柿、黄瓜、芦笋等制作，主要的调味汁有法国汁、千岛汁、奶酪沙拉汁等。第二种是用鱼、肉、蛋类制作的沙拉，这类沙拉一般不加调味汁，在上菜顺序上可以作为开胃菜。第三种是熟食蔬菜，如花椰菜、胡萝卜、煮菠菜等，通常与主菜的肉食类菜肴一同摆放在餐盘中上桌，称之为配菜。

(六)甜品

西餐的甜品是主菜后食用的小点心。从真正意义上讲，它包括所有主菜后的食物，如饼干、布丁、冰激凌、水果等。

(七)热饮

西餐的最后一道是饮料，即咖啡或茶，二选一，不可同时享用。饮咖啡时一般要加糖和淡奶油，而茶一般为红茶，加香桃片和糖。西餐的热饮，可以在餐桌上喝，也可以到其他地方，如到客厅或休息厅里喝。

知识链接

MENU 菜单

Starters and Salads 开胃菜

Gravlax (marinade salmon, capers, red onion and sour cream mustard sauce)

腌三文鱼配鲜莳萝草及酸奶油芥末汁

Baked scallops with orange

焗澳洲带子配香橙

Seafood salad with grapefruit
什锦海鲜沙拉配西柚
French style Foie Gras with Green apple cheese and caviar
法式松露鹅肝酱佐青苹果乳酪及鱼子酱

Soup 汤

Creamy mushroom soup
奶油蘑菇汤
Cream tomato soup with gin
奶油番茄汤
Beef consommé with vegetable julienne
特制牛肉清汤
Nordic Seafood Soup
北欧海鲜浓汤

Main Course 主菜

Sole bonne fomne
煎比目鱼蘑菇主人式
Fillet of beef steak with port wine sauce
煎牛柳配砵酒汁,配鲜芦笋
Veal paupiette with creamy mustard sauce almond potato garnish
煎小牛肉卷配奶油芥末汁及杏仁土豆
Lamb chop " provencal" served with rugola salad
传统烤羊排配芦果沙拉
Oslo Sour and Sweet Salmon with Vegetable Salad Rolls
奥斯陆酸甜三文鱼配蔬菜色拉卷

Dessert 甜品

Lime sorbet
青柠冰糕
Berry salad with meringue
什锦莓子沙拉配马铃球
Baked apple with vanilla sauce
焗苹果配奶油香草汁
Nut ice cream with raspberry
坚果冰激凌配树莓
Cheese cake with fruit
奶酪蛋糕配鲜果

三、西餐餐具的使用礼仪

西餐餐具主要包括刀、叉、餐匙、餐巾、杯和盘。使用刀叉进餐，是西餐最重要的特征之一。除此之外，餐匙、餐巾和杯子的用法也有特殊之处。至于西餐桌上出现的盘、碟、水盂、牙签等餐具，其用法与中餐大同小异，可参照之。

(一)刀叉

1.刀叉的分类

刀叉的正确使用，是西餐礼仪中的重要内容。进行西餐宴请时，刀、叉按照上菜的顺序由外至内排列，吃一道菜换一套刀叉，既不可以胡拿乱用，也不可以从头至尾只使用一副刀叉。西餐的餐刀主要分为肉刀、鱼刀、黄油刀和沙拉刀，餐叉分为肉叉、鱼叉、甜点叉和沙拉叉。餐刀中的肉刀又称主菜刀，刀刃带锯齿，用于切肉制食品。而黄油刀的刀尖是圆头的，顶部有些上翘，用来切小面包，并涂抹果酱或奶油。

2.刀叉的使用

吃西餐的基本姿势是：右手拿刀，左手拿叉。手握住刀柄，拇指按着柄侧，食指压在柄背上。切割食物时，应从食物左侧起，叉住食物用刀切出适口大小。切割时，应双肘下沉，切勿左右开弓，更不要弄出声响(如图 7-13)。

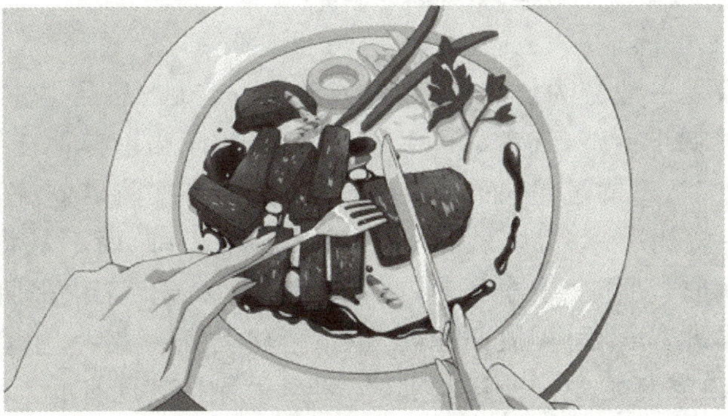

图 7-13　刀叉的使用

刀叉的使用一般分为两种。一种是英国式，它要求在进餐时，始终右手持刀，左手持叉，一边切割，一边叉而食之，这种方式较为文雅。第二种是美国式，它的具体做法是，先右刀左叉，一口气把餐盘里要吃的东西全部切割好，然后把右手里的餐刀斜放在餐盘前方，将左手中的餐叉换到右手再进食，这种方式较为省事。

用餐时还应注意刀叉的朝向，若将餐刀临时放下时，刀刃不可向外。双手同时使用刀叉进食，放下时叉齿应向下，但若右手单独持叉进食，放下时叉齿应向上。刀除了用于切割食物外，还可帮助将食物拨到叉齿上。进餐时不要将叉的整体放入口中。

在席间谈话时，可以不必将刀叉放下。但如果要做手势，就应该把刀叉放下，切不可拿着刀叉在空中比画。此外，也不能将刀叉竖起来拿着。若刀叉不慎落地切勿再用，应请服务员另换一副。

3. 刀叉的暗示

使用刀叉，可以向服务员暗示是否吃好了某一道菜肴，其具体的做法如下。

暂停用餐：如果在进餐途中需要休息或与人交谈，可使刀在右、叉在左，刀刃向内、叉齿向下，“八”字形摆放在餐盘中央，以表示尚未用毕（如图 7-14）。

用餐完毕：刀刃向内、叉齿向上，刀右叉左地并列排放在餐盘里（如图 7-15）。这时，即使盘里还有食物，服务员也明白你已经用餐完毕，会将盘子和刀叉收走。

图 7-14　暂停用餐的刀叉摆放

图 7-15　用餐完毕的刀叉摆放

（二）餐匙

西餐中的餐匙一般分为汤匙、甜品匙或茶匙。汤匙、甜品匙、茶匙分别用于饮汤、吃甜品、搅拌咖啡或茶，三者不可混用，也不可用于舀取其他任何主食或菜肴。

用餐匙取食时，不要过量，而且一旦入口，就要一次将其吃完，不要将一餐匙的东西，反复品尝几次。餐匙入口时，应以其前端入口，而不是将它全部塞进口中。用餐匙取食时，动作应干净利落，切忌在甜品、汤或红茶中来回搅动。

已使用的餐匙，切不可再放回原处，也不可将其插入菜肴、主食或是将其直立于甜品、汤盘或红茶杯之中。使用餐匙时，要尽量保持其周身的干净整洁。

（三）餐巾

餐巾在西餐中发挥着重要的作用，它不但有实用性，而且也是一种装饰品。餐巾的使用应注意以下礼仪。

1. 餐巾的摆放

餐巾通常会被叠成一定的图案，放置于水杯里，或平放在垫盘上。它们面积上有大、中、小之分，形状上也有正方形和长方形之别。

无论是哪种形状、大小，餐巾都应平铺于自己并拢的大腿上，切勿围在脖子上，或塞在领口内。使用正方形餐巾时，应将其叠成等腰三角形，并将直角朝向膝盖方向（如图 7-16 左图）。如果使用的是长方形餐巾，则可将其对折，然后将折口向外平铺，以便拿起来擦拭嘴巴（如图 7-16 右图）。打开和折放餐巾都应在桌下进行，不要在空中抖动餐巾。

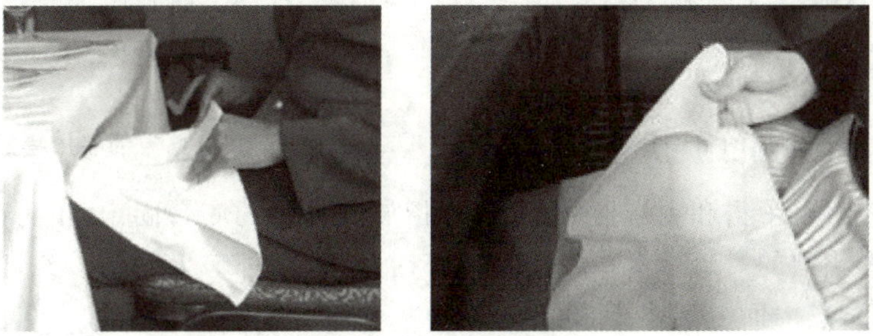

图 7-16　餐巾的摆放

2. 餐巾的使用

餐巾主要用于防止食物玷污衣服和擦拭口部，不可擦脸、擦汗或擦鼻涕，擦手也要尽量避免。特别需要注意的是，不要用餐巾擦餐具，这样做等于暗示餐具不洁，要求更换另一套。

用餐巾揩拭口部时，应尽量只用餐巾的内侧。女士用餐前，可用餐巾轻印一下口部，以除去唇膏。若涂了口红，应在用餐前用面纸轻轻抹去。用餐期间与人交谈前，应用餐巾轻擦一下嘴。

如果口中有骨头或鱼刺时，可左手拿起餐巾挡住嘴，右手持餐叉接住出口之物，再将其移到餐盘前端。

3. 餐巾的暗示

用餐时，餐巾可用于以下多种暗示。

用餐开始：当主人，尤其是女主人打开餐巾并平铺在双腿上时，就等于宣布用餐开始。

暂时离席：可将餐巾放置于座椅的椅面上。见到这种暗示，服务员不会将餐盘撤离（如图 7-17）。

用餐结束：可随主人将餐巾放在餐桌上（如图 7-18）。切勿揉成一团放在桌子上。

（四）杯子

西餐中一般摆放水杯、红葡萄酒杯和白葡萄酒杯。一般而言，水杯最大，白葡萄酒杯又小又圆、杯颈比例适当，红葡萄酒杯中等大小。在用高脚杯饮用葡萄酒

图 7-17　暂时离席的餐巾摆放法

图 7-18　用餐结束的餐巾摆放法

时，应用大拇指、中指和食指握住杯脚，小指放在杯子的底台固定，不可手捧杯肚，以免手温影响酒的口感。女士在使用酒杯时，切勿在杯口上留下口红印。若不慎留下口红印，应用面巾纸擦掉。

(五)西餐餐具摆台

通常，西餐餐具的摆放如下：

垫盘放在餐位的正中间。垫盘的左侧放叉，从右向左依次为主菜叉、鱼叉和沙拉叉(开胃品叉)，叉齿向上。垫盘的右侧放刀和汤匙，从左向右依次为主菜刀、鱼刀、汤匙和沙拉刀(开胃品刀)，刀刃朝向垫盘，匙心向上。刀、叉、匙排成整齐的平行线。叉的左侧放面包盘，上面放一把黄油刀，刀刃朝向垫盘。

垫盘的正前方放甜品匙和甜品叉，匙柄朝右，叉柄朝左。垫盘的右前方斜向放置 3 个杯子，通常从右向左依次为白葡萄酒杯、红葡萄酒杯和水杯，有时也可以是香槟酒杯、葡萄酒杯和水杯。餐巾叠好放在垫盘正中心或插在水杯里(如图 7-19)。

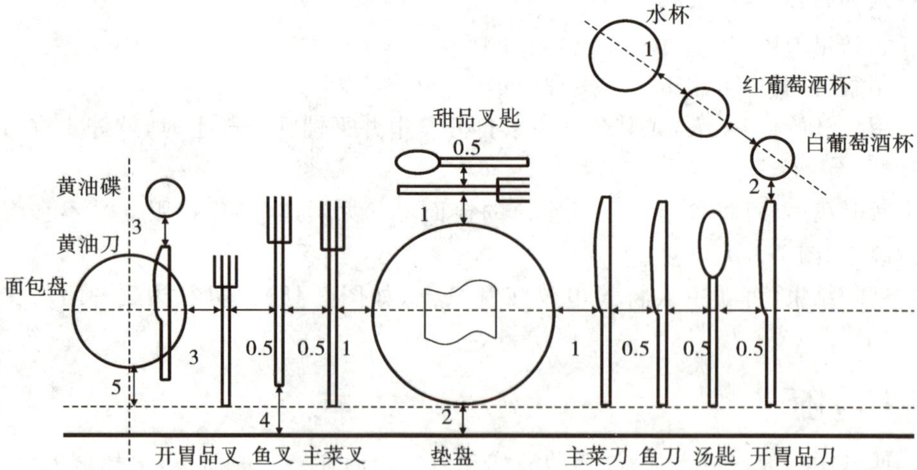

图 7-19　西餐餐具摆台

案例分析

某公司钱总请刚回国的朋友李先生吃饭，叫秘书小梅去安排，小梅便安排在一个西餐厅吃西餐。在吃西餐时，小梅把餐巾围在了衣领前，然后用餐巾把刀叉擦了一遍，旁边的服务生马上为她更换了一套餐具。

为了对李先生的到来表示欢迎，她一口气喝完了餐前的开胃酒，而钱总和李先生只是随意地喝了一点点，李先生略显惊讶地说："梅小姐真是好酒量啊！"钱总却尴尬地笑了笑。在吃饭过程中钱总和李先生聊得十分开心，小梅嘴里含着还没有咽下去的食物，手里摇晃着刀叉时不时插上几句话。中途小梅外出接电话时就把刀叉和餐巾往桌上一丢说："不好意思，我先离开一会。"

思考：小梅违反了哪些西餐就餐礼仪？

四、西餐的就餐礼仪

除了基本的赴宴礼仪（见本项目的任务一）外，吃西餐时还应注意以下几点。

- 尊重女士。如果说中餐礼仪讲究尊重长者的话，那么西餐的一大特点就是尊重女士。在西餐宴请活动中，女主人是第一主人，女主人忙里忙外、到处张罗的情况，是绝对见不到的。吃西餐时，男士应主动地对女士多加照顾。例如，帮助女士存放外套、寻位就座、取菜、拿调味品等。正规的西餐厅一般不用女服务员，所以只能看到清一色的男侍者忙忙碌碌。
- 积极交流。西餐宴会的主旨是促进人们的社交活动，所以用餐者应做好与主人和宾客之间的交际，切勿沉默不语。赴宴时，应向主人致意，若时间允许，可与主人叙旧、联络感情。用餐时，应尽可能地与周围的人互相问候、介绍和交流，不要只吃不说。
- 如果主人在进餐前感恩祷告，来宾应和主人一样。感恩祷告时，不要吃喝任何东西，应安静地低着头。
- 如果借用同桌客人面前的调味品，应请旁边客人帮忙传递，不可探手横过他人面前去取。传递前可先用餐巾擦手，传递时最好用右手。
- 如果异物入口，注意不要引起其他人的不快，但也不必勉强把不好的东西吃下去。最好的方法是用餐巾盖住嘴，吐到餐巾上，然后让服务员更换新的餐巾。如果食物中有虫子，应心平气和地要求换掉，不要大吵大闹或站起来，让所有用餐者都知道。

西餐菜肴的食用方法，和中餐相比有较大差异，下面简要介绍一下西餐里常见的开胃菜、汤、副菜、主菜、沙拉、甜品的具体吃法。

(一)开胃菜

1. 冻子

所谓冻子,是使煮熟的食物和汤汁冷却凝结而成的一种冷菜。常见的冻子有肉冻、鱼冻和果冻。品尝冻子时,应先用餐刀进行切割,再用叉取用。

2. 泥子

泥子通常指的是以虾、蟹或者动物的肝、脑为主料,搭配芹菜或鸡蛋,加上佐料搅拌而成的一种需要冷吃的菜肴,一般使用餐叉品尝泥子。

(二)汤

喝汤时,应左手扶盘沿,右手执匙由内向外将汤舀起,身体略微前倾,在汤匙的一侧就嘴而饮,喝汤时不可发出声响。汤快喝完时,可用左手将汤盘的外侧稍微翘起,用汤匙取汤饮用,切勿端起汤盘喝汤。喝完后,应将汤匙留在汤盘内,匙柄指向自己。

如果汤太烫,应待其自然降温后再喝,不能用嘴吹汤,或用汤匙来回搅动将其降温。喝汤时切勿俯身趴到汤盘上吸食。

(三)副菜

1. 鱼

西餐所吃的鱼,一般均为海鱼,骨刺较少,且事先会进行剔除。但西餐还是有一些名菜是整条鱼端上餐桌的,这时应先用刀叉将鱼的头、尾切除,然后吃鱼肉。吃完鱼的上层后,切勿翻动鱼身,应用刀叉剔掉鱼骨后,再吃下层。若鱼腥味过重,可涂抹上柠檬汁后再食用。

2. 虾

鲜虾有大有小。吃小虾时,可以用餐叉直接取食。如果品尝大虾,则应先用手剥壳,再送入口中。

3. 牡蛎

西餐里的这道菜一般是生吃的。品尝牡蛎时,通常使用专门的餐叉(牡蛎叉)将肉取出来食用。

4. 面包

品尝鲜面包时,不能一次取用过多。应用左手取下适合一次入口的小块,视情况涂上黄油、蜂蜜或果酱后,再送入口中。不要将整片面包都涂上黄油,然后一口一口地吃掉。

吃硬面包时,用手撕不但费力而且面包屑会掉在地上,此时可用刀先切成两半,再用手撕成小块来吃。切面包时应先把刀刺入中央部分,往靠近自己身体的部分切下,再将面包转过来切断另一半,切时应避免发出声响。

如果餐桌上的面包是一整条状的,切片时不要直接用手接触面包,而是借用面包篮子里的餐布,用手将其轻轻地按在面包上再切。

无论吃哪一种面包,都不可拿着一整块咬着吃,或用其蘸汤。

5. 意大利面

意大利面又称通心粉。食用意大利面时,不可一根一根地挑着吃,或用力吸食。标准的吃法是右手持叉,在左手所拿汤匙的帮助下,用餐叉将其缠绕起来,随后入口而食(如图 7-20)。

图 7-20 意大利面的吃法

(四)主菜

西餐里的主菜,往往指的是牛肉、羊肉、猪肉类的红肉,尤其是牛排。吃肉菜时,应从左往右把肉切成一小块,肉的大小以一口为宜。一次未切下,可再切一次,但不能拉扯,切勿发出声响。

(五)沙拉

沙拉在上桌之前已经被切割完毕,因而食用时用餐叉即可。如果沙拉是一大盘,可使用沙拉叉;如果沙拉是和主菜一起放在餐盘时,则要使用主菜叉来吃。

(六)甜品

1. 饼干

吃饼干时通常应用右手单独拿着吃。

2. 馅饼

吃馅饼时首先要用餐刀将其分割成适度大小，然后再用右手托起来品尝。

3. 三明治

吃三明治一般可以双手捧着吃。如果是小块的，也可以只用右手捏着吃。

4. 烤土豆

烤土豆通常是带皮端上桌的，食用的时候应用左手将其轻轻按住，右手持刀切个口子，这样可以降温，方便食用。过一会儿，再用餐叉从切口内取食。必要的话还可略做切割，吃的时候搭配一些专用的肉汁。

5. 布丁

西餐里的布丁是半流质食物，所以不宜用手取食或用刀切割。正确的做法是用专门的餐匙取而食之。

6. 冰激凌

冰激凌上桌时通常会被置于专用的高脚杯之内，应用餐匙取用。

7. 水果

普通的草莓可用手取食，蘸些砂糖或酸奶油。吃带有调味汁的草莓，则应使用餐匙。粒状水果如葡萄，可直接用手取食，可不吐籽，若要吐籽，应轻吐在手中再放入餐盘中，不要直接吐在餐盘里。吃西瓜等多汁的水果时应用匙取食。

吃香蕉时要先剥皮，用刀切成小段，再用叉逐段取食，不要整根拿着吃。吃苹果、梨之类的水果时，应先用刀将其切成大小相仿的四块，然后去皮和核，再用叉子取食，不要拿起整个咬着吃。

知识链接

各国餐桌礼仪

俄罗斯人热情好客，当主人递给我们一杯伏特加酒时，出于礼貌是一定不能拒绝的，男士要一饮而尽，女士则不用。而且在敬酒时眼睛应该直视对方。饭菜中的酱汁或肉汁应该用面包蘸着吃干净。如果面包剩下的话，会被看作是一件晦气和浪费的事。

日本的餐桌礼仪是十分讲究的，但吃面条的时候似乎是个例外。日本人吃汤面时毫不掩饰声响，而且一定会发出响亮的吸溜声。另外在吃米饭或喝汤时，一定要把碗端起来，让碗口冲着自己。不能把筷子放在碗上，而必须放在筷子架上。

与日本不同，在韩国吃饭不可端着饭碗和汤碗。吃米饭、炖菜和汤时，要用匙羹，吃其他菜式要用筷子。不可以将匙羹和筷子搭放在碗上，不可用筷子指人，也不要用它来戳食物。

在菲律宾，如果当地人请吃饭，千万不要准时到达，比约定时间迟 10～15 分钟最好。不要把盘子里的食物全部吃完，因为菲律宾人认为只有穷人和吃不饱的人，才会把食物吃得一干二净。

在法国，用餐时，一定要左手拿叉，餐具刀叉的基本顺序是由外至内使用，不容许有任何错误。面包通常会直接放在餐桌上，而不是盘子里。吃面包时不要用刀去切面包，应该将面包放在自己左侧的小盘中，用手撕下来再吃。

喝英式茶时，要注意的礼仪非常多。倒茶时，正确的顺序是先倒茶、再倒牛奶；搅拌牛奶时要从 12 点钟方向至 6 点钟方向来回反复搅拌。喝茶时，用食指和拇指捏住杯把，并用中指托住杯把底部。当桌子过低时，要将茶碟端至腰的位置，才可以拿起杯子喝茶。

埃及人认为"右"是吉祥的方向，做事要从右手和右脚开始，握手、用餐、递送东西必须用右手。

五、西餐的酒水礼仪

(一)酒水的种类

与中餐的酒水相比，西餐中的酒水要丰富得多，有关酒水礼仪也有更多的要求。西餐宴请的酒水一般分为葡萄酒、香槟酒、白兰地酒、威士忌酒和鸡尾酒。

1. 葡萄酒

葡萄酒，是以葡萄为原料发酵酿造而成的一种酒类。它的酒精含量不高，味道醇美，富含营养。根据其色彩的不同，葡萄酒有白葡萄酒、红葡萄酒、桃红葡萄酒之分。根据其糖分含量的不同，又可将葡萄酒分为干、半干、微干、微甜、甜等几种。这里所谓的"干"，意即基本不含糖分。

葡萄酒不仅可以佐餐，还可以单独饮用。喝不同的葡萄酒，温度上有不同的要求。白葡萄酒宜在 7 摄氏度左右喝，而红葡萄酒则在 18 摄氏度左右饮用最佳。喝葡萄酒时，要用专门的高脚玻璃杯，用手捏着杯脚。但如果葡萄酒冰冻过度，可以用手握住杯肚，让葡萄酒升温。拿杯时留下的印记会随着水汽蒸发，因此不用担心会在酒杯上留下印记。

桃红葡萄酒，又叫玫瑰红葡萄酒。它的口味、喝法与白葡萄酒略同，而且因其色泽柔美，多为女士所喜爱。喝葡萄酒时，加入柠檬、雪碧等的做法，都是不正确的。

2. 香槟酒

香槟酒，又叫发泡葡萄酒，或者“爆塞酒”。实际上，它是一种富含二氧化碳的、起泡沫的白葡萄酒。原产于法国香槟地区，故有此称。它的酒精含量在 13 度左右，口感清凉、酸涩，且有水果香味。

香槟酒以在 5～9 摄氏度饮用为佳，因此饮用前须冷藏于冰桶之内。开瓶前可稍微摇晃瓶身，启瓶时会发出脆响，并且涌出很多气泡，为人平添欢快的气氛。饮用香槟，须用郁金香花形的高脚玻璃杯，并用手捏住杯脚。香槟酒可用来佐餐，也可以在庆典或仪式上为人助兴。

3. 白兰地

白兰地曾与威士忌和茅台酒并称为“世界三大名酒”。白兰地是指葡萄发酵后蒸馏精制而成的高度酒精，又叫蒸馏葡萄酒，酒精含量约为 40 度，色泽金黄透明，香醇浓郁。白兰地以法国干邑地区生产的为最佳。白兰地贮藏年份越久，品质越好。X. O 是 eXtra Old 的简称，在干邑白兰地中表示“特陈”，指原浆酒的陈酿期是 10～50 年甚至更久。

白兰地最佳的饮用温度为 18 摄氏度，一般盛放在专用的大肚、收口、矮脚杯内。饮用时应先用右手托住杯身观其色彩，并以手掌为其加温。随后，待其香味洋溢时，再慢慢小口品味。

知识链接

干邑白兰地

白兰地是“葡萄酒中的灵魂”，而干邑被称为“白兰地之王”则丝毫无愧。在英语中有一句俗语：“All Cognac is brandy, but not all brandy is Cognac.”意思是，所有的干邑都是白兰地，但并非所有的白兰地都是干邑。事实上，白兰地本身就是一场来自法国干邑的浪漫意外。

在长达几个世纪的时间里，干邑生产的还是葡萄酒，世界上也还没有白兰地。大批量的葡萄酒从干邑的夏朗德河码头马不停蹄地赶往世界各地。16 世纪中叶的法国，为了避免长途出口运输葡萄酒产生的变质现象，干邑的葡萄酒商们把葡萄酒加以蒸馏浓缩后再出口，出口国的商家再按照约定的比例进行兑水出售。蒸馏浓缩的出现，便是白兰地的雏形。

17 世纪初，法国卷入战争，白兰地遭禁运，百般无奈的商人把酒装在了干邑盛产的橡木做成的橡木桶中贮存。等到战争结束，酒商们发现，白兰地并没有变质，而原本无色的白兰地变成了琥珀色，且味道更让人着迷。谁也没有想到，这场葡萄原液与橡木桶的意外邂逅最终成就了伟大的诞生——用橡木桶陈酿，白兰地完成了制作它的最后一道工艺。

4.威士忌

如果说白兰地是洋酒中的“贵族”，那么相对来说，物美价廉的威士忌则是雅俗共赏。威士忌是一种用谷物发酵酿造而成的烈性蒸馏酒，酒精含量约为40度。它的口味浓烈、刺激，以英国苏格兰地区生产的最为有名。

威士忌可以直接喝，不过加入冰块、苏打水或姜汁后，味道更好。喝威士忌时，最好采用专门的平底小玻璃杯，细致地慢慢品尝。

5.鸡尾酒

鸡尾酒是一种混合型饮料。它是由两种或两种以上的酒，以及果汁、汽水、蛋清等按一定的比例，采用专门的技法调配而成，酒精含量不定。因其色彩缤纷，层次分明，好像雄鸡之尾，故称鸡尾酒。为了便于观赏其独特的色泽，应使用高脚、广口的玻璃杯盛放。

(二)酒水的搭配

西餐酒水与菜肴的搭配十分严格，按上菜顺序一般可以分为餐前酒、进餐酒和餐后酒三种。

1.餐前酒

又称开胃酒，一般饮用鸡尾酒、味美思和香槟酒。

2.进餐酒

是在用餐期间饮用的酒水。西餐的进餐酒均为葡萄酒，而且多为干葡萄酒或半干葡萄酒。选择进餐酒讲究“白酒配白肉，红酒配红肉”。吃白肉，即鱼肉、海鲜和鸡肉时，应以白葡萄酒搭配。而吃红肉，即牛、羊、猪肉时，则应配以红葡萄酒。

3.餐后酒

是用餐之后用于助消化的酒水，常见的有利口酒和白兰地酒。

(三)饮酒礼仪

试酒时，服务员会将少量酒倒入酒杯中，让客人鉴别一下品质是否有误，这时应先看后闻再品尝。服务员倒酒时，应将酒杯放在桌上。

喝酒时，轻轻摇动酒杯让酒与空气接触以增加酒味的醇香，但不要猛烈摇晃杯子。然后倾斜酒杯小口轻喝，切勿吸着喝或一饮而尽。边喝边透过酒杯看人、边吃东西边喝酒或拿着酒杯边说话边喝酒等，都是失礼的行为。

在西餐里，祝酒干杯只用香槟酒，并且不能越过身边的人和其他人敬酒。喝酒干杯时，即使不喝，也应该将杯口在唇上碰一碰，以示敬意。与他人碰杯时，应目视对方，若与多人碰杯时，可以举杯示意，不必碰杯。若自己不能再喝，可用手稍盖酒杯，以表谢绝。

六、西餐的咖啡礼仪

正式的西式宴会，咖啡往往是“压轴戏”。喝咖啡在很大程度上是一种礼仪性的社交活动，越是正式的场合，就越是如此。喝咖啡时主要应注意配料的添加、餐具的使用和喝咖啡时的举止。

（一）配料的添加

有时根据需要，可自己动手往咖啡里添加诸如牛奶、糖之类的配料。

给咖啡加糖时，如果是砂糖，可用咖啡匙舀取后直接加入杯中。若是方糖，则应先用糖夹将方糖夹在咖啡碟的近身一侧，再用咖啡匙把方糖轻轻放入杯内。如果直接用糖夹将方糖放入杯中，可能会使咖啡溅出杯外，弄脏衣服或台布。在用完糖包或其他包装纸后，纸袋不要随便乱放，要把纸袋折叠起来放在碟子下面。

加牛奶时，可直接添加，但动作要稳，为避免咖啡溅出，添加时位置要尽量低。

（二）餐具的使用

饮用咖啡的主要餐具是咖啡杯、咖啡匙和咖啡碟。餐后饮用的咖啡，一般都是用袖珍型的杯子盛出。这种杯子的杯耳较小，手指无法穿过。但即使用较大的杯子，也不要用手指穿过杯耳端杯子。正确的拿法应是伸出右手，用拇指和食指捏住杯耳将杯子端起（如图 7-21）。不可以双手握杯或用手托着杯底，也不可以俯身就着杯子喝。

图 7-21　咖啡杯拿法

如果坐在桌子附近喝咖啡，通常只需端杯子，不必端碟子。若离桌子较远，或站立、走动时喝咖啡，没有了餐桌可以依托，可用左手把咖啡杯碟一起端至齐胸处，然后左手托碟，右手持咖啡杯耳慢慢品尝，喝完后应将咖啡杯放回碟中。添加咖啡时，不要把咖啡杯从咖啡碟中拿起来。

咖啡匙是专门用来搅拌咖啡的，饮用咖啡时应当把它取出来。不要用咖啡匙舀起咖啡饮用，也不要用咖啡匙捣碎杯中的方糖。搅拌过咖啡的咖啡匙，上面会沾有咖啡，应轻轻顺着杯子的内缘，让咖啡滴流而下，切勿拿起咖啡匙上下甩动。放置咖啡匙时，应横放在碟子的内侧，若放在靠己侧，在端起咖啡杯时，极易碰落。

(三)喝咖啡的举止

喝咖啡时，应上身挺直，小口慢慢品尝，切忌大口吞咽或一饮而尽，更不要发出声响。在别人喝咖啡时，应避免与对方说话。自己喝过咖啡讲话之前，应用餐巾擦拭一下嘴。

若咖啡太烫，可用咖啡匙在杯中轻轻搅拌使之冷却，或等其自然冷却后再饮用，切勿用嘴吹咖啡。

喝咖啡时一般会备有糕点、果仁、水果之类的甜点。取甜点时，应放下咖啡杯。吃点心时，也不要一手端着咖啡杯，一手拿着点心，吃一口喝一口地交替进行。

案例分析

李娜和公司的客户正在咖啡馆里谈论合作事宜，这时他们点的咖啡由服务生端了上来。客户往咖啡里加入了糖和奶，并用咖啡匙轻轻地搅拌了起来，之后将咖啡匙放进嘴里吸吮，然后一勺一勺舀着咖啡喝。

思考：客户喝咖啡的方式对吗？

任务四　招待会礼仪

一、自助餐礼仪

自助餐是国际通用的一种非正式宴会，也是商务用餐的常用形式。自助餐不预备正餐，只准备冷食和适量的热菜，由用餐者动手取食，服务员提供的服务较为有限。自助餐礼仪包括安排自助餐的礼仪和享用自助餐的礼仪两个方面。

(一)安排自助餐的礼仪

安排自助餐的礼仪，是指自助餐的主办者在筹办自助餐时的规范性做法。具体包括安排就餐时间、安排就餐地点、准备食物和招待客人。

1. 安排就餐时间

按照惯例，自助餐通常被安排在各种正式的商务活动后，作为其附属环节，较少独立出来成为一项活动。因此，自助餐举行的具体时间要根据正式的商务活动，进行灵活安排。但自助餐一般很少安排在晚间，而且用餐的时间不宜超过一个小时。在整个用餐期间，用餐者可以随到随吃。

此外，自助餐主办方应以适当的方式通知来宾，且一视同仁，不要安排一部分客人享用自助餐，另一部分参加正式的宴会。

2.安排就餐地点

自助餐的就餐地点，要既能容纳全部就餐人员，又能为其提供足够的交际空间，室内外皆可。一般情况下，自助餐可选择在主办方所拥有的大型餐厅、露天花园或大型会议厅内，亦可外租、外借类似的场地，如酒店、自助餐厅等。在选择自助餐的就餐地点时，应注意以下几点。

第一，要为用餐者提供足够的活动空间。自助餐的就餐地点除了摆放菜肴的区域外，还应划出一块宽敞的用餐区域，以便用餐者自由活动。考虑实际就餐人数时应弹性计算，以免场地显得拥挤。

第二，应预先摆放数量足够的桌椅，供就餐者自由使用。尽管真正的自助餐提倡就餐者自由走动，立而不坐。但事实上有不少的就餐者，尤其是年老体弱者，仍然期望用餐时有一个歇脚之处。在室外就餐时，还应提供适量的遮阳伞。

第三，就餐地点应环境宜人。在选择就餐地点时，不仅要注意面积和费用的问题，还要考虑安全、卫生、温湿度、通风等情况。就餐地点应洁净卫生、明亮舒适，不可散发异味、空气不畅或过冷过热。

3.准备食物

自助餐中的食物以提供冷食为主，且品种要丰富多样，以满足就餐者的不同口味。一般而言，自助餐可以供应冷菜、热菜、汤、点心、甜品、水果和酒水饮料，为了方便就餐者选择，同一类型的食物应被集中在一处摆放。在不同的时间或招待不同的客人时，应根据实际情况或就餐者的喜好对食物有所侧重，例如，有时以冷菜为主，有时以甜品为主，有时也可以酒水为主。

准备食物时，要根据就餐者的人数提供足够的分量，并确保食物的干净卫生。对热菜、热饮要注意保温，也可酌情安排一些时令菜肴或特色菜肴。

4.招待客人

招待好客人，是自助餐主办方的责任和义务。要做到这一点，应注意以下环节。

第一，要照顾好主宾。无论何种情况，主宾都是主人照顾的重点。主人在自助餐上可陪同主宾就餐，与其进行适当的交谈，或为其引见其他客人等。但应注意的是，要给主宾留一些自由活动的时间，不要始终伴随其左右。

第二，要充当引见者。在自助餐进行期间，主人应尽可能地为彼此互不相识的客人多创造一些相识的机会，并积极为其牵线搭桥。

第三，要安排服务员。小型的自助餐，主人可以兼任服务员。但在大规模的自助餐上，主办方应安排足够数量的服务员。一般情况下，自助餐上的服务员须由健康而敏捷的男性担任。

(二)享用自助餐的礼仪

享用自助餐的礼仪,主要是指以就餐者的身份参加自助餐时,所要遵循的礼仪规范,一般主要包括按序取食、少取多次、避免外带、送回餐具、积极交际和照顾他人。

1. 循序取食

取菜时若人较多,应自觉地排队。排队时应和前后的人保持一定的距离,以顺时针方向行进,切忌逆行。取食时,应用公用的餐具将食物放入自己的食盘内,不要用自己的餐具或直接用手取食。取完后要迅速离去,切勿在众多的食物面前犹豫不决或挑挑拣拣,让身后的人久等。

参加一般的自助餐,标准的取菜先后顺序是:冷菜—汤—热菜—点心—甜品—水果。在取菜前,可先在全场转一圈了解一下情况,再有所选择地取用。

2. 少取多次

不限数量,保证供应,是自助餐的一大特点,就餐者可以自由选择自己喜爱的食物。但要量力而行,切勿为了吃得过瘾将食物狂取一通,结果力不从心导致了食物的浪费。取菜时,应从整盘菜的边缘夹取,动作不能粗鲁,以免破坏了菜肴放置的形状。

若某类菜肴适合自己的口味,可每次少取,多次取食,不可为了省事一次取用过量,装得过多。

3. 避免外带

所有的自助餐,无论是由主人亲自操办的自助餐,还是对外营业的自助餐店,都有一条不成文的规定,即不允许就餐人员往外携带食物。尤其是参加职场自助餐时,一定要注意这一点,以免贻笑大方。

4. 送回餐具

自助餐要求就餐者自助取食,并在用餐结束后,自觉地将餐具送至指定之处。在餐厅用餐,有时可以将餐具留在餐桌上,由服务员收拾。但在离去前仍应对餐盘稍加整理,不要杯盘狼藉。

5. 积极交际

参加自助餐时,吃东西往往是次要之事,最重要的任务是与其他人进行适当的交流。首先应找机会与主人攀谈一番,或与老朋友叙旧。其次应当争取多结识几位新朋友。对于陌生的交际圈,可以请求主人、圈内之人引见或毛遂自荐。

6. 照顾他人

参加自助餐时,除了约束自己的用餐举止外,还应和他人和睦相处。对于自己的同伴，要加以关心。若对方不熟悉自助餐，可简要地向其介绍。男士应主动协助女士取食、端菜等。对于其他不认识的用餐者，在排队、取菜和寻位时，应以礼相待，加以谦让，不要目中无人。

案例分析

有一次李先生出席一家公司的庆典活动。那家公司在庆典活动结束后，为全体来宾安排了一顿丰盛的自助餐。大家都在依次取菜，李先生看到大家都在很有次序地取菜，心里觉得好笑，他心里想：自助餐就是不拘一格，随意取菜，为什么还要排队呢？于是他就走到排在他之前的人前面取菜去了。而且他在取菜的时候，不时地把食物夹起来闻一闻，之后又放下。李先生在餐台上看到了他喜欢吃的凉拌海蜇，就盛了满满的一盘。

可是让李先生觉得不好意思的是，当他端着装满了凉拌海蜇的盘子离开餐台时，每个人都用异样的眼光盯着他。

思考：为什么大家都用异样的眼光看着他？

二、鸡尾酒会礼仪

鸡尾酒会是一种有利于宾客之间广泛接触交流的社交活动。比较正式的酒会，通常会提前两周左右向参加者发出邀请。在举行酒会的地点，多有专人负责迎送来宾。一般情况下，迎送客人、照看酒水供应是男主人的责任，而女主人要做的，则是与来宾应酬寒暄。

虽然鸡尾酒会具有轻松活泼、来去自由的特点，但这并不意味着参加酒会就可以我行我素。参加鸡尾酒会应遵循的礼仪规范和参加自助餐的礼仪大同小异，另外需要注意的是以下几点。

(一)主动攀谈

在酒会上遇到不认识的人时，可以主动介绍自己，而不必等主人引见。当其他人正在交谈时，可在征得同意之后加入。如果自己与他人交谈时，有人想要加入，应表示欢迎。若对方是自己的熟人，还须把他介绍给大家。

(二)适时告辞

酒会并不严格限定时间，但宾客也应体贴主人，适时离开。一般来说，参加酒会的客人应按请帖上写明的时间起身告辞。鸡尾酒会通常会持续两个小时左右，在晚上 8 点结束。而正餐之后的酒会则在晚上 11 点或 12 点结束，周末会更晚些。

如果有事提前离开，告辞不应引人注目，以免破坏酒会的气氛。离开前最好向女主人当面致谢。

(三)饮酒有度

酒会上虽然备有各种美味酒水，但切记要饮酒有度，不要开怀畅饮，也不应猜拳行令，大呼小叫，或对别人劝酒。同时，参加酒会一定要熟悉自己的酒量，适度取酒，切不可贪恋杯盏，引起醉酒，导致行为失态，以至于事后追悔莫及。

项目总结

本项目主要介绍了宴请的基本礼仪、中餐礼仪、西餐礼仪和招待会礼仪。

宴请的基本礼仪重点介绍了宴请的种类、宴请的准备工作、宴会中主人的礼仪和赴宴客人的礼仪，让学生掌握组织宴请和得体参加宴请的礼仪规范。

中餐礼仪重点介绍了中餐的席位礼仪、上菜礼仪、餐具使用礼仪、就餐礼仪和酒水礼仪；西餐礼仪重点介绍了西餐的席位礼仪、上菜礼仪、餐具使用礼仪、就餐礼仪、酒水和咖啡礼仪；招待会礼仪主要包括自助餐礼仪和鸡尾酒会礼仪。上述礼仪都包含诸多细节，我们应对其进行详细了解，并对重要的知识点进行掌握。

课后练习

一、判断题

1. 用餐点菜时，没有必要征求主宾的意见。（　　）

2. 在安排西餐座次时，应安排男主宾坐在女主人右侧。（　　）

3. 宴请时，餐桌上的具体座次也有尊卑之分。各餐桌上座次的尊卑可以根据其距离该桌主人的远近而定，一般以近为上，以远为下。（　　）

4. 所谓开胃菜，就是用来打开胃口之物，也被称为西餐的头盘。（　　）

5. 英国式刀叉的使用要求在进餐时始终右手持刀、左手持叉。（　　）

6. 西餐是对西式饭菜的一种约定俗成的统称。（　　）

7. 中餐就餐时，若有人面对正门而坐，有人背对正门而坐，依据礼仪惯例，应以面对正门者为上座，以背对正门者为下座。（　　）

8. 西餐吃苹果时，可以拿着苹果整个去咬。（　　）

9. 鸡尾酒会，是一种自由的社交活动，备有多种名酒、饮料和小吃等。（　　）

10. 正式宴会，除不挂国旗、不奏国歌以及出席规格不同外，其余安排大体与国宴相同。（　　）

11. 便宴形式简便,气氛亲切随意,多见于日常交往。 ( )
12. 杯子有水杯和酒杯之分,二者可以混用。 ( )
13. 西餐用餐时,男女应当交叉排列,生人与熟人也应当交叉排列。 ( )
14. 中餐宴请时,服务员应遵循先主宾后主人、先女士后男士的原则。( )
15. 开胃酒一般饮用鸡尾酒、味美思和香槟酒。 ( )

二、不定项选择题

1. 在中式宴请中,上菜的一般顺序是( )。
A. 冷盘—热炒—主菜—汤—点心—果盘
B. 热炒—冷盘—主菜—汤—点心—果盘
C. 汤—热炒—主菜—冷盘—点心—果盘
D. 主菜—冷盘—热炒—汤—点心—果盘
2. 下列选项关于中餐餐具的使用说法正确的是( )。
A. 夹菜时,举着筷子在菜盘上犹豫不决
B. 用勺子在食物中来回搅动,以助食物快速降温
C. 在浮有玫瑰花瓣或柠檬片的水盂里洗手
D. 将用牙签剔出的东西弹在地上
3. 确定宴请地点时应考虑交通情况,具体体现在( )。
A. 考虑赴宴者来去交通是否方便
B. 考虑有无公共交通线路通过
C. 考虑有无停车场
D. 考虑是否要为赴宴者预备交通工具
4. 请柬应提前( )发出,特别重要的客人必须委派专人送达。
A. 5 天 B. 1 天 C. 两周 D. 一个月
5. 西餐用餐时,若要暂时离席( )。
A. 打开餐巾并平铺在双腿上 B. 将餐巾放置于座椅的椅面上
C. 将餐巾放在餐桌上 D. 将餐巾放于椅背上
6. 中餐进食时,若暂时不用勺子时,应将其置于( )。
A. 碟子上 B. 餐桌上 C. 食物中 D. 水杯里
7. 牛、羊、猪一般统称________,而鱼肉、海鲜、鸡肉称为________。( )
A. 白肉,红肉 B. 黑肉,红肉 C. 红肉,白肉 D. 红肉,黑肉
8. 在西式宴请中,上菜顺序一般为( )。
A. 主菜—汤—副菜—开胃菜—沙拉—甜品—热饮
B. 热饮—汤—副菜—主菜—沙拉—甜品—开胃菜
C. 汤—开胃菜—副菜—主菜—沙拉—甜品—热饮

D. 开胃菜—汤—副菜—主菜—沙拉—甜品—热饮

9. 下列选项关于西餐餐具的使用礼仪说法错误的是(　　)。

A. 用餐结束时，可使叉左刀右、叉齿向下、刀口向内，二者呈“八”字形摆在餐桌中央，以表示此菜已用完

B. 用餐途中需要休息时，可将刀或叉的一端放在盘上，另一端放在桌上

C. 用汤匙舀汤时，应从汤盘的中心部位向外侧舀，然后再送到嘴边饮尽

D. 使用高脚的葡萄酒杯品酒时，应用手捧住杯腹

10. 下列选项关于西餐就餐礼仪说法正确的是(　　)。

A. 当女士入座时，男士应走上前去将她们的座椅稍向后搬，待其将要坐下时，再将椅子稍向前推

B. 吃全鱼时，宜先使用刀叉将鱼的头尾切除，再吃鱼肉

C. 当盘中的汤不多时，可用手将盘略微倾斜后，再用汤匙取汤饮用，切勿端盘喝汤

D. 喝酒时，应先轻轻摇动酒杯，闻一闻酒的醇香，然后一饮而尽

11. 下列选项关于自助餐礼仪说法正确的是(　　)。

A. 自助餐的就餐地点应环境宜人，但无须提供餐桌和座椅

B. 取食时，不要在众多食物面前犹豫不决

C. 取食时应注意每次多取一点，少取几次

D. 吃自助餐时，可以尽情地享用美食，无须与其他用餐者进行交流

12. 下列选项关于咖啡礼仪说法正确的是(　　)。

A. 如果给咖啡加方糖，可以直接用糖夹将方糖放入杯中

B. 加牛奶时，可直接添加，但动作要稳，添加时位置要尽量低

C. 端咖啡杯时，可用手指穿过杯耳端

D. 若桌子过低，可以俯身就着杯子喝咖啡

三、填空题

1. 西餐宴请座位的安排中，席位的远近以________为中心。

2. 使用刀叉时，应________持刀，________持叉。

3. 根据活动目的、邀请对象以及经费开支等因素，一般将宴请分为________、________、________、________。

4. 赴宴客人的礼仪主要包括________、________、________、________、________、________。

5. 主人可先为客人斟酒，斟酒时应站在客人的________。

6. 进餐酒的选择讲究________。

模拟训练

实训一:模拟中餐用餐训练

1.实训目标

学生能熟悉中餐宴会的桌次和座次安排,掌握中餐餐具的使用规范,了解参加中餐宴会过程中应该遵守的礼仪。

2.实训内容

(1)桌次安排:5桌宴席的安排。

提示:安排桌次时应遵循“面门定位”“以右为上”“以远为上”的原则。

(2)座次安排:8人就餐座位的安排。

提示:安排座次时应遵循“面门为上”“以右为上”“距离定位”的原则。

(3)餐具使用:掌握筷子、勺子、碗、碟、杯子、湿巾、水盂和牙签的使用。

提示:注意筷子、勺子、碗的使用禁忌,牙签使用要避人等。

(4)进餐礼仪。

提示:注意汤的饮用方法,如何处理咳嗽、口中异物、骨刺的问题。

(5)酒水礼仪。

提示:注意斟酒、敬酒和饮酒礼仪。

3.实训方法

准备好中餐桌椅和餐具,两人为一组对上述实训内容进行演练,然后老师进行评分。

实训二:模拟西餐用餐训练

1.实训目标

学生能熟悉西餐座次的安排,掌握西餐餐具的摆放和使用,了解西餐用餐时应遵守的礼仪规范。

2.实训内容

(1)座次安排:12人就餐座位的安排。

提示:安排桌次时应遵循“女士优先”“交叉排列”“以右为上”等原则。

(2)餐具的摆放。

(3)餐具的使用:掌握刀、叉、餐匙、杯子、餐巾的使用。

提示:注意刀叉的正确用法和暗示,餐匙的正确用法,餐巾的正确用法和暗示。

(4)进餐礼仪。

提示：注意肉、鱼、意大利面、面包、甜点、水果等食物的吃法。

(5)酒水礼仪。

提示：注意如何拿酒杯、喝咖啡的礼仪。

3. 实训方法

准备好西餐桌椅和餐具，两人为一组对上述实训内容进行演练，然后老师进行评分。

项目八　现代服务礼仪

项目目标

★ 了解现代服务礼仪的概念和原则，掌握服务礼仪的基本要求和处理投诉的礼仪规范

★ 熟悉前厅、客房以及餐饮各岗位服务人员的服务礼仪规范

★ 熟悉旅行社服务礼仪和导游服务礼仪

★ 掌握会议服务礼仪和熟悉展览服务礼仪

案例导入

曼谷酒店的服务绝招

一名美国游客在泰国曼谷度假。清晨酒店一开门，一位服务员微笑着和他打招呼："早上好，杰克先生。"在服务员的带领下，这位美国客人来到餐厅就餐。用餐快结束时上了一盘样子很奇怪的点心，美国客人就问站在旁边的服务员："中间这个绿色的是什么？"服务员看了一下，后退一步并作了解释。当美国客人又提问时，她上前又看了一眼，又后退一步才做回答。原来这个后退一步是为了防止口水溅到菜里。

这位美国客人退房的时候，前台服务员把账单折好放在信封里，双手递给他并微笑地说道："谢谢您，杰克先生，真希望第6次再看到您。"原来这是美国客人第5次入住这家酒店。

五个月后，这位美国客人收到了一张卡片，发现是泰国曼谷酒店寄来的，上面写着："亲爱的杰克先生，酒店全体员工都很想念您。下次到泰国的时候，如果方便请来看看我们。"下面写的是："祝您生日快乐！"原来这一天是美国客人的生日。

任务一　现代服务礼仪概述

一、现代服务礼仪的概念

现代服务业大体相当于现代第三产业，是相对于传统服务业而言，适应现代人和现代城市发展的需求而产生和发展起来的具有高技术含量和高文化含量的服务业。现代服务业既包括新兴服务业，也包括对传统服务业的技术改造和升级，其本质是实现服务业的现代化。

现代服务业主要包括以下四大类别。

第一类别：流通部门，包括交通运输业、邮电通讯业、商业饮食业、物资供销和仓储业。

第二类别：为生产和生活服务的部门，包括金融业、保险业、公用事业、居民服务业、旅游业、咨询信息服务业和各类技术服务业等。

第三类别：为提高科学文化水平和居民素质服务的部门，包括教育、文化、广播电视事业、科研事业、生活福利事业等。

第四类别：为社会公共需要服务的部门，包括国家机关、社会团体以及军队和警察等。

2016 年，服务业成为我国国民经济的第一大产业，是经济发展的稳定器和助推器。2016 年，我国服务业占 GDP 比重达 51.6%，比上年持续提高 1.4 个百分点，比第二产业高出 11.8 个百分点。服务业对国民经济增长的贡献率为 58.2%，比上年提高 5.3 个百分点，比第二产业高出 20.8 个百分点。以上数据充分说明我国经济已经步入“服务经济”时代，即第三产业在整个经济活动中居于首要地位的现象，也被经济学界的不少人称为“经济服务化”现象。

在服务经济时代，服务是企业的灵魂和利润的源泉，加强服务意识和提高服务质量显得愈发重要。在与服务对象打交道的过程中，遵守服务规范，讲究服务礼仪，不仅能够展现一名服务者的外在美和内在修养，还能提升企业形象，赢得顾客的满意和对企业的忠诚，实现品牌的增值。

现代服务礼仪是礼仪在服务过程中的具体运用，是礼仪的一种特殊形式，使无形的服务有形化、规范化、系统化。现代服务礼仪是指在各种服务工作中形成的，并得到共同认可的礼节和仪式，是服务者在对客户服务中恰当地表示对客人的尊重和与客人进行良好沟通的技巧和方法。现代服务礼仪主要包括仪容规范、仪态规范、服饰规范、语言规范和岗位规范，前四项可详见任务一、任务五，本项目主要介绍岗位规范，包括酒店服务、旅游服务和会展服务礼仪。

二、现代服务礼仪的原则

在现代服务礼仪中，有一些具有普遍性、共同性、指导性的礼仪规律。这些礼仪规律，就是礼仪的原则。掌握服务礼仪的原则，有助于加强人们对服务礼仪的认识，进而加强礼仪在服务行业中的指导作用。现代服务礼仪的原则主要包括尊重原则、宽容原则、真诚原则、适度原则和从俗原则。

（一）尊重原则

孔子说："礼者，敬人也。"这是对礼仪核心思想的高度概括。所谓尊重原则，就是在服务的过程中，对客人要重视、恭敬和友好，这是服务礼仪的重点与核心。敬人之心长存，不失敬于人，不伤害他人的尊严，可以说就是掌握了服务礼仪的灵魂。

（二）宽容原则

宽容原则是指在服务过程中，既要严于律己，又要宽以待人，多从服务对象的角度考虑问题，理解、体谅他人。切勿求全责备，咄咄逼人。这实际上也是尊重对方的一个主要表现。

（三）真诚原则

真诚原则，就是要求在服务的过程中，必须待人以诚，只有如此，才能表达对客人的尊敬与友好，才会更好地被对方所理解和接受。因为无论用何种语言表达，行为都是最好的证明，而唯有真诚，才能让行为自然得体。与此相反，倘若仅把礼仪作为一种道具和伪装，在具体操作礼仪规范时口是心非，言行不一，是无法获取客人信任的。

（四）适度原则

虽然"礼多人不怪"，但是凡事过犹不及。在服务的过程中，要考虑时间、地点、环境等因素，因人而异，把握分寸。施礼过度或不足，都是失礼的表现。例如，见面时握手时间过长，告别时一次次地握手，或是不停地道谢和致歉，都会让人觉得厌烦。礼仪的施行是内心情感的表露，只要将内心情感表达出来，就完成了礼仪的使命。若反复重复，则画蛇添足，甚至给人以不理解、不领情之嫌。

(五)从俗原则

由于国情、民族、文化背景的不同,实际上存在着“十里不同风,百里不同俗”的现象。这就要求对本国或各国的礼仪文化、礼仪风俗以及宗教禁忌要有全面、准确的了解,才能够在服务过程中得心应手,避免出现差错。

三、现代服务礼仪的基本要求

服务行业从业人员在服务中应注意以下几点。

(一)讲四快

“四快”是指在服务过程中,要做到眼快、耳快、脚快和脑快。

1. 眼快

眼快,主要是要求服务行业的从业人员看清楚服务对象的表情、反应和态度。服务对象的好恶和即时需求,往往会通过一定的表征显露出来,服务者若能及时捕捉并正确反应,就能让服务达到事半功倍的效果。眼快不仅要求服务者集中精神、注意观察,还要求其眼顾全局,不要只凝视一处。只有一位服务对象时,要尽量抓住每一个细节,而有一群服务对象时,既要抓住主要宾客,也要兼顾其他客人。

2. 耳快

主要是要求服务者听清楚服务对象的意见、反映和谈论,并快速区分“该听”和“不该听”的内容。服务对象谈论与本次服务或本公司有关的内容时,要仔细聆听,必要时可与对方复述确认。对于重要的意见和反馈,应做书面记录,留取客人的联系方式并跟进。耳快,不仅要听清楚,还应听全和听正确,否则由错误的理解而产生错误的服务行为。但是,如果服务对象之间在谈论私事时,不要旁听或插嘴。

3. 脚快

脚快是要求服务者行动速度快,办事效率高,不能拖拉或敷衍了事。脚快既显得自己训练有素,又不会耽误服务对象的时间。要做到脚快,必须熟悉工作流程和相关的协作部门,并积极地沟通和跟进。

4. 脑快

主要是要求服务者对于耳闻目睹的事情做出准确的判断和迅速的反应。对有的服务者来说无用的东西,在其他善于思考的人那里却是重要的信息。例如,酒店前台服务者在为客人扫描证件办理入住时,无意中发现当天是客人的生日,马上送上温馨的祝福,让客人感受到服务的温暖。要做到脑快应多积累经验,在工作中多听、多看、多学习，为准确的判断打下良好的基础。

(二)无差错

向顾客提供无差错的服务是企业形象塑造的基本要求。要创造优质的服务，服务者必须认真对待工作的每个环节，掌握一定的技巧，在进行服务训练时细化到点。例如，酒店礼宾员拉门可以从拉门的强度、角度、速度，怎么点头和微笑这些方面进行练习。

客观地说，服务质量总在变动，出现失误是不可避免的。但如果问题处理得好，可将一位愤怒的客人转化为忠诚的顾客。服务领域有一个专业术语叫服务补救，是指服务性企业在对客服务出现失败和错误的情况下，对顾客的不满和抱怨当即做出的补救性反应。

美国技术支持研究计划协会研究发现，在批量购买中，未提出批评的顾客重购率是9%，抱怨未得到解决的重购率是19%，抱怨得到解决的重购率是54%，抱怨得到快速解决的重购率则达到了82%。服务补救的投资回报率可达30%～150%，成功的服务补救对企业的收入和利润的增长影响巨大。

(三)热情高

在服务中应热情友好，微笑待人，急顾客之所急，想顾客之所想，对每一位顾客都表现出同样的热忱，一视同仁。服务时态度生硬冷漠或皮笑肉不笑，都会让客人感觉不适。

经典案例

据记载，清朝著名画家郑板桥有一次造访一座寺庙，接待的和尚看来客是个其貌不扬的小老头，便随意说了声“坐”，对司茶叫了一声“茶”，就了事了。当郑板桥仔细欣赏几方碑刻的时候，和尚估计这老头是个读书人，于是改口对郑板桥说“请坐”，回头对司茶说“泡茶”。后来，寺里来了一群达官贵人，其中有人认识郑板桥，尊敬地喊“郑先生”时，和尚才知道小老头就是大名鼎鼎的郑板桥，便马上跑上前去，打躬作揖，口里说“请上座，请上座”，回头又大声对司茶喊“泡好茶”。当郑板桥要走时，和尚拿出纸笔，请郑板桥留下墨宝。郑板桥挥笔写下“坐，请坐，请上座；茶，泡茶，泡好茶”。

(四)善突破

这是指服务项目应根据顾客的需求而变动，服务者应在不同的场景下，考虑服务对象的不同特点，灵活处理各种情况。

有位先生曾光顾美国的花旗银行，要求将一张旧的百元钞票换成一张新的，像这种不在服务项目内的要求，即使拒绝也无可厚非。但接待他的那位职员欣然接受了他的要求，并接连打了好几个电话，才在其他营业窗口找到一张同面值的新钞票。最后，一个小纸盒被递到这位先生面前，里面除了一张新的百元钞票外，还附了张字条，上面写着："谢谢您想到了我们。"这种把额外的服务当作分内工作，且尽心尽力地做好，就是优质的服务。

(五)行为美

行为美是由服务者的形象美和举止美构成的，是树立良好公众形象的前提和基础。它主要是通过面部表情、站姿、坐相、走态及服饰装扮等体现出来的。大方得体、衣冠整洁、精神饱满，不仅体现出一种礼貌，还能给顾客留下美好的印象。反之，不修边幅，无精打采，就会显得对顾客不礼貌、不尊重。

服务行为美中最为重要的一种体现就是微笑。微笑之所以动人，除了其在外观上能给人带来美感，最主要的还是在于这种表情所传递的友好、欢乐和幸福。日本的航空公司在空姐入职前，都会安排长达 6 个月左右的微笑训练，要求她们在各种乘客面前、各种飞行条件下保持微笑。

(六)语言美

语言是人们交流思想感情的工具。服务时服务者与服务对象之间主要以语言进行沟通。服务者的语言美，可以吸引顾客，缩短两者的距离，给人以美好的印象。要做到语言美，服务者应多使用礼貌用语，并熟练掌握服务项目内容。

经典案例

在一家酒店餐厅的午餐时间，来自中国台湾地区的旅游团在此用餐，当服务员发现一位 70 多岁的老人面前是空饭碗时，就轻步走上前，柔声说道："请问老先生，您还要饭吗？"那位先生摇了摇头。服务员又问道："那先生您完了吗？"只见那位老先生冷冷一笑，说："小姐，我今年 70 多岁了，自食其力，这辈子还没落到要饭吃的地步，怎么会要饭呢？我的身体还硬朗着呢，不会一下子完的。"

四、处理投诉的礼仪

顾客投诉，是指顾客对企业产品质量或服务上的不满意，而提出的书面或口头上的异议、索赔和要求解决问题等行为。客人需求的多样性和服务质量的多变性，导致无法实现所有客人的满意率都达到百分之百，客人投诉是不可避免的。所以，研究投诉及其处理礼仪是非常有必要的，投诉管理的目的在于减少客人的投诉，将损失降低到最低，并让客人对投诉的处理感到满意。掌握投诉处理的礼仪应注意以下几个方面。

(一)投诉类型

客人投诉的原因通常包括对产品质量或设施设备的投诉、服务人员服务不当引发的投诉、因顾客原因产生的投诉等。客人投诉的心理主要有以下三种。

■ 求发泄：这类顾客因为在接受服务时受到挫折，通常会带着怒气投诉和抱怨。客人发泄完怨气，不快的心情由此得到释放和缓解。在处理这类投诉时应以静制动，认真倾听客人的抱怨，持容忍态度。

■ 求补偿：客人投诉的目的在于补救，补救包括物质补救和精神补救。面对此类投诉时，应先向客人致歉，并提出几个有效可行的解决方案，以供客人选择。

■ 求尊重：这类客人认为自己的投诉是对的和有道理的，他们希望得到同情、尊重和重视。处理这类投诉时要给予高度的重视，让顾客感受到企业的真诚。在解释和澄清问题时，要进行换位思考，从客人的角度出发，诚恳地道歉。

(二)投诉方式

客人投诉的方式主要包括电话投诉、信函投诉和现场投诉。

1. 电话投诉

顾客直接拨打公司的服务热线表达自己的愤怒。由于看不清彼此的表情和动作，很容易给投诉处理制造障碍。处理电话投诉时，要在电话中确切了解事件的基本信息，通过恰当的语气来表现对顾客的同情和支持。如有可能，可将电话内容录音存档，既可以作为一种凭证，也可以成为实际的培训教材。

2. 信函投诉

有些顾客会选择信函或邮件投诉的方式。由于写信耗时较长而且要对整个事件进行总结，顾客通常会深思后做真实的反映，但期间可能会遗漏他们认为不重要的地方或过分强调自己的感受。在收到信函投诉时，应立即送给相关负责人员。同时通知顾客已收到信函并表现诚恳的态度和解决问题的意愿。

3. 现场投诉

有些顾客倾向于当面投诉，认为这样可以把问题说得更清楚和更直接地发泄心中的怒火。相对于前两种投诉，现场投诉给企业提供了更好的处理问题的机会，因为顾客就在面前，可以更详细地了解客人的心理并做诚恳快速的安抚。

在处理现场投诉时，要注意将客人请到远离人群的地方，以免影响到其他顾客。接待客人时应谨慎用语，避免再次触怒客人。若中途离开，应告知客人原因并致歉。

(三)接待投诉的心理准备

有实际工作经验的人都会发现，处理客人投诉的工作人员压力相当大，在美国甚至认为，服务行业尤其是酒店业的工作人员只需三年，热情便会消耗殆尽。因此美国许多酒店将投诉处理的预算认同为广告费，对处理投诉的工作人员给予物质、精神方面的支持，主要体现在积极听取员工的意见，对他们表示关怀，同时在尽可能的范围内进行授权。

对于处理投诉的工作人员来说，首先应将投诉的顾客当成免费的服务监督人员，将投诉视为顾客对企业的信任，因为当顾客不满意时，只有4%的人会选择投诉，而96%的人选择沉默，他们认为与其浪费时间和精力来抱怨，不如减少购买次数或直接离开。哈佛教授李维特在《哈佛商业评论》中叙述道："与顾客之间关系走下坡路的一个信号，就是顾客不抱怨了。"同时，投诉是企业建立顾客忠诚度的机会，投诉若处理得好可以让顾客更加信赖企业。

其次，服务者应精通产品、服务知识和企业规章制度，但不能只凭规矩办事，要具备均衡的能力，将规定作为一个基础，灵活对待客人的投诉。如"酒店规定如此，所以……"或"站在本公司的立场……"之类的话，会给客人留下冷漠和不近人情的印象。

(四)处理投诉的方法

处理顾客投诉一般分为以下四个步骤。

1. 耐心聆听并做记录

接到投诉时要迅速受理，不能拖延，避免对客人说"请您等一下"。客人在投诉时，应耐心倾听，适当提问，并做记录，这样不仅可以让投诉的客人感受到投诉事件受到重视，更能帮助工作人员就事实重点与客人进行复述确认，也便于后续工作有据可依。

2. 表示理解，判断是否成立

投诉处理的要诀是先处理感情，再处理事件。除了一些提供建议的顾客，投诉人一般都经历了负面事件，投诉时情绪比较激动，此时，表示对其感受和心理的理解非常重要，认同的常用语有"您的心情我可以理解""碰到这种情况我也会像您那样""嗯，对"等。只有客人冷静下来，才能进行后续的工作，但切勿对客人说"请你冷静一下，你这么冲动，也解决不了问题"，这样无异于指责客人不够理性，进一步激化客人的怒火。

当客人的利益受到损害时，着急激动是难免的，服务人员应顶住压力，判断投诉是否成立，投诉的理由是否充分，投诉的要求是否合理。如果投诉不成立，也要用委婉的方式向客人解释，消除误会。如果是企业的失误，应首先感谢客人，再真诚致歉。如“谢谢您和我说这件事……我很抱歉……”等。

3. 提出并实施解决方案

如果是短时间内可以纠正的问题，应在第一时间联系相关人员纠正错误。如果解决问题需要一定的时间，可先征求客人的处理意见，并根据情况告知企业的处理原则和方案，力图达成共识。工作人员在沟通时，不可随意答应客人超越自身权限范围的解决方案。

征得客人的同意后，应快速实施解决方案，若所需时间较长，应和客人保持沟通，告知事件处理的进展和预计解决的时间，让客人知道事件正在处理中，而不是无人跟进。

4. 感谢客人并记录归档

工作人员应再次为客人带来的不便表示歉意，感谢客人指出工作中的不足，并向客人表示会努力改进工作的决心。最后，应对顾客投诉的问题和处理过程进行记录和归档，做到记录在案、责任到人，以改进服务质量。

经典案例

“晨光酸奶中有苍蝇”投诉处理

一家购物广场的顾客服务中心接到一起顾客投诉，顾客说从商场购买的晨光酸奶中喝出了苍蝇。投诉的内容大致是：顾客李小姐从商场购买了晨光酸奶后去一家餐厅吃饭，吃完饭李小姐随手拿出酸奶让自己的孩子喝，自己则在一边和朋友聊天。突然听见孩子大叫：“妈妈，这里有苍蝇。”李小姐寻声望去，看见小孩喝的酸奶盒里(当时酸奶盒已被孩子用手撕开)有只苍蝇。李小姐顿时火冒三丈，带着小孩到商场投诉。

正在这时，有位值班经理看见便走过来说：“你既然说有问题，那就带小孩去医院，有问题我们负责！”顾客听后更是火上浇油，大声喊：“你负责？好，现在我让你去吃 10 只苍蝇，我带你去医院检查，我来负责好不好?”边说边在商场里大喊大叫，并说要去消费者协会投诉，引起了许多顾客的围观。

顾客服务中心负责人听到后马上前来处理，他让那位值班经理赶快离开，又把顾客请到办公室交谈，一边道歉一边耐心地询问事情的经过，询问重点如下：

(1)发现苍蝇的地点(确定餐厅卫生情况)。

(2)确认当时酸奶盒是撕开的状态而不是只插了吸管的封闭状态。

(3)确认当时发现苍蝇是小孩先发现的,大人不在场。

(4)询问之前购买的晨光牛奶中有无相似情况。

在了解情况后,商场方提出了处理建议,但由于顾客对值班经理"有问题去医院检查,我们负责"的话一直耿耿于怀,不愿接受道歉与建议,使交谈僵持了两个多小时,依然没有结果,最后商场负责人只好让顾客留下联系电话,提出换个时间再与其进行协商。

第二天,商场负责人给顾客打电话,告诉顾客商场已与晨光牛奶公司取得联系,希望能邀请顾客去厂家参观了解牛奶的流水生产线(从生产到包装再到检验的全过程都是在无菌封闭的操作间进行的),并提出如果顾客要求,商场可以联系相关检验部门对苍蝇的死亡时间进行鉴定与确认。

由于顾客接到电话时已经冷静下来,而且也感受到商场对此事的处理很认真严谨,顾客的态度一下子缓和了许多。这时商场又对值班经理说的话做了道歉,并对当时顾客发现苍蝇的地点(环境不是很干净的小饭店)、时间(大人不在现场)、酸奶盒已被孩子撕开等情况做了分析,让顾客知道这一系列情况都不排除是苍蝇落入酸奶,而非牛奶本身带有苍蝇。

通过商场负责人的不断沟通,顾客终于不再生气,最后告诉商场负责人他们其实最生气的是那位值班经理说的话,既然商场对这件事这么重视并认真处理,他们也不再追究,他们相信苍蝇有可能是小孩喝牛奶时从空中掉进去的。

任务二　酒店服务礼仪

酒店是通过出售客房、餐饮及其他综合服务,从而获得经济收益的组织。酒店因服务而存在,服务是酒店生存的根本。优质服务和惊喜体验可以让客人满意,而始终如一的优质服务可以获得顾客对酒店品牌的黏性,也就是忠诚。在如今的信息时代,顾客满意的经历会快速地通过各种即时通信工具和社交平台向外扩散,形成有效的"口口相传"营销,以此吸引更多的顾客而获得更多的服务利润。

优质的酒店服务是硬件、软件和心件的统一。酒店服务需要硬件,即设施设备作为基础。当然,硬件的要求不仅仅是豪华,更应体现在文化方面,如色彩搭配是否合理,装饰布置是否和当地风俗一脉相承等。软件则主要体现在酒店服务流程和规范标准等方面,它们的设计要能让客人感到舒适。心件是指酒店员工的诚心。在一定意义上,软件和心件要比硬件更重要。

知识链接

丽思卡尔顿酒店

在品牌林立的奢华酒店“军团”中，丽思卡尔顿可谓是一个传奇。她被众多的政要和名流视为出行下榻的首选，其中一个广为人知的故事是，时装天后可可·香奈儿在去世前的37年间，一直以巴黎丽思卡尔顿套房为家。除了具备同类酒店的奢华感之外，这个创立于1927年、业务遍及24个国家、员工近4万的品牌还有一个更为人乐道的特质，那就是堪称惊艳的“有温度的服务”。

每个传奇都有精彩的开端，而丽思卡尔顿（下称“丽思”）的精彩开端，是其一直引以为傲的一套独特的领导理念——“黄金标准”，该标准由丽思的初期创始人设定，作为永恒的遗产流传给后人，成为丽思不断发展的基础。将这些标准精炼易懂地传递给员工的，是一张小小的三折卡，被丽思人称为“信条卡”，上面明确写有“黄金标准”的全部内容，包括信条、座右铭、优质服务三步骤、员工承诺以及十二条服务信念。

“黄金标准”的五项内容紧密关联，互为支撑。以“信条”为例，丽思这样在卡片上描述：

“以客户得到真诚关怀和舒适款待为最高使命；

承诺为客户提供细致入微的个人服务和齐全完善的设施；

甚至还能心照不宣地满足客户内心的愿望和需求。”

短短三句话，员工的角色定位和服务标准被清晰快速地传递出来，透过这些简练的话语，公司愿景得以进入转化为员工践行的环节。

员工与客户之间是服务与被服务的关系吗？多数人会认为答案是肯定的，但丽思信条卡上的座右铭——“我们以绅士淑女的态度为绅士淑女服务”——给出了截然相反的回答，这句座右铭在业界被传为经典。在丽思，员工与客人都是值得尊敬的，一旦客人言行粗鲁，酒店会首先保护自己的员工，将客人拒之门外。丽思的领导者深知，要营造恭敬且有温度的服务文化，就必须在公司内部营造一种相互尊重的氛围，只有经过这种环境的熏陶，员工才能亲切自然地为客人提供优质服务，而非挂着机械的笑容，表达着礼貌却生疏的问候。

酒店服务礼仪是酒店软件和心件的重要组成部分，是反映酒店管理水平和服务水平的重要因素。酒店服务礼仪主要包括酒店基本礼貌礼仪和酒店各岗位服务礼仪，后者按酒店部门又分为前厅服务礼仪、客房服务礼仪和餐厅服务礼仪。

一、酒店的基本礼貌礼仪

除了要做到现代服务礼仪的基本要求（见任务一）外，酒店的基本礼貌礼仪还体现在以下几点。

（一）尊重客人隐私

不能对外泄露客人的任何信息；不能乱动、乱翻客人的物品；不私自使用专供客人使用的电话、电梯、洗手间等设施设备。

案例分析

某公司的毛先生是杭州一家四星级酒店的商务客人。他每次到杭州都会住这家酒店，并提出一些意见和建议。可以说，毛先生是一位既忠实友好又苛刻挑剔的客人。

一天早晨7点，再次入住的毛先生打电话到总机，询问一位名叫王峰的客人住在几号房。总机李小姐接到电话后，请毛先生"稍等"，然后在电脑上查询。查到王峰住在901房间，而且并未要求电话免打扰服务，便对毛先生说"我帮您转过去"，说完就把电话转到了901房间。

问题：总机李小姐的做法是否妥当？

（二）面对突发事件时沉着冷静

当发生火灾、电梯事故、客人突发疾病或受伤、停水停电等紧急事故时，应沉着冷静，按照应急预案及时、得当地进行处理。

（三）拾金不昧，诚实守信

拾到客人的遗留物品时，应及时还给客人或上缴，不能私自存留。

（四）重视客人的姓名

对于每一个人来说，姓名都是自己百听不厌的词汇。服务者应牢记客人，尤其是重要客人或常客的姓名，并用具体恰当的称谓去称呼客人，以表示对对方的重视。

案例分析

一位住在五星级酒店的国外客人到餐厅去吃午饭，走出电梯时，站在电梯口的一位女服务员很有礼貌的向他点头，并且用英语说："先生，您好！"客人微笑地回道："你好，小姐。"当客人走进餐厅后，引位员问候："您好，先生。"那位客人微笑着点了一下头，没有开口。客人吃好午饭走出大门时，那位引位员又是一句：'您好，先生。'这时客人下意识地只是点了一下头了事。等客人乘电梯准备回房间休息时，在电梯口又碰见了那位女服务员，自然又是一成不变的套话："您好，先生。"客人感到了不耐烦。

这位客人在离店时，给酒店总经理写了一封投诉信，信中写道："我真不明白你们酒店是怎样培训员工的？我遇到的服务员只会千篇一律地重复一句话'您好，先生'，难道不会使用其他的语句吗？"

问题：如果你是女服务员和引位员，你会怎样向这位客人问好？

二、前厅服务礼仪

前厅是酒店树立对外形象的窗口。顾客对酒店的第一印象和最终印象都是在前厅完成的，酒店的整体服务质量在前厅即可得到集中的体现。因此，对前厅服务礼仪的掌握尤为重要。前厅服务礼仪主要包括预订服务礼仪、礼宾员服务礼仪、前台接待员服务礼仪和康乐服务礼仪。

(一)预订服务礼仪

预订可大体分为电话预订和网络预订两种。

1. 电话预订

接收电话预订时，应正确问候客人并报出部门名称，如"您好，这里是×××酒店预订部，请问有什么可以帮您?"确认客人的抵离时间后，提供合适的房型信息，并清楚地说明房价及所含内容。若该日期没有客人要求的房型，应主动提供其他选择。

确定房型后应询问客人的姓名及联系方式，并说明酒店入住的相关规定。通话结束前重复确认预定的所有细节，询问客人是否需要其他帮助，最后向客人致谢并挂断电话，如"感谢您的来电，祝您生活愉快，再见"。

经典案例

预订员：您好，这里是酒店预订部，请问有什么可以帮您？

客　人：我要预订一间房。

预订员：好的，先生，请问您贵姓？

客　人：免贵姓刘。

预订员：刘先生，请问您要预订什么时候的房间？什么房型呢？

客　人：明晚一个单间。

预订员：请问您需要几间？入住几晚呢？

客　人：一间一晚。

预订员：好的，您稍等，马上为您查询。

查询过后。

预订员：刘先生，明天晚上单间一晚可以为您安排，优惠价是588元一晚，含两份早餐，您看可以吗？

客　人：可以。

预订员：是您本人入住吗？

客　人：是的。

预订员：刘先生，方便留下您的全名和联系方式吗？

客　人：刘荣，13812435678。

预订员：文刀刘，荣誉的荣，联系方式是13812435678，对吗？

客　人：对的。

预订员：请问您大概几点到店呢？

客　人：大概6点。

预订员：好的，刘先生，您以刘荣的名字预订了2号晚单间一间，入住一晚，优惠价是588元每晚，您的联系方式是13812435678，您看对吗？

客　人：对的。

预订员：刘先生，房间已经为您预订成功，房间最晚给您保留到2号晚上7点，如果您行程有任何变动，请随时与我们联系。

客　人：好的。

预订员：好的，请问还有什么可以帮您？

客　人：没有了，谢谢。

预订员：不客气，感谢您的来电，祝您生活愉快，再见。

2. 网络预订

受理网络预订时，应及时确认预订房间数、抵离时间、预订人姓名、联系方式、付费方式等内容。超额订房要科学合理，确保不发生失约行为。

（二）礼宾员服务礼仪

礼宾员主要包括门童和行李员。

1. 门童

门童应仪表整洁，精神饱满地站在正门前，恭候客人的光临。客人抵达时，要立即主动迎上，引导车辆停妥，接着拉开车门。问候客人时要面带微笑，热情地说声“您好，欢迎光临”，并致以 15 度的鞠躬礼。观察车内是否有遗留物品，帮有行李的客人整理行李，并呼唤行李员引领客人办理入住。

客人离店时，要拉开车门请客人上车，微笑道别“谢谢光临，欢迎下次再来，再见”，并招手致意，目送离去。若遇下雨天，要事先准备好雨具及时为客人遮雨。对年老体弱者应给予必要的帮助。

2. 行李员

行李员应主动帮客人提行李，并问清行李件数，若客人坚持要自己提行李，应尊重客人的意愿，不可强行接过来。在推车装运时，要轻拿轻放。

陪同客人到前台办理入住时，应站在客人身侧后约两米处等候，看管好客人的行李并随时接受客人的吩咐。引领客人时应走在客人左前方两三步处。陪送客人乘电梯时，应让客人先入先出。携行李进房间后，应与客人核对行李，然后将其放在行李架上，正面朝上，箱把手朝外，便于客人取用。退出房间时应微笑地向客人告别。

（三）前台接待员服务礼仪

当客人到前台时，应面带微笑地问候客人，确认客人是否有预订。若有预订，应复述客人的订房要求，请客人出示证件和填写入住登记表。值得注意的是，要双手接过客人的证件，并在客人签字时，双手轻按入住登记表的上方，以免纸张移动。若客人无预订，可了解客人的要求后，运用一定的销售技巧，向客人推荐房型。客人住下后若要求提前离店、续住或延迟退房，应根据酒店的房态和客人的具体情况进行处理。

客人入住期间若有疑问，应主动热情地帮助解决。答复客人的问询时，应语言简明，百问不烦，避免使用“大概”“也许”“可能”等含糊词语敷衍客人。若无法回答，应表示歉意，待了解清楚后再告诉客人。

客人退房时应确认房间号，然后准确快速地整理客人的账单。退房时可询问客人的入住体验，是否需要其他帮助，最后致谢并邀请客人再次光临。

案例分析

一天一位美国客人到前台登记入住，顺便用英语询问服务员小杨：“贵店的房费是否包括早餐？”小杨没有听明白客人的意思便随口回答“It will do（可以）”。次日早晨客人去西式餐厅用自助餐，出于谨慎，又向服务员小贾提出了同样的问题。不料小贾的英语亦欠佳，只得穷于应付，慌忙中又回答了“It will do”。

几天以后，美国客人到前台退房。服务员把账单递给客人，客人一看吓了一跳，账单显示他用过的每顿早餐都要收费。客人越想越糊涂，明明前台和餐厅服务员都回答“It will do”，怎么结果就成了“It won’t do(不可以)”了呢？经再三沟通客人才得知酒店的房费是不包含早餐的，他将之前得到的答复告知前台，希望去掉早餐费，但遭到拒绝。客人无奈地结完账，然后怒气冲冲地离开了酒店。

问题：你觉得美国客人需要付早餐费吗？

(四)康乐服务礼仪

三星级以上的酒店一般设有康乐中心，主要包括健身房、游泳池、桑拿房等。

(1)健身房门口应有专人接待，仪容整洁，精神饱满，待客热情大方。当客人健身要求辅导时，服务人员应主动示范，必要时应向客人讲解器械操作指南。根据客人所需应主动提供毛巾、饮用水等。

(2)游泳池要有一套行之有效的安全措施和训练有素的救生员，以保障客人的安全。此外，游泳池要有严格的管理制度，严禁往池内扔杂物，礼貌地劝止客人在池边追逐、打闹。

(3)桑拿房内应放置醒目的安全提示。客人到达后应热情迎接，准确记录客人的姓名、房间号和到达时间，准确提供更衣柜号码、钥匙，并及时提供毛巾和用品。客人享用桑拿浴期间，应随时注意客人的情况，每隔 10 分钟巡视一遍。客人离开时，应提醒客人带齐所有物品。

(4)更衣室应确保通风良好、照明合理，保持室内清洁卫生、无异味。台面应整洁干爽，镜子洁净无污迹。及时提供洁净的毛巾、浴袍，及时添加洗发水和沐浴露。

三、客房服务礼仪

客房是客人的主要休息场所，是其逗留时间最长的地方。客房服务人员要承担客人的日常生活服务，与客人接触最多。客房是否清洁，服务人员的服务态度是否热情周到，服务项目是否周全丰富，都会直接影响客人对酒店的评价，因此讲究客房服务礼仪至关重要。客房服务礼仪的最高境界就是让客人感到宾至如归，主要包括客房基本服务礼仪、客房清洁服务礼仪和客房日常服务礼仪。

(一)客房基本服务礼仪

若在走廊遇到客人，应主动问好、让路，不能视而不见或抢道而行。若有急事要超过前面行走的客人时，应先致歉然后加快步伐超越。需要进入客房与客人说事时，应半掩房门，说话简明扼要。客人邀请坐下时，应婉言谢绝。

工作时应保持安静，不能大声喧哗或与他人嬉笑。不要与其他服务员聚在一起议论客人的仪表、生理缺陷、行为习惯等，更不能给客人起绰号。工作中若有差错，要主动、诚恳地道歉，求得客人的谅解，不能强词夺理，推卸责任。

为常住客人、VIP 客人服务时，应了解、掌握客人姓名、房号、生活习惯、特殊要求等相关情况，以提供细致周到的服务。

(二)客房清洁服务礼仪

客房服务员的主要职责是整理和清洁客房。到岗前应按规定穿着制服，服装整洁，讲究个人卫生。不佩戴珠宝首饰，不浓妆艳抹，工作前不吃有异味的食物。清洁客房时应注意以下礼仪规范。

1.进入客房礼仪

站离房门 30～40 厘米处，面带微笑正对窥视镜，用食指和中指的关节轻敲门三下(或按门铃)，并报上自己的身份“Housekeeping，客房服务员”。若听到客人回答，应礼貌地说“您好，我是客房服务员，现在需要为您打扫房间吗”。若无回应，间隔 5 秒后再敲三下，共敲三次后，方可开门进房。若发现客人正在睡觉，应马上退出并轻轻关上房门。而若房内无人，则可开始打扫，但须将门全开。值得注意的是，无论是有客人入住的房间还是空房，服务人员在进入客房前都要先敲门或按门铃。

如果房门上挂着“请勿打扰”牌时，服务人员应放置清洁说明牌，不要擅自闯入。过了下午 2 点，客房若仍处于请勿打扰状态，则应由大堂副理打电话询问客人，确认打扫房间的时间，如果房间电话无人接听，则由大堂副理和安保人员一起开门入房。

2.整理客房礼仪

按照客房清洁流程和质量标准，做好客房清洁工作，一般流程如下：

开——开灯、开空调、开窗帘，检查房间是否有遗留物

撤——撤走用过的用品、用具、垃圾，撤床上用品

清——清洗壶具、杯具、烟灰缸

铺——铺床

抹——抹家具、设备；检查设备运行情况；清点并记住需要补充的可用品数量

洗——洗卫生间

补——补充用品

吸——吸尘并检查地毯有无破损、污渍

查——检查卫生和设施设备

关——关灯、关门

填——填写客房清洁的日报表

打扫客房时动作要轻、迅速，不要擅自翻阅客人的文件或移动客人的物品，更不能接听客人的电话。若客人在房内工作、会客，不要在旁窥视、插话。在清理房

间时，客人从外面回来，应询问是否稍后整理房间。

清扫时若发现房内有大量现金，应及时通知领班、安保部和大堂副理，由他们将房门反锁，待客人回来，由大堂副理开启房门请客人清点现金，并提醒其将现金存放在酒店保险箱内。

3. 夜床服务礼仪

夜床服务是指对客房进行简单的整理及物品补充，如将被子打开一个30度的角、开灯、拉窗帘等，让房间变成适宜睡眠的状态，一般在下午5点到晚上9点之间提供。

知识链接

夜床服务，英文翻译是turndown service，和room service(客房送餐服务)是同样重要的。通俗地说，此项服务的宗旨就是给住客营造一种安逸的氛围，让客人夜晚休息得更好。

不知道大家是否留意过下午登记入住时房内的窗帘是拉开的，室内明亮温暖。晚上回来准备睡觉时，窗帘是拉上的，房内光线柔和温馨，原本整齐的床铺被拉开一角，这些变化就是"夜床服务"的一部分。有针对性的夜床服务，可以让不同背景的客人都感受到如家一般的温暖和舒心。

天津海河英迪格酒店，将牛奶装在精心准备好的保温瓶里，客人喝完后还可以将保温瓶带回家留作纪念。西安香格里拉酒店提供的是巧克力夜床礼和精美的兵马俑纪念品。广州丽思卡尔顿的夜床礼，是挂满了各种糖果的巧克力树，精致的摆盘让人不舍得入口。

香港旺角朗豪酒店的晚安礼也贴心动人，客人在冬夜里回到房间，看到的是酒店特意准备的放在床上的一双暖脚的袜子。上海新天地朗廷酒店，则是另一种的夜床礼关怀：客人每天晚上都会收到一张夜安卡，上面是曾经入住1865年第一家伦敦朗廷酒店的名人住客的名言。一天一句名人名言，有丘吉尔、王尔德等。天津利顺德大饭店豪华精选酒店，夜床礼则是一只很萌的哈巴狗趴在床上等着主人归来，这是心灵手巧的酒店服务员用毛巾折叠的。

厦门威斯汀的夜床礼，是"夏日大都会"鸡尾酒的DIY时光。酒店准备好一切原料，包括鸡尾酒调酒杯，客人可以根据自己的口味调制一杯属于自己的鸡尾酒。青岛香格里拉大酒店送上的夜床礼是带有客人相片的定制版的青岛啤酒。

4. VIP 布置礼仪

VIP 客人的房间布置要有别于其他客房，以体现对贵宾的重视。客房首先要严格地完成基本清洁，做到客房用品齐全、设施设备完好、干净整洁，然后根据贵宾等级在房内茶几上放置鲜花、水果和总经理欢迎信，吧台上配置酒具，布置洗手间，并调试灯光和背景音乐。

(三)对客服务礼仪

1. 洗衣服务礼仪

客房衣柜应放置洗衣袋和洗衣单，洗衣单上应包含洗衣服务提供的时间、价格、收/送衣说明等。衣服应在规定时间内送还，若有推延应及时通知客人。归还送洗衣物时，若附有洗衣账单，应条目清晰。需要悬挂的衣物，送还时应悬挂于衣架上，并附外罩。脱落或松动的衣扣在归还时应被缝补好。

2. 访客服务礼仪

有访客来访时，应向访客问好，并核对住客的姓名和房号。在征得住客同意后，方可引领访客到客人房间。如果访客带有住客签名的便条但无房卡，要进入房间取物品时，应联系住客并确认清楚后，再陪同访客到房间取便条上所标明的物品。

3. 客人醉酒服务礼仪

对醉酒后大吵大闹的客人要留意，并报客房中心和安保部。对倒地不省人事的醉客，要陪同安保人员一起将客人搀扶到客房，同时上报给领导。

4. 客人生病服务礼仪

对生病的客人应表示关心，多加照顾。客人感冒时应主动提供感冒药和开水，或送上白粥和卡片祝客人早日康复。若客人病情较为严重，应及时向上级报告。

5. 客人借物服务礼仪

服务人员在接到客人借物要求时，不管这些物品酒店有没有，都不可立即拒绝或接受客人的要求，应先在办公室查询后再做出答复。客人借螺丝刀、剪刀等利器时，要委婉询问用途以及是否需要工程人员的帮助。出借物品若是电器，应提醒客人注意用电安全。借用小件物品时要使用托盘递送。

四、餐厅服务礼仪

餐厅既是酒店客人用餐的主要场所，也是客人交流感情、洽谈生意的重要平台，这就要求餐厅服务员既要熟练掌握操作技能，还要遵守服务中的各种礼仪。

优秀的餐厅是由美味菜品、优质服务和怡人环境三方面组成的，菜品和环境的提升需要花费人力、财力和时间，但餐厅服务礼仪水平的提高却投入少、见效快。餐厅服务礼仪主要包括卫生礼仪、领位服务礼仪和值台服务礼仪。

(一)卫生礼仪

餐厅卫生礼仪需要注意以下几点。

1. 个人卫生

由于经常要接触到食物和餐具，餐厅服务人员的仪表卫生礼仪要求较为严格。工作时应着规定的制服，衣服要整齐干净，注意保持衣服袖口、领口处的清洁。餐厅服务人员应重视个人卫生，做到勤洗澡、勤洗手、勤剪指甲、勤理发，工作前不吃有刺激气味的食物，不梳披肩发或喷刺激性的香水，要给客人留下干净整洁的第一印象。在客人面前不掏耳朵，不抓头发，不打哈欠。

2. 环境卫生

餐厅环境，包括餐厅地面墙壁、门窗、餐桌、备餐间等地方都应保持洁净，给客人创造一种良好的进餐环境。

3. 餐具卫生

餐厅的餐具用完后要注意及时清洁和消毒，给客人使用的餐具不可有污渍。服务中要严格执行操作规范，切勿用手直接接触食物。

4. 食品卫生

生熟菜刀、砧板要分开，切不可使用腐烂变质的食品。

(二)引位服务礼仪

餐厅服务人员应仪表大方、面带微笑地在餐厅门口恭候客人。见到前来用餐的客人，要主动上前迎接问候，礼貌地问清客人的基本情况，并根据客人的意愿合理安排餐位。若餐厅座位已满，可先请客人在休息区等候。

引位时应说“这边请”，同时用手示意，在客人左前方1米左右的距离行走，并不时回头留意客人。不同的客人引领到不同的位子，例如，重要的客人可引领到餐厅最好的靠窗靠里的位子，以示恭敬。若夫妇情侣到来，可引领到一角安静的餐桌就座，便于小声交谈。而年老体弱的客人，应尽可能安排在离入口较近的位子，便于他们出入等。引导客人到餐位后，应问其意见，如“这个位子您满意吗?”

(三)值台服务礼仪

值台服务礼仪主要包括开菜、点菜、斟酒、上菜、派菜和结账时的服务礼仪。

1. 开菜

当客人走近餐桌时，值台员应主动问候，并按先女士后男士的顺序拉椅让座。

待客人入座后，应先递上湿巾并斟茶，然后用双手递上菜单。

2. 点菜

客人点菜时，要耐心等候，并适当介绍特色菜肴。若客人点的菜已无货供应，应致歉或提供其他选择。客人点菜完毕，应礼貌地复述一遍与客人确认。

3. 斟酒

在上餐台斟酒前，须将瓶口瓶身擦干净，并检查瓶子有无破裂，发现问题应及时调换。用盘子装上开好瓶塞的啤酒、橙汁、汽水及其他饮料酒水时，要将较高的瓶子放在靠近自己的一侧，较低的瓶子靠外，这样容易保持盘子的重心和取用方便。

斟酒、倒水须在客人的右侧进行，斟酒时手指不要触摸酒杯杯口，按酒的不同种类决定斟酒的程度。从冰桶中取酒时，应用布巾擦去多余水滴，以免顺流至瓶口入杯或滴出弄湿台布、客人衣服。使用酒篮时，酒瓶的颈背下应衬垫一块大小适宜的布巾，以防止斟酒时酒液滴漏。

知识链接

斟酒的标准

斟酒时，酒液入杯的高度很有讲究。

白酒、黄酒：八分满

红葡萄酒：1/3

白葡萄酒：2/3

白兰地酒：一个斟倒量(1/2)

香槟酒：先斟至1/3，待酒中泡沫消退后，再往杯中续斟至七分满即可

啤酒：第一杯时，应使酒液顺杯壁滑入杯中，八成酒二成沫

鸡尾酒：酒液入杯占杯子的三成即可，这样既便于客人观赏，又便于客人端拿饮用

冰水：一般为半杯水加入适量的冰块，不加冰块时应斟满水杯的3/4

4. 上菜

上菜要按操作规程进行，切忌越过客人头顶。上菜时要看准方向，摆放平稳，手指不要碰及菜肴。上菜还应讲究艺术，根据菜的颜色摆成协调的图案。凡是花式冷盘，如孔雀、凤凰等，以及整鸡、鸭、鱼的头部要朝着主宾。上好菜后，服务员后退一步，报上菜名并略做介绍。菜肴上齐后，应告诉客人“饭菜已上齐，请慢用”。

上菜和撤盘要把握时机和间隔，以免造成盘碟拥挤或空盘的现象。撤换餐具时要先征得客人同意。若客人不慎掉落餐具，应迅速上前取走并更换。

5. 派菜

派菜时应先上前向客人报菜名并展示菜品，然后左手垫上餐巾将菜盘托起，右手拿派菜用的叉、匙，腰部稍弯，稳站在客人左侧进行分派。派菜时要掌握好分量，做到分配均匀、一勺准，切勿将一勺菜分给两位客人，更不要从客人盘中向外拨菜。

6. 结账

结账时应将账单正面朝下地放在托盘或账单夹中，从左侧递给客人。客人付款后，应表示感谢。客人起身离座时，应拉开座椅，同时提醒不要忘记随身携带的物品，然后礼貌告别"欢迎您再次光临"。

如果客人用餐还没有结束，即使营业时间已过，也不可有催促客人或忙于收盘、打扫等逐客的行为。整个餐厅的清扫，应在所有客人离开后进行。

案例分析

一个深秋的晚上，三位客人在一家酒店的中餐厅用餐。他们已坐了两个多小时，仍没有去意。服务员心里很着急，到他们身边站了好几次，想催他们赶快结账，但一直没有说出口。最后，她终于忍不住对客人说："先生，能不能赶快结账，如想继续聊天请到酒吧或咖啡厅。"

"什么！你想赶我们走，我们现在还不想结账呢。"一位客人听了她的话非常生气，表示不愿离开。另一位客人看了看表，连忙劝同伴马上结账。

那位生气的客人没好气地让服务员把账单拿过来。看过账单，他指出有一道菜没点过，但却算进了账单，请服务员去更正。这位服务员忙回答客人，账单肯定没错，菜已经上过了。几位客人却辩解说没有要这道菜。服务员又仔细回忆了一下，觉得可能是自己错了，赶紧到收银员那里去改账。

当她把改过的账单交给客人时，客人对她讲："餐费我可以付，但你服务的态度却让我们不能接受。请你马上把餐厅经理叫过来。"这位服务员听了客人的话感到非常委屈，觉得自己在客人点菜和进餐的服务过程中并没有什么过错，只是想催客人早一些结账。"先生，我在服务中有什么过错的话，我向你们道歉，还是不要找我们经理了。"服务员用恳求的语气说道。"不行，我们就是要找你们经理。"客人并不妥协。

服务员见事情无可挽回，只好将餐厅经理找来。"这些确实是我们工作上的失误，我向大家表示歉意。几位先生愿意什么时候结账都行，结完账也欢迎你们继续在这里休息。"经理边说边让那位服务员赶快给客人倒茶。在经理和服务员的一再道歉下，客人们终于不再说什么了，他们付了钱，仍面含余怒地离去了。

问题：服务员在结账这个环节上犯了哪些错误？

任务三　旅游服务礼仪

随着我国经济社会的发展、居民收入的增加、"带薪休假"的逐步落实，旅游消费已逐渐成为一种刚需，旅游形式呈现多样化趋势，人们对旅游服务的要求也越来越高。面对激烈的市场竞争，无论是团队或散客，还是单项服务或综合服务，都需要旅行社认真对待，以取得市场的认可和信誉。

一、旅行社服务礼仪

（一）接待和销售礼仪

客人来访时，接待人员应面带微笑，主动上前招呼。在问明客人的来意后，礼貌地请客人落座，并进行简单的自我介绍。除非客人有较为明确的产品要求，否则，在真正了解客人的出游动机和意愿之前，应认真聆听顾客的想法，然后在此基础上帮助他们找到合适的旅游线路和产品。

对客人提出的问题要给予正确简明的回答，并伴以相关的介绍和报价。遇到回答不了的问题时，应询问其他同事或领导，弄清楚后再向客人说明，不要简单地说句"我不知道"。若客人有额外要求，在不违反合约和不增加旅行社经济负担的前提下应尽量满足。对于一些特殊需求，应向客人复述一遍进行确认。

（二）售后服务礼仪

为了更好地保证服务质量，改进工作细节，旅行社可以在出团之前设计一份旅行调查表，请客人填好后交给领队。对于一些重要的客人，应在旅行结束后通过电话、邮件或其他方式询问客人的旅行体验及改进建议。

二、导游服务礼仪

导游是旅行社的代表性人员之一，导游人员处在旅游接待工作的第一线，涉及面广、工作量大，和游客接触交往的时间最长。因此，导游人员的礼貌、礼节关系到整个旅行的服务水平和游客的满意程度。导游人员应注意以下几点礼仪规范。

(一)准备礼仪

为了能向游客提供良好的服务,导游在接到旅行社下达的接待旅游团任务后,要充分做好以下准备。

1.熟悉接待计划

导游应认真阅读接待计划,了解所接旅游团的基本情况,如团队组成人员的年龄、性别、职业等,详细地了解该旅游团的服务项目和要求,并对重要事宜做好记录。

2.落实接待事宜

导游应检查旅游团的交通、食宿、行李运输等事宜,并按游客人数领取门票结算清单和费用,带好导游证、导游旗、接站牌等必备物品。

3.语言和知识准备

根据接待计划上确定的参观游览项目,对导游的重要内容做好外语和介绍资料的准备。例如,接待有专业要求的团队,要做好相关专业知识、词汇的准备。为了与游客更好地交流,可根据游客年龄、性别、职业等信息,准备游客可能感兴趣的话题。

4.形象准备

导游人员着装应整洁大方,佩戴首饰要适度。女性导游员不宜穿过短的衣裙,不宜浓妆艳抹。带团时必须佩戴导游胸卡。

(二)迎客礼仪

1.旅游团抵达前的服务安排

接团当天,导游应提前向机场、车站、码头问清旅游团抵达的准确时间,并事先准备好足够旅客乘坐的旅游车。导游应督促和协助司机清扫车辆,使其干净整洁。导游应提前半小时抵达机场或车站,手持写有团名团号等信息的接站牌,站在出口醒目的位置,热情迎候游客。

2.旅游团抵达后的接待服务

接到游客后,应面带微笑,热情地问候游客,如"大家辛苦了",然后自我介绍。导游应及时核对游客人数,并主动搀扶老弱病残等需要帮助的游客,主动给予照顾。若出现错接或空接的情况,导游员要及时向上级汇报,不要擅自处理。

在客人上车时,导游员应恭候在车门旁,微笑着招呼并给予协助。导游员应待客人全部上车并确认无遗留物后再上车。上车后应礼貌地清点人数,切忌用手指点游客。

3.赴酒店的途中服务

在行车过程中,导游应热情友好地向游客致欢迎词,并介绍自己的姓名和单位、司机姓名及简要的日程安排，必要时可将日程表发到游客手上。导游员应注意游客的精神状态，若游客精神状态较好，可就沿途街景、入住的酒店做一些介绍。但如果客人较为疲劳，尤其是夜晚，应让客人休息。

案例分析

导游小王精神饱满地奔赴酒店，准备当天的旅游接待工作。小王笑容可掬地站在车门旁边迎候游客们上车，接着小王按惯例开始清点人数，“1、2、3、4……”小王轻轻地念着，同时用手指点数游客。游客很准时，没有迟到的。在旅游过程中，尽管小王的旅游知识很丰富，服务也很周到，但是他发现游客们还是有点不对劲。小王百思不得其解。随后，小王向经验老到的导游员进行请教才茅塞顿开。

问题：小王哪里做错了？

4.到店后的服务安排

到达酒店后，协助游客登记入住。分房时要照顾年老体弱者，尽量将他们的房间安排在靠近电梯的位置。如果是亲友一起游玩，则尽量分配相邻的房间。导游要清楚游客的房间号码，并将自己的房号或联系方式告知客人。

在客人进房前应宣布接下来的游程安排，并询问游客的健康状况，如果有人身体不适，应表示关心或提供必要的药物。第二天活动若安排时间较早，应通知酒店总机提供团队叫醒服务。

导游员不可随意进入游客的房间，若有事相商，要预先约定并准时到达。进门前应敲门，经主人允许后方可进入。应尽量避免在休息时间或深夜打搅游客，除特殊情况外，一般不要站在房间门口谈论行程或其他问题，事先没有约定的谈话，时间要短。尽量不要单独去异性游客的房间，进门后应半掩房门。

(三)参观游览服务礼仪

1.准备礼仪

在出发之前应准备好必要的票证，核实餐饮的落实情况，并按规定时间提前到达集合地点。导游员应清点实到人数，尤其对不愿随团活动而自愿留在酒店的游客，要做妥善的安排。出发前还应向游客通报当天的天气和游览点的地形，提醒游客必要的穿着建议和携带伞具。涉及游泳、登山等具有危险性的项目时，应提前向游客发出警示，说明注意事项和要求。

2.讲解礼仪

导游员应规范讲解服务的四个阶段：游前讲解、途中讲解、景点讲解和游后讲解。

■ 游前讲解：是指在车上或下车后对景点的总体介绍，时间控制在5～10分钟为宜。

- 途中讲解：主要是对沿途的山川景物、名胜古迹、民俗风情等进行介绍，以增加途中游兴。
- 景点讲解：主要是在游览点结合具体情况的介绍，是导游讲解服务的主体。
- 游后讲解：是在游程结束后，对游程情况的归纳小结，引起游客的回味，并以此作为景点讲解的补充。

为了更好地把握以上四个阶段的讲解，导游员还应注意以下四点。

第一，把握好讲解时间。一般而言，导游人员的讲解时间应占整个游程的60％～75％，若少于60％，游客可能开始依赖于同伴的评论而忽略导游。

第二，注意讲解姿态。导游人员讲解时姿势要端正大方，若在车内讲解，必须站立，面对客人。在游览点导游时，不要边走边讲。讲解中，若要示意某处，应侧身指点，不要背对客人。讲解的目光要巡视全体游客，不可仅注视一两个人，面部表情要亲切自然。

第三，控制好语调语速。导游讲解时，应根据游客人数、景点周边环境和讲解内容，调整自己的音量。导游在讲解时音量不可过高或过低，以游客听清为准。一般情况下，导游应站在游客围成的扇面中心，这样有利于声音的传播，导游也能听清客人的议论和问题。如果人多最好使用麦克风。

此外，导游员讲解时语速应适中，有快有慢。语速过快，游客听不清楚，精神紧张容易引起疲劳。若过慢，则耽误时间，影响游客观赏景物。一般来说，在谈及容易招致误解的事情、重要的地名人名和数字时，应放慢语速。

第四，精选语言内容。导游讲解语言要力求口语化，避免使用死记硬背的书面语言，即使是熟背的导游词也应以口语短句的形式表达，做到灵活组织、通俗易懂。对于内容丰富复杂的景点，讲解要做到条理清楚。先讲什么，后讲什么，中间穿插什么，都要事先组织好，以免让人不知所云。在讲解过程中，导游应避免使用不良的习惯语、口头禅或含糊不清、反复啰唆。

导游员应充分考虑游客的文化背景、认知水平、兴趣爱好和职业特点等因素，有针对性地决定内容的取舍和表达方式的选择，以提高游客的接受和理解能力。游客提问时，要耐心听取，及时作答，若自己正在讲解可示意稍等，待自己讲话告一段落后再解答游客的提问。对于回答不了的问题，应致以歉意，了解清楚后再告知客人。

3.其他服务礼仪

每次活动导游员都应提前到达岗位，带团时不吃葱蒜等有气味的食物。如果陪同游客一起用餐，要引导游客进入餐厅就座，尊重客人的用餐习惯。如果导游应邀参加游客自费的宴请活动时，注意不要反客为主，如主动点菜、劝酒等。此外，导游可根据日程计划带旅游团进行购物，但不要安排游客频繁进出商店，对质次价高的商品应如实相告。

案例分析

小王是一家旅行社的导游，上周负责接待了一个旅游团。第一天上午是参观佛寺，吃完午饭后小王向大家介绍本地一家新开业的珍珠馆，说：“店主是我的好友，保证价廉物美。”当游客朱女士对标价4000元的珍珠感兴趣时，小王立即上前介绍识别真假珍珠的方法，并为其讨价还价，最终以900元成交。下午4点40分，旅游团到达另一个景点，但因景点即将关门，大家匆匆拍照留念后离开。在返回酒店的途中，5名游客提出要去书店买书，小王表示次日可以安排。

第二天朱女士拿着前一天买的项链，要求小王帮忙退货。朱女士说自己有个内行的朋友，认定项链是残次品，小王回复不可以退换。上午结束参观后，她又带全团去一家工艺品商店，许多游客只在车中坐着，小王恳求说：“大家帮帮忙，不买东西没关系，进店逛一圈也可以。”下午前往机场的途中，数名游客又提起购书一事，小王说：“没有时间了。”

问题：小王在接待过程中做错了哪些事？

（四）沟通协调礼仪

游客的兴趣、爱好、要求各不相同，素质参差不齐，要使每一位游客都满意相当不易。对于导游人员而言，应做好沟通协调工作，尽可能地照顾到各方，使之玩得开心、游得尽兴。要做到这些就必须遵循一定的礼仪规范，主要把握以下两个方面。

1. 多与游客沟通

与游客进行沟通，包括意见沟通和情感沟通两个方面。导游员在旅行服务过程中应多听取客人的想法和意见，同时善于表达自己的意图，以达到互相的了解。导游员要全面把握游客的出游动机和旅游活动各个阶段的心理变化，善于察言观色，努力与客人建立融洽的关系，使其产生满足感和对导游的信任感。

2. 善于调节游客的情绪

旅游活动中，由于相当多的不确定和不可控因素，随时都会导致计划的改变，并直接或间接地影响游客的情绪。导游员在调节游客的情绪时，应了解产生情绪的原因，并根据不同的情况采用不同的方法，如用新奇有趣的活动转移客人的注意力，对游客提供物质补偿或对事情进行得失分析等。

例如，一个旅游团因为订不到火车卧铺票而改乘轮船，游客十分不满。导游面带微笑，一方面向游客道歉，请大家谅解，由于旅游旺季火车的紧张情况导致了计划的临时改变。另一方面，导游耐心开导游客，乘轮船虽然速度慢一些，但不影响整个游程，而且在船上能欣赏两岸的风光，相当于增加了一个旅游项目。导游以诚恳冷静的态度、幽默风趣的语言，化解了游客不满的情绪。

（五）突发事件处理礼仪

由于旅游活动有较多的不确定因素，且需要协调和衔接的部门、环节较多，很难预料在旅行过程中会发生怎样的突发事件。在带团出游前导游应注意以下几点。

- ■ 对线路设计、交通工具、景点停留时间、用餐地点等做出周密细致的安排，并根据以往的带团经验充分考虑容易出现问题的环节，准备好应急措施。
- ■ 将突发事件需要联系的电话号码随时带在身上，如急救、交通票务服务、旅行社负责人、车队调度等联系方式。
- ■ 出发前应亲切询问游客的身体健康状况，对年老体弱的客人尤其要细心。
- ■ 事件发生后要沉着冷静，既要安抚客人稳定他们的情绪，又要快速做出周密的处理方案和步骤，尽量减少事件带来的负面影响。

旅行过程中常见的突发事件及其处理方法如下。

1. 行李丢失或损坏

如果在机场接机时客人发现行李丢失，应立刻凭客人机票和行李牌在机场行李处登记挂失，将客人的名字、入住的酒店名字和电话登记清楚，并记下机场问询处的电话，以便联系。如果在一定时间内没能找回行李，导游应协助失主向航空公司提出索赔。

如果在游览时客人物品丢失，导游员要向客人了解清楚丢失物品的特征和价值、丢失时间、丢失地点等详情，稳定失主情绪并一起寻找。如果失物是被盗走的，应及时向公安部门报案，力争找回被盗物品。若外国游客丢失护照，导游应尽快报告旅行社开具证明，陪同协助游客速照快相，拿着照片去其护照国使领馆办理临时护照。没有使领馆的地区，到当地公安机关开具出境证明。

案例分析

导游员李芳接待的一个“八天欢乐游”的国外旅游团，行程最后一天在前往机场的途中，游客怀特夫人神色慌张地告诉李芳，她将一条钻石项链放在酒店房间的保险箱里，因为退房时匆匆忙忙忘了取出来，要求现在立即返回酒店。

问题：李芳应该如何处理？

2. 计划变更

如果在旅游过程中，游客要求改变线路、增减或变更参观城市或增减旅游天数等，须经过旅行社的批准，导游才能按新的旅游计划实施。

如果因为客观的原因，如天气、交通问题等，需要改变旅游计划时，导游应冷静地分析形势，稳定客人情绪，并迅速向上级部门反映情况。待新的旅游计划制定出来时，导游要耐心地向客人解释，实事求是地说明，请求客人的谅解和支持。若客人仍不满意，应向上级反映，由领导出面向客人解释实际情况并致歉，或提供适当的物质补偿。

案例分析

一个旅游团早上到达昆明，按计划上午参观景点，下午自由活动，晚上19:00观看文艺演出，次日乘早班机离开。抵达当天，适逢当地举行民族节庆活动，并有通宵篝火歌舞晚会等丰富多彩的文艺节目。部分游客提出，下午想去观赏民族节庆活动，并放弃观看晚上的文艺演出，同时希望导游员能派车接送。

问题：导游员应怎样处理？

3.游客患病或死亡

在旅行途中，由于气候、水土不服等因素，游客容易患病，特别是年老体弱者。导游员在游程中应时刻留意客人的身体状况。如果发现游客生病，应劝其多加休息或前往医院就诊，对患病者应给予贴心的照顾。

如果遇到病危的游客，导游员应冷静处理，及时通知医院积极组织抢救。同时向旅行社汇报实际情况，并联系病人家属。如果游客是外宾且联系不上其亲友，应立刻与患者所属国家的驻华使馆联系，请其做主或联系病人家属。如遇游客死亡，应立即报告旅行社和保险公司，按照程序规定进行处理。

4.交通事故

若旅游过程中发生交通事故，只要导游员没有受到重伤，就要立刻采取措施组织抢救，保护好现场，并迅速通知旅行社和当地交通部门。事故发生后，除有关人员留在医院外，应尽可能使其他游客按原定的日程继续活动。要稳定游客的情绪，照顾好受伤的游客。

事故处理结束后，导游应立即将事故情况详细汇报，写出报告单，请医院、交通局等有关部门开具证明，以供客人向保险公司索赔。

（六）送客礼仪

旅行活动结束后，导游应协助客人办理退房手续，并提醒游客带齐物品和证件。在送行的行车途中导游要向旅游团致欢送词。导游员应对全团旅游情况做一个简洁的回顾，对游客的配合表示感谢，并期待重逢。客人下车时应提醒其是否有遗留物。火车、轮船开动或飞机起飞以后，应向游客挥手致意，祝他们一路顺风，然后方可离开。

任务四　会展服务礼仪

随着经济全球化程度的日益加深，会展业已发展成为新兴的现代服务贸易型产业，成为衡量一个城市国际化程度和经济发展水平的重要标准之一。从20世纪80年代以来，我国会展业经历了从无到有、从小到大的发展历程，以年均近20%的速度递增，行业经济效益逐年攀升，已成为国民经济的助推器和新亮点。全国以北京、上海、广州三个城市为一级会展中心城市，在此基础上初步形成了以下五大会展经济产业带。

- 环渤海会展经济区：以北京为龙头，包括天津、青岛、济南、石家庄等会展城市。
- 长江三角洲会展经济区：以上海为龙头，带动南京、苏州、宁波、义乌、杭州等会展城市。
- 珠江三角洲会展经济区：以广州为中心，包括深圳、东莞、珠海、厦门以及香港特别行政区和澳门特别行政区。
- 东北会展经济区：包括大连、长春、哈尔滨、沈阳、吉林等城市。
- 中西部会展经济区：包括重庆、郑州、长沙、昆明、南宁等城市。

会展服务是新时代的朝阳产业，会展服务礼仪是会展业发展的润滑剂和催化剂。会展礼仪是指主办方或承办方在会展前的策划和准备，会展期间的实施，以及会展后续服务过程中展现出的一种行业规范。会展礼仪渗透于会展的各个环节，良好的会展服务礼仪是企业品牌和服务水平的最直接体现，是会展成功举办的有力保证。会展活动主要包括会议、展览、节事活动和奖励旅游，接下来主要介绍会议服务礼仪和展览服务礼仪。

一、会议服务礼仪

会议是会展活动最重要的内容之一，是一种非常有效的商务沟通方式和手段。要想筹办一次成功的会议，就必须了解会议的礼节要求和仪式过程。随着社会经济的发展，会议服务更要适应高级会议，尤其是国际会议的要求。会议服务礼仪主要包括会前筹备礼仪、会中组织礼仪和会后收尾礼仪。

(一)会前筹备礼仪

筹备会议时，应对会议活动过程中的各个细节做出全面的考虑，以防失误。周全考虑指的不仅是考虑会议各项议程，还包括一切可能影响会议顺利举行的因素，如天气和交通情况。会议准备阶段应注意以下几个方面的礼仪规范。

1. 确定会议议题和名称

首先，举办方应提出恰当的会议议题，即会议要讨论的课题或要解决的问题。在此阶段，筹备人员应充分征求各方意见，全面了解需要通过会议解决的事项，根据事情的性质、领导的意图及事情的轻重缓急，来列出议题，并及时上报有关领导审定。然后，举办方根据议题确定会议的名称。例如，某公司以新产品、新技术的出现为议题，准备召开新闻发布会，并确定会议的名称为“××公司新产品信息发布会”。

知识链接

按照会议的主办者性质分类，一般分为官方会议和非官方会议。在国际上，官方会议主要是指联合国及其下属机构组织召开的会议，同时包括多个国家政府共同组织并参加的会议。在各个国家或地区内，政府、议会召开的会议是官方会议。在中国，官方会议主要是指各级人民代表大会、政治协商会议、国务院及其部门和各级地方政府及其部门召开的会议。衡量官方会议的一个重要标准，就是看会议经费是否由政府财政拨付。

按照参与会议的人员规模分类，一般分为小型、中型和大型会议。但是，国内外对此并无统一标准。一般认为，与会者 50～300 人的会议，属于小型会议；与会者 300～1000 人的会议，属于中型会议；与会者 1000 人以上的会议，属于大型会议。中国官方在管理中，习惯把与会人数在 300 人以上的会议归为大型会议。

2. 成立会务组

会议议题和名称一旦确定，就应成立专门的会务组，由其负责落实会议的具体工作事项，如联络责任人、协调各方关系等。大型会议中，通常还应分别成立秘书组、保卫组、接待组、文娱组等，以便全面筹备会议事务，保证会议井然有序地进行。

3. 确定与会人员名单

根据会议的内容、性质和任务，科学地确定与会人员的名单。确定名单时，应当剔除一切与会议无关的人员。这样做的目的在于保证整个会议气氛不被搅乱，以便取得理想的会议效果。

4. 确定会议地点和时间

不同类型的会议所需要的会场风格不同，通常会场的选择需要考虑到会议规模、预算、交通便利性、会场设施设备和会议风格这几个方面的因素。会议所在地区应交通便利、气候宜人，会议具体场所应环境幽雅、宽敞明亮。

开会的时间选择要合适，应尽可能地避开节假日。同时注意会期不能太长，以免影响与会者的日常工作。

5. 安排会议议程和日程

会议议程是指对会议活动的总体顺序安排。例如，大中型会议的议程一般安排如下：开幕式；领导和来宾致辞；领导做报告；分组讨论；大会发言；参观或其他活动；会议总结；宣读决议；闭幕式。

会议日程是指根据会议议程对各项会议活动所做出的日期安排，凡是会期满1天的会议都应制定会议日程。会议组织者安排会议议程和日程时，应保证关键人物有时间出席会议，并尽可能保证其他与会者有时间参与会议。同时，应尽量将重要的议题和关键人物的活动安排在前面。

知识链接

中国专利信息年会日程安排

主题：专利信息促进创新驱动发展战略

主持人：中南财经政法大学校长　吴汉东

08:30—09:30　签到

09:30—09:45　知识产权出版社社长白光清致欢迎词
国家知识产权局局长田力普致辞

09:45—09:50　发展改革委高技术产业司副司长孟宪堂讲话

09:50—10:20　主题演讲：完善专利制度，增强创新驱动力

10:20—10:50　主题演讲：日本的专利信息应用状况与企业创新

10:50—11:05　茶歇

11:05—11:35　主题演讲：国家知识产权战略实施五周年回顾与展望

11:35—12:30　午餐

主持人：拜耳医药保健副总裁　胡静珊

13:00—17:30　主题演讲：
专利战略如何支撑企业发展战略并为之服务
中国专利信息对国外企业提出的挑战
企业知识产权与企业研发
比亚迪专利信息应用实践
如何利用专利信息避开“专利悬崖”，保护企业利益
中国企业开拓国内外市场时如何进行专利布局

17:30　会议结束（晚宴）

6. 拟发会议通知

会议组织者应提前向与会者下发会议通知。会议通知可以采取书面、口头、电话、邮件等方式，但大中型会议或比较正式的会议一般应采用书面形式。

书面通知应包括以下内容：会议名称；会议主题和内容；会期（会议起止时间）及报到时间；会议地点；会议的出席对象；与会要求，即与会者应携带的材料、应支付的费用、应准备的生活用品等；主办单位、联系人姓名及联系电话等。

发放书面通知时，应提前两周送到与会者手中，以便其早做准备。对特邀嘉宾的通知，应派专人登门呈送，以示郑重。

7. 准备会议材料

妥善准备会议上所用的各种文件材料，如会议议程和日程表、开幕词、主题报告、领导讲话稿、其他发言材料、闭幕词等。有的文件应在与会人员报到时发放，如会议议程和日程表。

8. 准备会场设备和会议用品

购买或租用各种会场设备，如音像设备、多媒体设备、照明设备、通风设备、空调设备等。同时，准备相应数量的会议用品，如本册、签到簿、笔、文件夹、座位签、姓名卡、饮料、杯子、印有会议标志的纪念品等。

9. 布置会场

对于小型会议，会议室只要清洁明亮，并准备足够数量的桌椅就可以了。日常和小型的会议可根据需要将座位摆放成回字形、椭圆形、T 字形、马蹄形等（如图 8-1），这些形式可以使与会人员坐得比较紧凑，彼此面对面，容易消除拘束感。

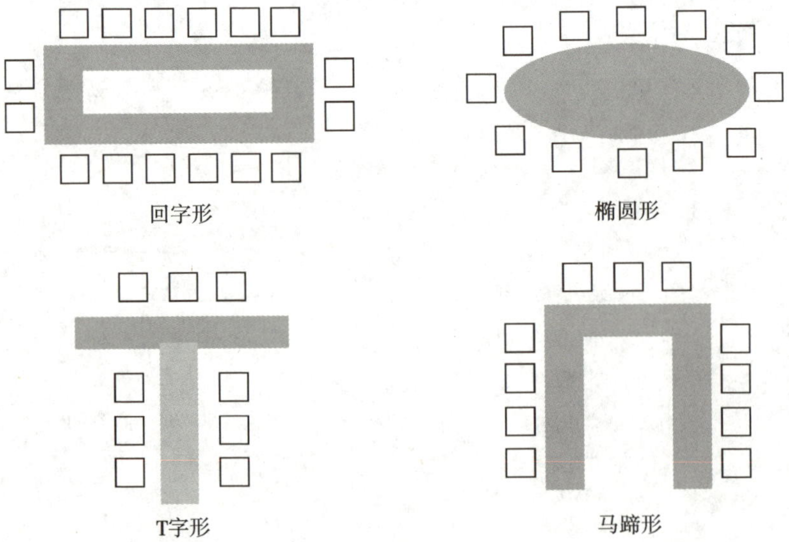

图 8-1　会议桌摆放类型

在安排小型会议的座次时，会议组织者可采用以下两种方式。

■ 无主客之分的座次排列

如果与会者中没有客人，则直接在面对会议室正门的位子上，按照中间为尊、右座尊于左座的原则安排座次（如图 8-2 左图）。若会议桌斜对着会议室正门，则可以在远离会议室正门的一侧依次设座（如图 8-2 右图）。

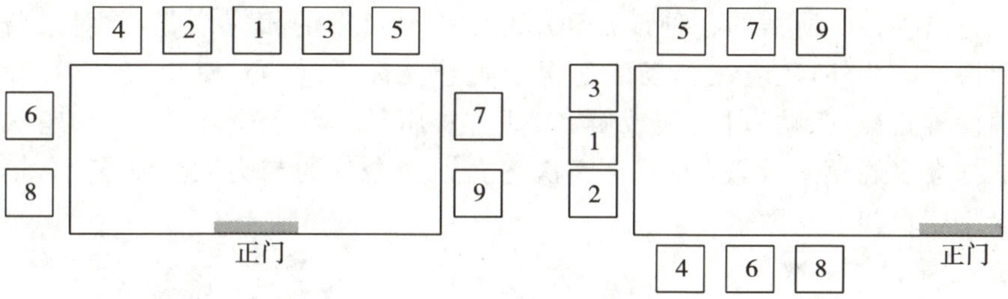

会议桌正对正门时的座次安排　　会议桌斜对正门时的座次安排

图 8-2　无主客之分的座次排列

■ 有主客之分的座次排列

若与会者中有客人，一般分两侧就座，客人一方坐在会议桌比较靠里的一边，而主人一方则相对而坐（如图 8-3）。

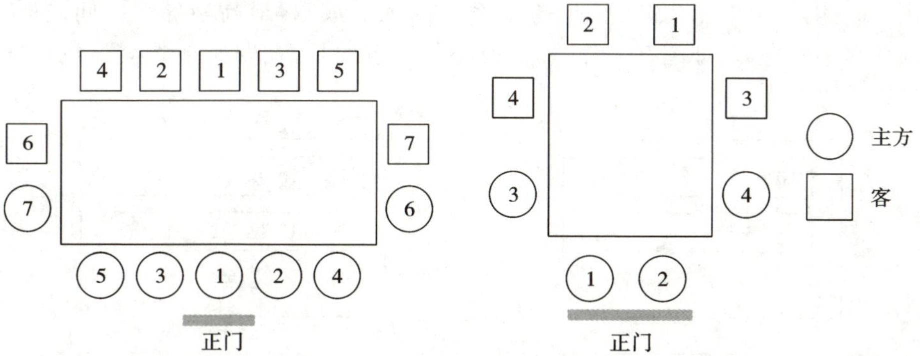

横放会议桌的座次安排　　竖放会议桌的座次安排

图 8-3　有主客之分的座次排列

案例分析

一家分公司要举办一次重要会议，请来了总公司总经理和董事会的部分董事，并邀请了当地政府要员和同行的重要人士出席。由于出席的重要人物较多，分公司决定将会议桌摆成 U 字形。分公司的领导王经理坐在位于长 U 字横头处的下首，其他与会人员坐在 U 的两侧。到了会议当天，贵宾们进入会场，并按安排好的座签找到了自己的座位就座。当会议正式开始时，王经理宣布会议开始，却发现会议气氛不太对劲，有些贵宾相互低语后借口有事站起来要走。

问题：为什么贵宾借口有事站起来要走？

大型会议的会场准备则比较复杂，会场内座位的布局、主席台的布置及其他为渲染气氛所做的装饰等，都要讲究合理性和艺术性，能够体现会议的主题。

首先应将会议所需的各种设备和用品摆放到会场的相应位置，并对设备进行调试和检查。此外，还应在会场的显眼位置悬挂标语、横幅、旗帜或会标，并在会场周围设置路标、张贴海报、摆放鲜花、插放彩旗等。对于全场的桌椅、座次的安排要根据会议规模来设置，讲究礼宾次序。大型会议的与会人数众多，会场上通常分设主席台和群众席。

■ 主席台的座次

会议的中心，也是会场礼仪的主要表现位置。较为大型的会议通常安排席卡，其颜色、规格、字体应统一，放置在桌前左侧。主席台座位不可排得太挤，桌上也不要摆放鲜花之类的物品，以免阻碍视线。

主席台座位应满座安排，不可空缺。如果原定出席的人因故不能来，要撤掉座位。主席台座位若有多排，则以第一排为尊。第一排的座位以中间为尊，然后按左高右低的顺序往两边排开，即第二领导坐在最高领导左侧，第三领导坐在最高领导右侧，以此类推（如图 8-4 左图）。如果人数成双，最高领导在中间左侧，第二领导在中间右侧（如图 8-4 右图）。但必须注意的是，在安排涉外会议或国际活动时统一以右为尊。

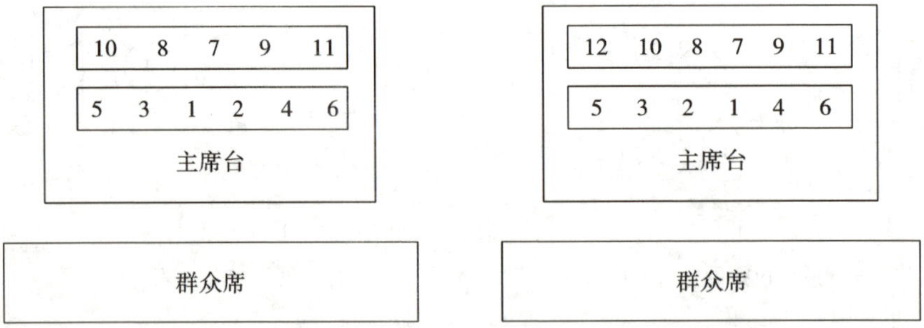

主席台奇数座次排列　　主席台偶数座次排列

图 8-4　主席台的座次排列

如果发言人席设在主席台上，一般位于台上最右侧，主持人在发言人席的左侧（如图 8-5 左图）。若在主席台外另设发言人席，则主持人席设在主席台的最右侧（如图 8-5 右图），有时主持人席也设在主席台的中央。

讲台应设于主席台前排右侧台口，不可放在台中央。讲台上主要放话筒，也可适当摆放一盆平铺的花卉。会标应挂于主席台的正上方，一般用红底白字或红

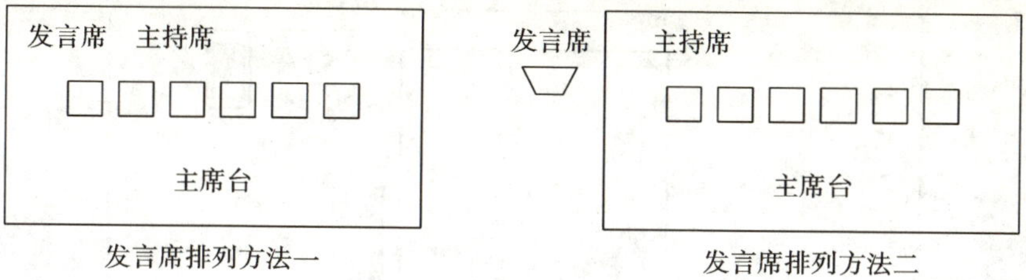

图 8-5　发言席的排列方法

底金字。铺设台布时，以"十"字折纹取直、对正，周围垂下的桌布长短均匀。

■ 群众席的座次

群众席可以根据需要自由择座，也可以按照单位或组织指定区域统一就座。常见的群众席的座次安排如图 8-6。

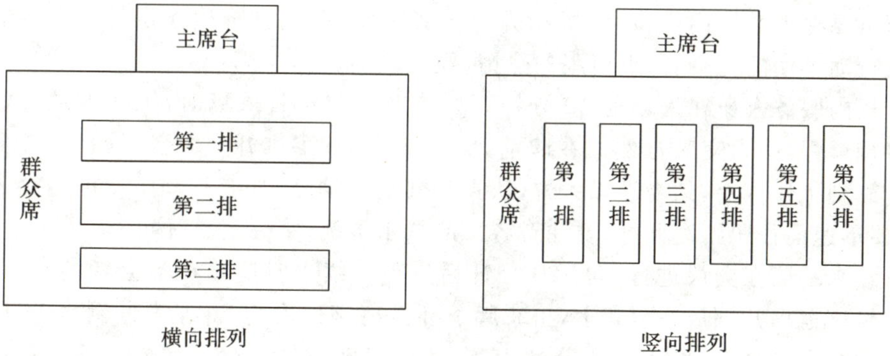

图 8-6　群众席的座次排列

会议倒计时阶段，工作人员在检查完桌椅后，可在桌面上摆放茶杯（加好茶叶）、毛巾盘、纸笔等物品，要求距离一致、整齐划一。具体的摆设方法是：座位正中间摆放 A4 纸，纸距离台边 1.5 厘米左右。圆珠笔或铅笔紧贴摆放在 A4 纸的右侧，笔尖朝上，笔尾与 A4 纸靠近桌边的一侧平行。茶杯紧贴 A4 纸右上角，茶杯的花色图案正对座位，杯耳向里朝右，略有斜度，一般在 45 度至 90 度之间。毛巾摆放在茶杯右侧（如图 8-7）。每个杯中的茶叶要均匀，以持续 1 小时的会议为例，一两龙井一般可分 10 杯，对于喝浓茶的与会者可适当增加。

（二）会中组织礼仪

1. 做好接待工作

应安排专员做好会场内外的接待工作，主要包括迎接、引导和陪同与会者等。对于贵宾，往往还需重点照顾。

会议服务人员应在与会人员入场前 1 小时上岗，统一穿着工作服，要仪表整

图 8-7　会议桌面布置

洁。引位员应提前 10 分钟站立在楼梯口迎接。指路时右手抬起,四指并拢,拇指与其余四指自然分开,手心向着客人,示意所指方向时说“请这边走”或“这边请”。引位员要熟悉会场内座位号,主动为与会者引座,并做到准确无误。对于年老体弱或行动不便的与会者,更要服务热情,照顾周到。

场内服务人员在入场前 10 分钟开始斟茶。与会者入场时,工作人员应站立在接待桌旁,两手交叉自然放在腹前,面带笑容,一字排开。大会开始后,工作人员应站到工作位上,站姿端正大方,认真观察场内动静,如有行动不便的与会者站起,要迅速前往照顾。此外,要注意各桌的饮水情况,掌握续水时间。

续水一般在会议进行 15～20 分钟后进行。续水时应站在与会者的右后侧,左手将茶盖揭开翻放在台布上,再拿起茶杯撤离座位后约 20 厘米处倒水,以防开水溅到与会者身上,斟水至八分满为宜,然后轻轻放回原处。端放茶杯动作不要过高,更不能从客人肩部或头上越过。续水时切勿将茶杯放在桌上直接倒水或把杯盖扣放在桌上。

如果会议中间休息,工作人员应整理桌椅和桌面用品、续水、增补纸笔等。在整理时,注意不要弄乱或翻阅桌上的文件。

2. 组织签到

组织与会者签到,并及时、准确地统计到会人数,从而据此安排会议工作(有些会议只 有在到会人数达到一定数量时才能召开)。

3. 做好现场记录

安排专员对会议进行现场记录,具体方式包括手写记录、电脑录入、录音、录像等。可以只选用一种方式进行记录,也可以采用多种方式交叉进行。采用手写记录或电脑录入的方式记录会议时,应当准确、完整地写明会议名称、会议时间、会议地点、出席人数、讨论事项、发言内容、临时决议、最终表决等内容。

4. 做好会间服务

为与会者提供一切力所能及且符合礼仪规范的服务,具体包括为与会者安排工作餐、住宿、茶会或文娱活动，以及提供安全保卫、医疗卫生、便民咨询等。有些会议由于日程安排紧凑，主办单位会安排中午在会场发放食品盒。遇到这种情况时，现场的工作人员要积极配合。发放食品处尽量选择比较宽敞的地方，避免拥挤。休息厅周围多摆一些口径大的果皮箱，做到随时清理，不要积压成堆。

作为与会者，在出席会议时，要注意自己的言行举止，做到按时守纪、遵守以下礼仪规范。

- 衣着整洁、仪表大方、按时到会，并按会议组织者安排的座次入座。
- 保持会场安静，做到关闭手机或将手机调为静音，不拨打或接听手机，不大声喧哗，不交头接耳等。
- 保持得体的仪态，切勿做出不雅的行为，如打哈欠、伸懒腰、打瞌睡、掏耳挖鼻、挠头打嗝等。
- 会议进行时，不要随意走动或出入。若确实需要暂离座位，则应轻手轻脚地进行，尽量减少对发言者和其他与会者的影响；若需要长时间离席或提前退场，则应向会议组织者说明理由并表示歉意，在征得同意后方可离开。
- 他人发言时，应认真倾听，并用笔、纸记下与自己工作相关的内容。
- 当他人发言结束时，应向发言者致以热烈的掌声，以表示赞赏和感谢。

案例分析

小刘的公司应邀参加一个研讨会，该次研讨会邀请了很多商界知名人士以及新闻界人士参加。老总特别安排小刘和他一道去参加，同时也想让小刘见识一下大场面。开会这天小刘早上睡过了头，等他赶到，会议已经进行了20分钟。他急急忙忙推开了会议室的门，“吱”的一声脆响，他一下子成了会场上的焦点。刚坐下不到五分钟，肃静的会场上又响起了摇篮曲，是谁在播放音乐？原来是小刘的手机响了！这下，小刘成了全会场的明星……没过多久，听说小刘已经离开了公司。

问题：小刘失礼的地方表现在哪里？

（三）会后收尾礼仪

与会者退场后，要认真仔细地进行检查，如发现遗留物，要记清座牌号，及时上交和汇报。会议结束后，会议组织者还应做好以下收尾工作。

1. 整理会议资料

对会议相关的一切图文、声像材料进行收集、整理，并对相应材料进行汇总、归档、回收或销毁，然后及时形成会议纪要或会议决议。

2. 馈赠礼品或组织摄影

对于公司内部会议以外的会议，会议组织者可向与会者赠送具有会议主办方特色的礼品，并可组织与会者摄影留念，以加强业务联系、促进商务往来。

3. 协助与会者返程

对于外来的与会者，会议组织者应协助其返程，如为其联络或提供交通工具、替其订购返程机票或车票、帮助托运行李、安排专人为其送行等。

二、展览服务礼仪

要树立企业的良好形象，参加展览是十分必要的。通过这个平台，企业可以告知客户自身的规模、发展战略、业绩等情况，并向客户展示自己的企业文化、产品质量和价位、售后服务等内容，从而扩大企业产品的知名度。展览礼仪是指企事业单位在组织、参加展览时，所应当遵循的规范和惯例。注重礼仪服务细节，处处体现礼仪规范，对于展览的成功举办至关重要。

(一)组织展览礼仪

展览会是大型的综合性公关专题活动，需投入较多的人力、物力和财力，因此应对举办展览的必要性和可行性进行科学的分析。明确展览的目的和主题后，主办单位可选择展览的时间和地点，并准备宣传资料和制定预算方案。

知识链接

展览会的分类较为复杂。若按照展览会的功能加以区分，可大体分为文化类展览会和经济贸易类展览会。在中国，文化类展览会在名称上一般称为"展览"，很少称为"展览会"。而经济贸易类展览会则一般称为"展览会"，鲜见称为"展览"。

国际展览业协会(UFI)将经济贸易展览会分为综合性展览会、专业性展览会和消费性展览会。综合性的展览会有如"百货店"，而行业性的展览会有如"专卖店"。专业类展览会被定义为B2B(Business To Business)，即商家对商家。而消费类展览会被定义为B2C(Business To Customer)，即商家对顾客。

对国际展览会的定义标准是境外参展商不低于全部参展商的10%，或境外观众不低于全部观众的5%。全国性展览会的定义标准是国内参展商来自全国一半以上省市，且展位比例达到30%以上。

在确定展览会的名称时，应注意按中国政府现行的管理规定，凡冠以"中国"尤其是"中国国际"名称的展览会，主办方必须事先获得国家有关部门的批准。如果事先未获得名称核准，则有可能被当地的工商管理部门追究，并可能被责令取消展览会。

主办方可通过广告、新闻发布会或邀请等形式联系可能参展的单位，并告知报名时间、地点、项目、收费标准等情况。对于报名参展的单位，主办方应根据展览的主题和具体条件进行必要的审核，切忌良莠不齐。当参展商的正式名单确定后，应及时通知以便参展单位尽早做好准备。

主办方应根据展会的主题和内容，构思会场的整体结构。要注意统筹安排美术、摄影、装修、灯光装饰等技术人员，并加强安全保卫工作。在展厅入口应设置咨询服务台，并贴出展会平面图，作为参观指南。展会布置应考虑角度、背景和光线等综合因素，使展品展出后整齐划一，给人以美感。

主办单位作为展会的组织者，有义务为参展商提供一切必要的辅助服务项目。通常包括以下各项：展品的运输与安装；与海关、商检、防疫部门的协调；跨国参展时有关证件、证明的办理；电话、传真、复印机等通信设备的安装布置；举行洽谈会、发布会等商务会议所用场所的安排；等等。

展览结束后，应对展览效果进行测定。展览的效果一般体现在观众对展品的反映、对组织形象的认识及对整个展览会从内容到形式的总体看法等方面。

(二)参加展览礼仪

参展单位在参加展会时应树立良好的形象，包括展示物的形象和工作人员的形象。

1. 展示物的形象

展示物的形象主要包括展品的外观、陈列，展位的布置和发放的材料。用于展览的展品，外观上力求完美，质量上要好中选优，陈列上既要整齐美观又要讲究主次。向观众散发的有关资料，要注有参展单位的联系方式，如销售部门的电话和传真号码、公司网址、电子邮箱等。

2. 工作人员形象

一般情况下，要求工作人员统一着装，最佳的选择是穿着参展公司的制服。展览开始后，工作人员应各就各位，站立迎宾，不要趴在展台上或跷二郎腿，更不能无故脱岗、东游西逛。在任何情况下，工作人员均不得对观众恶语相加或讥讽嘲笑。对于极个别不守展览规则、乱摸乱拿展品的观众，仍要以礼相劝，必要时可请保安人员协助，绝不能对对方打骂、扣留或非法搜身。

工作人员应熟悉掌握展出的产品和服务项目。讲解时要注意语言不宜过于复杂，内容不宜过于广泛，陈述时间不宜过长，否则会给顾客带来听觉上的疲劳，甚至引起他们的腻烦情绪。因此在与顾客交谈时，应先询问他们的需求，设计一些巧妙的问题缩小谈话的范围，弄清顾客的真正兴趣后，简明扼要地向客人传递他们所需要的信息。

项目总结

本项目主要介绍了服务礼仪的相关知识，具体包括现代服务礼仪概述、酒店服务礼仪、旅游服务礼仪和会展服务礼仪。

现代服务礼仪概述重点介绍了现代服务礼仪的概念和原则、服务礼仪的基本要求和处理投诉的礼仪规范。酒店服务礼仪重点介绍了前厅、客房以及餐饮服务人员的服务礼仪规范。旅游服务礼仪主要包括旅行社服务礼仪和导游服务礼仪。会展服务礼仪重点介绍了会议服务和展览服务相关的礼仪规范。

课后练习

一、判断题

1. 服务质量不宜波动，不能出现任何失误。（　　）
2. 在处理现场投诉时，要注意将客人请到远离人群的地方。（　　）
3. 优质的酒店服务是硬件、软件和“心件”的统一。（　　）
4. 客人借螺丝刀、剪刀等利器时，可直接借给客人。（　　）
5. 我国会议座次安排以左为尊，但在安排涉外会议或国际活动时统一以右为尊。（　　）
6. 处理投诉的工作人员应将投诉的顾客当成免费的服务监督人员。（　　）
7. 会场的主席台座位应满座安排，不可空缺。（　　）
8. 服务人员应精通产品、服务知识和企业规章制度，只凭规矩办事。（　　）
9. 处理投诉时，可对客人说“你冷静一下，你这么冲动，也解决不了问题”。（　　）
10. 酒店门童为来客拉开车门后，应检查车内是否有遗留物品。（　　）
11. 客人若要求提前离店、续住或延迟退房，可直接答应。（　　）
12. 在游览点导游时，可以边走边讲。（　　）
13. 导游可根据游客年龄、性别、职业等信息，准备游客可能感兴趣的话题。（　　）
14. 如果因为客观原因需要改变旅游计划，导游可直接更改。（　　）
15. 展会讲解时要注意语言不宜过于复杂，陈述时间不宜过长。（　　）

二、不定项选择题

1. 有关“四快”的服务要求，以下说法不正确的是（　　）。

A. 眼快，主要是要求服务人员看清楚服务对象的表情、反应和态度

B. 如果服务对象之间在谈论私事时，可站在一边旁听

C. 脚快是指服务者行动速度要快，不能拖拉或敷衍了事

D. 要做到脑快应多积累经验，在工作中多听多看、多学习

2. 有关处理投诉的礼仪，以下说法正确的是(　　)。

A. 处理电话投诉时，要在电话中确切了解事件的基本信息

B. 通过信函投诉的客人通常是深思后做出的决定，所以可以完全相信信函的内容

C. 若中途离开，应告知客人原因并致歉

D. 在收到信函投诉时，应立即送给相关负责人员

3. 酒店的基本礼貌礼仪包括(　　)。

A. 尊重客人隐私，不对外泄露客人的任何信息

B. 当发生火灾、电梯事故时，沉着冷静，按照应急预案及时处理

C. 拾到客人的遗留物品时，及时还给客人或上缴

D. 用具体恰当的称谓称呼客人，以表示对对方的重视

4. 接到客房预订电话时，应与客人确认(　　)。

A. 抵离时间　　B. 房型和房价

C. 客人的姓名和联系方式　　D. 客人的身份证号

5. 有关礼宾员服务礼仪，以下说法正确的是(　　)。

A. 即使客人坚持要自己提行李，行李员也要接过来

B. 陪同客人到前台办理入住时，应站在客人身侧后约两米处等候

C. 陪送客人乘电梯时，应让客人先入先出

D. 若遇下雨天，要事先准备好雨具及时为客人遮雨

6. 夜床服务一般在(　　)提供。

A. 上午 10 点　　B. 中午 12 点　　C. 晚上 7 点　　D. 晚上 10 点

7. 有关客房服务礼仪，以下说法正确的是(　　)。

A. 进入客房与客人说事时，应将门关上

B. 房门上挂着“请勿打扰”牌，服务人员也可直接进入打扫

C. 清扫时若发现房内有大量现金，应及时通知领班、安保部和大堂副理

D. 在征得住客同意后，方可引领访客到客人房间

8. 有关餐厅服务礼仪，以下说法正确的是(　　)。

A. 工作前不吃有刺激气味的食物，不梳披肩发或喷刺激性的香水

B. 年老体弱的客人，应尽可能安排在离入口较远的位子

C. 客人点菜完毕，应礼貌地复述一遍并与客人确认

D. 斟酒、倒水须在客人的左侧进行

9. 有关导游服务礼仪，以下说法正确的是（　　）。

A. 清点人数时可用手指点游客

B. 从机场到酒店的途中，导游员应注意游客的精神状态，适度讲解

C. 出发前要提醒游客必要的穿着和携带伞具

D. 每次活动导游员都应提前到达岗位

10. 有关会展服务礼仪，以下说法正确的是（　　）。

A. 续水一般在会议进行15～20分钟后进行

B. 续水时可将茶杯放在桌上直接倒水

C. 参展商工作人员可四处参观其他展位

D. 讲台应设于主席台前排右侧台口，不可放在台中央

三、填空题

1. 现代服务礼仪的原则主要包括________、________、________、________、________。

2. 服务领域有一个专业术语叫________，是指服务性企业在对客服务出现失败和错误的情况下，对顾客的不满和抱怨当即做出的补救性反应。

3. 处理顾客投诉一般分为以下四个步骤：________、________、________、________。

4. 如果发言人席设在主席台上，一般位于台上________，主持人在发言人席的________。

5. 客房清洁的流程是________、________、________、________、________、________、________、________、________、________、________。

模拟训练

实训一：投诉处理训练

1. 实训目标

通过多个投诉场景的演练，学生能熟悉处理投诉的步骤并灵活运用。

2. 实训背景

（1）凌晨1点602客人李女士致电酒店大堂副理，称隔壁房间有人聚会非常吵闹，影响她休息，大堂副理应如何处理？

（2）一位在餐厅用餐的客人投诉沙拉的菜叶上有虫子，餐厅经理应如何处理？

（3）刚刚入住1109的客人王先生致电前台，投诉房间的浴缸和床上有头发，前台应如何处理？

3. 实训方法

两人为一组对上述实训场景进行演练，然后老师进行评分。

实训二：酒店服务训练

1. 实训目标

学生能熟悉酒店前厅、客房和餐厅服务的礼仪规范。

2. 实训内容

(1)前厅服务礼仪。

提示：注意受理电话预订、为客人提行李和办理入住时的礼仪要求。

(2)客房服务礼仪。

提示：注意进房前的敲门流程，接待访客的礼仪要求。

(3)餐厅服务礼仪。

提示：注意开菜、点菜、斟酒、上菜、派菜和结账时的服务礼仪。

3. 实训方法

两人为一组对上述实训内容进行演练，然后老师进行评分。

实训三：导游、会议服务训练

1. 实训目标

学生能掌握导游带团时如何致欢迎词和欢送词，并了解安排会议主席台的座次礼仪。

2. 实训内容

(1)导游致欢迎词、欢送词：西安"五日游"团。

提示：致欢迎词须介绍自己的姓名和单位、司机姓名及简要的日程安排。致欢送词应对全团旅游情况做一个简洁的回顾，对游客的配合表示感谢，并期待重逢。

(2)主席台座次安排：8人、9人座次安排；发言席的安排。

提示：主席台座位应满座安排，遵循以左为尊的原则。

3. 实训方法

两人为一组对上述实训内容进行演练，然后老师进行评分。